)ITION
irecteurs de collection et auteurs : Dominique
JZIAS et Jean-Paul LABOURDETTE
uteurs : Antoine RICHARD, Jean-Paul
ABOURDETTE, Dominique AUZIAS et alter
irecteur Editorial : Stéphan SZEREMETA
esponsable Editorial Monde : Patrick
édaction Monde : Caroline MIC
ESLIN, Pierre-Yves SOUCHET, Le
édaction France : François TOU
errine GALAZKA, Talatah FAVREAU

ABRICATION
esponsable Studio : Sophie LECH
Romain AUDREN
aquette et Montage : Julie BORD
LAVIER, Sandrine MECKING, Delph
aurie PILLOIS et Hugues RENAULT
onographie et Cartographie : Au

EB ET NUMERIQUE
irecteur technique : Lionel CAZAUMAYOU
hef de projet et développeurs : Jean-Marc
EYMUND assisté de Florian FAZER, Anthony GUYOT,
édric MAILLOUX

IRECTION COMMERCIALE
esponsable Régies locales : Michel GRANSEIGNE
esponsable recrutement Régies locales : Victor
ORREIA
elation Clientèle : Vimla MEETTOO

EGIE NATIONALE
esponsable Régie Nationale : Aurélien
ILTENBERGER assisté de Sandra RUFFIEUX
hefs de Publicité : Caroline AUBRY, Perrine
E CARNE MARCEIN, Caroline GENTELET, Sacha
OURAND, Florian MEYBERGER, Stéphanie MORRIS,
aroline PREAU, Carla ZUNIGA

EGIE INTERNATIONALE
irectrice : Karine VIROT assistée de Elise CADIOU
hefs de Publicité : Romain COLLYER, Camille
SMIEU, Guillaume LABOUREUR
égie GUIDE DES SEJOURS LINGUISTIQUES :
uréli en MILTENBERGER

IFFUSION ET PROMOTION
irectrice des Ventes : Bénédicte MOULET assistée
Aissatou DIOP et Alicia FILANKEMBO
esponsable des ventes : Jean-Pierre GHEZ assisté
Nathalie GONCALVES
elations Presse-Partenariats : Jean-Mary MARCHAL

DMINISTRATION
résident : Jean-Paul LABOURDETTE
irecteur Administratif et Financier : Gérard BRODIN
irectrice des Ressources Humaines : Dina
OURDEAU assistée de Sandra MORAIS et de
aommi CHOQUET
esponsable informatique : Pascal LE GOFF
esponsable Comptabilité : Valérie DECOTTIGNIES
ssistée de Jeannine DEMIRDJIAN, Oumy DIOUF,
ristelle MANEBARD
ecouvrement : Fabien BONNAN assisté de
andra BRIJLALL
tandard : Jehanne AOUMEUR

ETIT FUTE GUIDE DES SEJOURS
NGUISTIQUES ET ITINERANTS 2015
etit Futé a été fondé par Dominique AUZIAS.
est édité par Les Nouvelles Editions de l'Université
3, rue des Volontaires - 75015 Paris.
01 53 69 70 00 - Fax 01 42 73 15 24
ternet : www.petitfute.com
AS au capital de 1 000 000 € -
C PARIS B 309 769 966
ouverture : © NACEL, HLI, Sans Frontières,
ap Monde, UNOSEL
npression : Imprimerie de Champagne –
2200 Langres
épôt légal : 06/01/2015
BN : 9782746978690

our nous contacter par email, indiquez le nom de
amille en minuscule suivi de @petitfute.com
our le courrier des lecteurs : info@petitfute.com

CW01623667

Édito

s un monde où les ulticulturalisme est richesse. Le voyage t plus un rêve, ils se évidence.
uand les relations t les distances de , la connaissance des langues et des cultures demeure une priorité.

Apprendre une langue étrangère, dès le plus jeune âge, puis en étudier d'autres, se former tout au long de la vie... Tels sont les objectifs de l'éducation personnelle, qui permettent de s'intégrer dans notre société mondialisée et d'en relever les défis.

Ce n'est pas un hasard si les recruteurs recherchent aujourd'hui des personnes aux compétences interculturelles. Quelqu'un qui a la sagesse d'un voyageur et la structure de pensée d'un polyglotte est un élément précieux dans une équipe.

Par le voyage et par la pratique des langues étrangères nous voyons s'ouvrir devant nous des univers nouveaux. Nous découvrons d'autres modes de penser et de vivre. Nous partageons nos savoirs et expériences. Nous apprenons à nous adapter et à respecter les différences.

C'est pourquoi ce *Guide des séjours linguistiques et itinérants* nous a paru comme une évidence pour vous accompagner lors de vos projets de stage ou de voyage, que ce soit pour apprendre une langue à tout âge ou pour découvrir les cultures du monde, pour les jeunes dans un cadre sécurisé.

Muni de nos conseils, vous saurez trouver le programme le mieux adapté à vos besoins, que vous soyez parent à la recherche d'un séjour pour votre enfant, étudiant souhaitant vivre de belles expériences ou adulte avec des besoins personnels ou professionnels bien précis. Le fruit du travail commun et d'expertise partagée du *Petit Futé* et de l'UNOSEL s'offre à vous dans cet ouvrage.

Jacques Maillot, Président de l'UNOSEL

PEFC™
10-31-2009
Certifié PEFC
Ce produit est issu de forêts gérées durablement et de sources contrôlées.
pefc-france.org

Sommaire

Séjour itinérant en Floride.

Séjour au pair en Nouvelle-Zélande.

PENSE FUTÉ

DÉCOUVERTE

© GLOB'EXPLORER

Les séjours linguistiques et itinérants en 20 mots-clés

Avant de vous lancer dans un projet de séjour linguistique ou itinérant, pour vous ou pour vos enfants, voici quelques notions de base, acronymes et autres mots-clés qui vous permettront de vous y retrouver. En effet, un projet de séjour réussi passe le plus souvent par une préparation et surtout une information la plus complète possible.

Activités

Les séjours linguistiques, quel que soit l'âge des participants, offrent pour certains essentiellement des cours et pour d'autres des cours avec de nombreuses activités. En effet, la liste des activités proposées par les organismes est longue.

Pour les amateurs de sports, pensez au tennis, golf, foot, équitation, rugby, natation, surf, etc. Pour les passionnés d'art et d'histoire, partez en séjour culturel pour profiter des visites guidées, des ateliers de théâtre, de peinture ou encore de photo. Chacun trouvera une activité qui rendra son séjour encore plus agréable.En séjour itinérant, il ne s'agit pas de voyager en simple observateur, les activités proposées aux enfants sont tout aussi variées ! Faire de la voile aux Pays-Bas, participer à une chasse au trésor à Rome, observer les étoiles en jeune astronaute… la créativité des organisateurs ne connaît pas de limites.

Pense futé : Si parfois vous avez du mal à choisir une formule de séjour, les activités qui y sont proposées pourront vous inspirer et faire pencher la balance vers LA bonne formule qui vous correspondra le mieux.

Animateurs, accompagnateurs

Pour les séjours des mineurs, les animateurs et accompagnateurs ont une place importante dans la réussite d'un séjour linguistique ou itinérant. Ils s'occupent de l'encadrement du groupe, du bien-être et de la sécurité des enfants. Ce sont des personnes majeures, qui

Les séjours linguistiques sur pellicule

De nombreux films placent le séjour lingusitique au centre du scénario.

- **À nous les petites anglaises,** film écrit et réalisé par Michel Lang sorti en 1976. Ce film retrace la vie de deux lycéens français qui, suite à leur échec au baccalauréat, sont envoyés en séjour linguistique en Angleterre pendant l'été 1959. Le film est volontairement comique et grossit bien souvent le trait sur les barrières de la langue.
- **Blue Jeans,** film écrit et réalisé par Hugues Burin des Roziers sorti en 1977. Dans ce film (qui n'a pas eu la reconnaissance du public), on suit le quotidien d'un groupe de lycéens plongés dans le sud de l'Angleterre pour un séjour linguistique d'un mois.
- **L'Auberge espagnole** est un film de Cédric Klapisch sorti en France en 2002 qui narre les aventures à Barcelone du jeune Xavier (Romain Duris) parti étudier dans le cadre d'un programme Erasmus à Barcelone. La vie d'une colocation internationale est peinte dans ce film, entre dépaysement, choc culturel et difficultés linguistiques. Après son séjour à Barcelone, Xavier finira par être plus indépendant et par choisir sa vie. Le séjour linguistique comme un déclic ?
- **LOL**, film écrit et realisé par Lisa Azuelos sorti sur nos écrans en 2009. Ce film raconte la vie de Lola (Christa Theret), jeune adolescente parisienne, et ses relations avec sa mère (Sophie Marceau). Entre ruptures et désillusions, amour et amitié, le film se termine par un séjour scolaire en Angleterre, à Londres.

communiquent avec aisance dans la langue du pays et sont formées par les organisateurs. Ils peuvent être natifs du pays ou Français. Lors des séjours linguistiques, la réglementation prévoit sur place et pour les activités de goupes un rapport de 1 encadrant pour 15 participants, outre le directeur du séjour. Pour les transports : le rapport prévu est de 1 pour 25 en avion et de 1 pour 15 pour les autres modes de transport (autocar, train, bateau). Pour les séjours itinérants, le rapport prévu par le ministère de la Jeunesse et des Sports représente 1 animateur et 1 directeur pour un groupe de 12 mineurs.

Autonomie

Lors des séjours itinérants, en plus de leur procurer de merveilleux souvenirs, vos enfants apprendront l'autonomie et feront l'expérience de la vie en communauté. En effet, lors de moments choisis comme pendant la préparation des repas, par exemple, ces derniers devront assurer les courses pour tout le groupe avec un budget prédéfini et selon un menu qu'ils auront au préalable choisi. Une expérience, donc, autant de la collectivité que de la prise de décision.

Bilinguisme

Être bilingue signifie maîtriser une langue étrangère comme si c'était sa langue maternelle : cela implique donc qu'on en maîtrise tous les aspects et que l'on possède également une connaissance empirique de l'aspect culturel entourant ladite langue étrangère. Les enfants sont avantagés dans cet apprentissage s'il est réalisé tôt : en effet, ils peuvent pratiquer deux langues sans difficulté et surtout sans avoir besoin de faire des comparaisons constantes entre l'une et l'autre.

CECR

Le cadre commun de référence pour les langues (CECR) a été conçu par le Conseil de l'Europe afin de définir les différents niveaux de maîtrise d'une langue. Notamment, le CECR fixe trois niveaux linguistiques : l'élémentaire, l'indépendant et l'utilisateur expérimenté, allant du A1 pour les débutants jusqu'au C2 pour les utilisateurs confirmés. Chaque niveau de langue est spécifié par des critères précis selon les quatre compétences : compréhension et expression orales et écrites. Les niveaux linguistiques, tels que définis dans le CECR, sont devenus aujourd'hui une référence pour l'enseignement, l'évaluation et l'apprentissage d'une langue étrangère. À titre d'exemple, le niveau B2 en première langue vivante est un niveau cible pour l'épreuve du baccalauréat.

Certifications dans le monde

Si vous êtes un peu attentif quand vous consultez les brochures et les sites Web des organisateurs de séjours linguistiques, vous verrez alors des logos de British Council, Quality English, ABLS, English UK, Accet, English Australia, Languages Canada, MEI, Fedele, Italian in Italy, Asils, Feltom, label FLE, English USA, Education South Africa, English New Zeland, IALC et Eaquals, etc. Cela signifie que l'école de langue sélectionnée par votre organisme de référence s'est engagée dans une démarche qualité au sein de l'association professionnelle de son pays.

Circuit découverte

Sortir des bancs de l'école et partir à la découverte du monde, voilà un concept qui plaira aux jeunes le temps des vacances scolaires ! Descendre le Rhône, admirer les chutes du Niagara, parcourir l'Europe, naviguer sur le Nil et tout cela avec des nouveaux copains, tout en étant encadré et guidé par des spécialistes de l'animation et du voyage, c'est ce qu'offrent les séjours itinérants. Ces circuits éducatifs ont des objectifs bien précis : permettre aux jeunes de découvrir les lieux, les cultures et de les faire grandir.

Examens

L'éventail des certifications en langues est large. Pour les études ou pour le travail, vous serez souvent guidé vers tel ou tel test ou diplôme. Pour n'en citer que les plus connus, en anglais on distingue : Cambridge Certificate, IELTS, GMAT, TOEFL, TOEIC ; en espagnol : DELE ; en italien : CILS ; en allemand : TESTDAF. Pour des certifications liées à l'exercice d'une langue étrangère dans un contexte professionnel, BULATS et DCL sont également à prendre en compte.

Formation continue

Si les bases de l'apprentissage d'une ou plusieurs langues étrangères s'effectuent durant le cursus scolaire, le perfectionnement d'une langue en séjour linguistique peut aussi se faire dans le cadre de la formation continue. Ainsi votre entreprise peut financer en partie ou en totalité un séjour linguistique, si les langues font partie des compétences exigées dans votre poste. Le compte personnel de formation (CPF) ou le congé individuel de formation (CIF) sont des dispositifs complémentaires permettant de se former tout au long de sa vie professionnelle.

Gap year

Gap year est un concept qui nous est venu d'outre-Manche ; comme son nom l'indique, il s'agit d'une année de parenthèse, prise souvent entre la fin des études secondaires et le début de la formation universitaire. Qu'il s'agisse d'un séjour linguistique, au pair, de vacances-travail ou autre, l'objectif de départ sera de vivre à l'étranger de nouvelles aventures, de s'améliorer en langue, de tester de nouvelles expériences professionnelles. Au retour, le jeune adulte aura gagné en maturité, aura une vision plus claire des études à entreprendre et de la vie professionnelle dans laquelle il souhaite s'engager.

High School

Lors d'un séjour High School, il s'agit de vivre une scolarité à l'étranger. Souvent à la fin du collège ou lors des années de lycée, les jeunes Français partent s'immerger dans le système scolaire d'un autre pays, l'objectif premier étant toujours de revenir bilingue ou presque. En effet, ces séjours permettent d'intégrer une classe américaine, allemande ou encore australienne et de suivre les cours au même titre que les jeunes du pays. En plus de la pratique quotidienne de la langue étrangère en immersion totale, les participants aux séjours découvrent la vie scolaire de leurs congénères étrangers, créent des liens sociaux forts et gagnent énormément en maturité. La durée de ces séjours varie d'un mois à une année scolaire entière, selon les formules et les organismes.

L'expérience à l'étranger et l'employabilité

Le 22 septembre 2014, la Commission européenne a publié une très importante étude sur le programme Erasmus. Cette étude a été réalisée auprès de 80 000 étudiants et anciens étudiants, d'enseignants, d'établissements d'enseignement supérieur et d'entreprises dans 34 pays.

Voici les principales conclusions de cette étude :

- **environ 10 %** des jeunes européens se forment chaque année à l'étranger ;
- **plus de 90 %** d'entre eux profitent de cette opportunité pour vivre une expérience de vie à l'étranger, développer leurs compétences, telles que l'adaptabilité, et améliorer leurs compétences linguistiques ;
- **environ 5 %** obtiennent une bourse Erasmus ;
- **64 %** des employeurs considèrent désormais l'expérience à l'étranger comme importante pour l'employabilité (contre 37 % lors du dernier sondage réalisé en 2006) ;
- **les anciens Erasmus** ont deux fois moins de risque de devenir chômeurs de longue durée que ceux qui n'ont pas séjourné à l'étranger ;
- **également,** de manière moins contextualisée autour du marché du travail, 33 % des anciens étudiants Erasmus partagent leur vie avec une personne de nationalité différente.

Immersion

Une langue étrangère s'assimile beaucoup plus vite en la pratiquant dans la vie de tous les jours, le contact avec les autochtones et l'héritage culturo-historique sont des éléments indispensables dans le processus de l'apprentissage d'une langue. Très largement utilisé lorsqu'on parle des séjours linguistiques, le terme « immersion » peut toutefois avoir différentes significations. En effet, si, le plus souvent, immersion est tout simplement synonyme de « séjour linguistique », dans certains cas cela fait référence à des séjours chez l'habitant avec ou sans cours. Avant de vous engager auprès d'un organisme, veillez donc à bien cerner les modalités du séjour.

Mondialisation

Dans le monde actuel, mondialisé et hyperconnecté, la pratique d'une ou plusieurs langues étrangères est un vrai plus : un plus en terme d'évolution professionnelle, mais surtout un plus en terme de communication quotidienne. Si l'anglais a remplacé le français comme langue des échanges internationaux depuis la fin de la révolution industrielle, nul doute que la pratique du chinois s'intensifie aujourd'hui et que le mandarin est en passe de prendre une place de plus en plus importante dans le monde actuel. Pour saisir sa chance et vivre avec son temps, n'hésitez donc plus à vous former à la pratique des langues étrangères tout au long votre vie : les séjours linguistiques sont là pour ça et faits pour vous !

« One to one »

« One to one », également appelé « chez le professeur ». Avec le temps et le succès, les séjours linguistiques se sont largement diversifiés. C'est le cas de cette nouvelle formule « en tête à tête ». Dans le cadre de cette formule, vous vivrez et étudierez au domicile de votre professeur : vous serez ainsi en immersion totale et donc corrigé à plein temps ! Autre avantage certain de cette formule : vous serez le seul élève du professeur et à ce titre vous pourrez donc converser sur les sujets de votre choix, de plus, vous n'aurez aucun trajet à faire entre votre hébergement et votre lieu des cours.

Projet éducatif

Le projet éducatif est l'un des points essentiels de la réglementation des accueils collectifs de mineurs (séjours itinérants, linguistiques et éducatifs). Il est défini dans les articles du Code de l'action sociale et des familles. Le projet éducatif traduit l'engagement d'un organisateur, ses priorités, ses principes, ses valeurs et ses objectifs en matière de l'action éducative. À la lecture de ce document, les parents trouveront les informations leur permettant de mieux connaître l'organisateur et les moyens qu'il met en œuvre pour atteindre les objectifs éducatifs du séjour de leur enfant.

Programme Work and Study

Voici un programme excellent pour profiter au mieux des richesses que le Canada a à vous offrir.

École des langues

Lors des séjours linguistiques, les cours se déroulent souvent dans les écoles de langues dédiées à l'accueil de stagiaires venus du monde entier, ce qui garantit un contexte international. Les apprenants sont regroupés par niveau linguistique, et par âge pour les plus jeunes. Les équipes enseignantes mettent en place une pédagogie efficace et spécifique dans chaque établissement. Les écoles modernes possèdent des salles informatiques, où il est possible de faire des exercices en ligne pour s'entraîner, mais aussi de communiquer avec ses proches ou consulter tout simplement le web. Les écoles de langues sont le plus souvent situées dans les grandes villes, dans les quartiers animés ou dans des lieux d'exception, ce qui rend les stages linguistiques encore plus intéressants et agréables.

Comme son nom l'indique, le point fort de ce programme est de pouvoir allier à la fois une pratique intensive de l'anglais et une expérience professionnelle à l'international. En plus, travailler permet une fois sur place de « rembourser » une partie des frais engagés. Généralement, on compte un minimum de quatre semaines de cours pour autant de semaines de travail.

Séjour au pair

Le principe de ce séjour est fondé sur un échange de services : les jeunes filles au pair sont nourries et logées et en contrepartie elles effectuent diverses activités telles que la garde d'enfants... La durée de ces séjours varient de 2 à 9 mois et il faut souvent s'inscrire parallèlement à des cours de langue pour intensifier son niveau. Le programme au pair accompagné des cours de langue s'appelle « demi-pair ». Attention, ce programme est destiné aux 18-26 ans, dans certains cas il va jusqu'à 30 ans. À noter que les séjours au pair ne sont pas réservés aux jeunes filles, certains organismes acceptent les messieurs également !

UNOSEL

L'Union nationale des organisations de séjours éducatifs, linguistiques et de formation en langues (UNOSEL) est une association (loi 1901) reconnue pour ses compétences qui fédère des organisateurs de séjours et stages linguistiques et éducatifs. C'est sans aucun doute LA référence incontournable pour les familles et les prescripteurs dans leurs choix d'un séjour bien construit. D'ailleurs, le grand public ne s'y trompe pas puisqu'il plébiscite l'association et ses adhérents en se pressant chaque année plus nombreux. Ainsi, en 2013, l'UNOSEL a réuni pas moins de 61 000 séjours linguistiques individuels, plus de 446 000 participants à des voyages scolaires éducatifs, environ 46 000 séjours éducatifs enfants, plus de 18 000 participants aux cours de langues en France et des séjours labellisés dans 80 pays sur les cinq continents.

▶ **Pour en savoir plus :** www.unosel.org

Visas vacances/travail

Pour favoriser les échanges de jeunes, le gouvernement français a signé de nombreux programmes de coopération (programmes vacances-travail) qui permettent à des jeunes d'exercer une activité professionnelle, qualifiée ou non, dans le pays d'accueil. Pour pouvoir postuler à ce programme, il faut remplir plusieurs conditions : avoir entre 18 et 30 ans, être titulaire d'un passeport français, écrire une lettre de motivation, ne pas avoir d'enfant à charge, avoir les ressources suffisantes pour financer les trois premiers mois du séjour, justifier d'une assurance couvrant tous les risques médicaux et enfin présenter un certificat médical.

Volontariat

Bien qu'il existe plusieurs programmes de volontariat, le principe est toujours le même : il s'agit sur une période donnée (pouvant aller de deux semaines à plusieurs mois) de découvrir un pays, une culture, une langue, le tout en apportant son aide dans le développement d'un projet. Ce programme est accessible aux jeunes adultes ou aux adultes. Ces derniers ont droit à plusieurs types de formules telle que le volontariat social en apportant leur aide à des populations défavorisées (en s'occupant d'un orphelinat par exemple), en s'engageant en faveur de la protection des animaux sauvages en rejoignant une réserve animalière ou un centre de soins, en intégrant une équipe sur un chantier nature ou lors d'un séjour dans une ferme ou dans un ranch, ou encore un volontariat plus axé sur le partage des connaissances comme un poste de professeur assistant, donc comme enseignant de sa langue dans un pays étranger.

Choisir son séjour

Dans la galaxie de formules proposées par les organismes, faire un choix de séjour linguistique ou itinérant particulier peut sembler cornélien. Il n'en est rien ! Dans les pages suivantes, vous trouverez ainsi la description détaillée des principaux types de séjours linguistiques et itinérants afin de vous aider à cerner au mieux les points forts de chacune des formules existantes. Sachez que le choix d'un séjour linguistique ou itinérant répond à de nombreux critères personnels qu'il vous conviendra d'élucider en premier. Quel est votre objectif quant à l'apprentissage d'une langue ? L'apprentissage d'une ouverture sur le monde, l'apprentissage d'une culture différente qui vous permettra d'évoluer dans votre situation professionnelle ? Vous serez peut-être surpris d'apprendre que la découverte d'une culture différente est à la base des séjours linguistiques depuis leur création (sous une autre forme bien entendu) dès l'Antiquité.

Un peu d'histoire

Si le séjour linguistique est assez récent sous la forme très organisée qu'on lui connaît aujourd'hui, partir en pays étranger pour y connaître les mœurs et la langue des habitants est une pratique fort ancienne, déjà présente à l'époque de l'Antiquité, et qui perdure sous cette forme jusqu'à la Renaissance, lorsque les jeunes gens de familles fortunées faisaient leurs « humanités ». À l'époque, on voyageait en effet beaucoup et il était courant de partir à l'étranger pendant une assez longue période, pour étudier et se former l'esprit. Ainsi les jeunes gens de toute la Grèce partaient-ils à Athènes où ils recevaient un enseignement philosophique et, en même temps, apprenaient la langue attique, langue de la rhétorique, de la philosophie et de l'histoire. De la même manière, les jeunes Romains fortunés se devaient de faire leur enseignement en Grèce, qui restait un pays à forte tradition culturelle. Là, ils apprenaient ou perfectionnaient leur connaissance de la langue grecque. Le même phénomène se repète durant tout le Moyen Âge lorsque les familles aisées font appel à des nurses anglaises, allemandes ou autres pour que leurs enfants puissent découvrir une langue étrangère dès leur plus jeune âge. Si la « nourrice étrangère » est introuvable ou indisponible, eh bien cet apprentissage est effectué lors d'un séjour linguistique ! Ce fut le cas de nombre de penseurs qui parcoururent l'Europe durant leur âge mûr pour se perfectionner. Tout ceci se poursuivra jusqu'à l'arrivée de l'école publique au XIXe siècle et l'enseignement des langues étrangères de façon plus massive. Cet enseignement plus généralisé va rendre accessible à tous l'enseignement des langues étrangères. Aujourd'hui, le séjour linguistique est une pratique multiformes, qui va du voyage scolaire au stage en entreprise à l'étranger, en passant par le séjour en école de langue. Il s'est adapté aux besoins de diverses situations personnelles et s'est « démocratisé » par rapport aux voyages linguistiques des siècles passés. Toutefois, si les séjours linguistiques ont changé de forme et de fonction, partir à l'étranger apporte toujours cette ouverture d'esprit qui complète sensiblement l'apprentissage de l'école. C'est toujours ce qui fait la force et la valeur ajoutée d'un voyage linguistique ou itinérant et qui représente encore aujourd'hui la meilleure opportunité qui soit pour les personnes de tout âge et de tout horizon.

Tirer le meilleur de son séjour linguistique

La réussite d'un projet d'importance tel qu'un séjour linguistique repose pour beaucoup sur la préparation dudit séjour. Pour mener au mieux cet ambitieux projet, et donc choisir la formule qui vous correspond, voici quelques pistes :

- **1. déterminer** des objectifs pour votre séjour, que ce soit en termes d'objectifs professionnels, d'objectifs personnels ou de projet d'études ;
- **2. évaluer** vos disponibilités et votre budget afin de choisir la formule qui sera la plus adaptée ;
- **3. se renseigner** sur les possibles modalités de financement ;
- **4. identifier** un organisme susceptible de vous offrir toutes les garanties.

SÉJOURS LINGUISTIQUES ADULTES

Pour votre plaisir ou dans le cadre d'un projet professionnel, le séjour linguistique pour adulte est un atout supplémentaire à mettre à votre actif. Ce séjour pourra de plus être en totalité ou en partie pris en charge par votre entreprise si vous êtes salarié ou bien par Pôle Emploi si vous êtes inscrit.
Sachez qu'il existe de nombreuses formules différentes, pour s'approcher au mieux de votre projet.

Cours de langue générale en école internationale

C'est l'une des formules les plus classiques. Ces cours couvriront tous vos besoins linguistiques courants : expression et compréhension orale, rédaction, lecture et grammaire. Généralement ces cours se déroulent devant des classes de 4 à 15 personnes et leur intensité est modulable de 15 à 30 heures par semaine.

Notez que cette formule peut se décliner en cours de langue professionnelle et spécialisée. Le premier cas servira à développer rapidement sa communication professionnelle (prise de notes et rédaction de rapports ou d'e-mails, conduite de réunions dans un environnement interculturel) alors que pour le second on cherchera à se perfectionner en langue dans un domaine précis tel que la finance, l'ingénierie ou même l'aéronautique.

Cours particuliers chez le professeur

Ces formations se déroulent au domicile même du professeur. Elles constituent donc un plus pour votre apprentissage de la langue dans la mesure où les cours et leurs contenus (ainsi que toutes les discussions de la vie courante) seront entièrement axés sur vos besoins.

Les séjours familiaux à l'étranger

Voici une bonne formule qui devrait contenter toute la famille. Ce programme s'adresse en effet aux parents désireux d'améliorer leur niveau de langue étrangère tout en faisant découvrir ladite langue à leurs chères têtes blondes. Lors de ces séjours à l'étranger, le programme met l'accent sur quatre axes d'enseignement : lire, écouter, parler et écrire. Les cours ont lieu le matin, pour une durée de 15 à 20 heures par semaine, et sont assurés par des enseignants rigoureux et professionnels. Les après-midis sont dédiés à des activités annexes telles que des visites, des excursions ou des activités sportives pour les plus jeunes.

Cours + activités

Ce programme se décompose en une série de cours le matin et des activités à dominante culturelle, sportive ou autres l'après-midi. L'hébergement est lui au choix du participant : en famille d'accueil, en appartement ou à l'hôtel. Ce type de séjour est ouvert à tous, aux adultes comme aux seniors (plus de 55 ans) qui souhaitent partir à la découverte d'un nouvel environnement culturel tout en améliorant leur niveau linguistique.

© HLI

Réussir son séjour linguistique : une réflexion de tous les instants

Afin de tirer le meilleur de votre séjour linguisitique à l'étranger, il est important de faire le point avant votre départ autour de quelque points.

1. Il faut connaître et situer son niveau de langue et ses objectifs afin de pouvoir vous acclimater au mieux dans votre futur environnement et choisir au mieux le type de séjour adapté. Si vous jugez votre niveau trop faible pour le moment, optez pour une remise à niveau en langue générale ou si, au contraire, vous jugez votre niveau suffisant, vous pourrez alors commencer l'apprentissage de la langue professionnelle et/ou de spécialité.

2. Une fois votre choix arrêté, commencez à planifier avec sérieux votre départ. Celui-ci ne saurait se faire du jour au lendemain, tant pour des questions administratives (inscriptions diverses, visa, assurance) que pour des questions plus pratiques comme l'hébergement sur place ou la question du budget. Sachez que plus vous vous y prendrez tôt, plus vous aurez accès au large éventail des programmes.

3. Pour mettre toutes les chances de votre côté et profiter au mieux de cette expérience unique, n'hésitez pas à retarder votre départ. En effet, si l'année suivant le baccalauréat est souvent considérée comme faste, sachez que nos amis européens et américains voient plutôt un départ après la licence (bac + 3) ou même après un master (bac + 5) pour s'orienter vers une plus grande spécialisation et pour compléter au mieux une formation afin de pouvoir entrer sereinement sur le marché du travail.

SÉJOURS LINGUISTIQUES ÉTUDIANTS

Pour les étudiants, quel que soit leur niveau d'études, il existe de nombreux types de séjours linguistiques disponibles tout au long de l'année.

Les cours en école de langue. Ces cours proposent une formation d'ordre général pour acquérir les quatre grands domaines de compétences linguistiques : expression et compréhension orale, rédaction, lecture et grammaire. Généralement, les classes sont composées de 4 à 15 personnes, voire en individuel, et les cours sont modulés de 15 à 30 heures par semaine selon le programme choisi. Ces cours sont ouverts à tous, bien que généralement la moyenne d'âge observée tourne plutôt autour de 25 ans. Les groupes sont souvent composés d'étudiants de différentes nationalités.

Les cours de préparation aux examens. Ces cours sont davantage orientés vers un public désireux de valider ses acquis avec l'obtention d'un diplôme de langue tels que le Cambridge, le TOEFL, etc. Ils se déroulent généralement dans des écoles de langue internationales et un test est souvent demandé au moment de l'inscription afin d'orienter au mieux les étudiants vers une classe de niveau homogène.

Les cours pour classes préparatoires. Spécificité française s'il en est, ces cours s'adressent aux étudiants des classes préparatoires ou aux étudiants bacheliers désireux d'intégrer une classe préparatoire à l'issue du lycée. Ces cours ont pour unique objectif de préparer de façon intensive les étudiants aux épreuves de langue des concours. Toutes les classes prépa sont concernées : aussi bien les prépa littéraires que scientifiques ou commerciales. L'objectif affiché est ici clair : les cours dispensés doivent permettre à tous les étudiants de passer haut la main les concours grâce à une préparation spécifique calquée sur ceux-ci.

Les cours particuliers chez le professeur. Ces cours se déroulent au domicile même du professeur. Ce dernier est diplômé, qualifié et expérimenté afin d'aider au mieux à appréhender la langue sous toutes ses formes et dans tous ses usages. Cette formule offre l'avantage d'une immersion totale et également d'être adaptée à votre rythme. Il est souvent question ici de 15 à 30 heures de cours proprement dit par semaine en sachant que vous serez « coupé du monde extérieur » et donc sans tentation de vouloir parler votre langue maternelle.

Choisir un séjour pour son enfant, avec son enfant

Pour être sûr que votre enfant, quel que soit son âge, adhère au projet de séjour linguistique, n'hésitez pas à en parler avec lui et à lui présenter les différentes variantes possibles. Peut-être ne se sent-il pas prêt pour un séjour en immersion totale ; dans ce cas, pourquoi ne pas privilégier un séjour plus orienté détente ? Peut-être veut-il privilégier l'aspect culturel plutôt que sportif, etc. Sachez qu'il existe des séjours pour tous les goûts et tous les niveaux dans de nombreux pays. N'hésitez donc pas à lui faire une grande place dans la réflexion afin qu'il se retrouve à toutes les étapes du projet et qu'il vive cette expérience à venir comme ce qu'elle doit être : un plus dans sa jeune vie.

- **Les études à l'étranger.** Ces cours sont destinés en priorité aux étudiants souhaitant suivre un cursus plus ou moins entier à l'étranger et donc obtenir des diplômes étrangers. L'étudiant partagera le quotidien de ses congénères locaux : cours magistraux, conférences et travaux dirigés comme tout étudiant ordinaire du pays en question.
- **Les cours alliés à des stages en entreprise ou jobs.** Il s'agit ici d'une formule permettant de joindre l'utile à l'agréable et donc d'améliorer son niveau de langue tout en travaillant pour étoffer son CV. Il existe différentes formules comme les programmes au pair, les divers programmes de volontariat, le programme Work and Study au Canada ou les formules de visa vacances-travail en Australie ou au Japon, par exemple.

SÉJOURS LINGUISTIQUES ENFANTS, COLLÉGIENS OU LYCÉENS

Il existe des dizaines de séjours adaptés pour vos enfants.

- **Séjours linguistiques multi-activités :** Ces séjours représentent peut-être l'idéal pour vos enfants car ils allient une pratique intensive de la langue avec une multitude d'activités qui leur feront oublier l'impression « d'être à l'école ». Ils n'en apprendront que mieux à utiliser la langue étudiée dans un contexte détendu. Cette formule est d'autant plus appréciable qu'elle est adaptable à toutes les envies de vos enfants tant en termes de nombre d'heures que de capacités d'hébergement ou d'activités annexes proposées.
- **Séjour linguistique et sportif :** Si votre bambin cherche un séjour linguistique tonique, voici une formule sur mesure ! Il partagera en effet son temps entre des cours de langue adaptés et un stage sportif en VO encadré par des professeurs qualifiés. Parmi les activités proposées, on pourra citer le golf, le rugby, le football, le basketball, la danse ou encore l'équitation.
- **Séjour culturel et artistique :** Si votre enfant est plus intéressé par les activités artistiques que sportives, il pourra mettre son talent et sa passion à la réalisation d'un film, à l'initiation à la comédie musicale ou encore à la création d'un magazine. Autant d'activités où il pourra s'entraîner à perfectionner son niveau de langue en le liant avec sa passion.
- **Séjour linguistique intensif :** Cette formule est destinée à ceux qui ont besoin de faire des progrès rapides et en peu de temps. Les séjours intensifs proposent un nombre de cours important, allant jusqu'à 30 heures par semaine ; souvent, ils sont dispensés en minigroupes de 4 à 6 élèves. Pour tirer le meilleur parti de son expérience à l'étranger et pour progresser de façon importante, voici une formule qui a fait ses preuves pour les débutants comme pour ceux possédant déjà un niveau certifié et qui veulent aller plus loin dans l'apprentissage de la langue étrangère.
- **Séjour linguistique en immersion totale :** Cette formule permet de s'assurer que votre enfant ne sera pas en contact avec des congénères parlant sa langue maternelle et donc qu'il devra pratiquer la langue étrangère dans sa vie de tous les jours. On pourra ici choisir d'associer cette formule avec des cours sur mesure pour que ce dernier progresse encore plus vite grâce à ce « coaching » personnalisé.
- **Séjour linguistique indépendant en école de langue :** Si votre enfant est parfaitement autonome et qu'il est âgé de plus de 16 ans, alors cette formule peut lui correspondre ! Votre enfant pourra ainsi suivre un programme

de cours de langue de qualité dans une école internationale ouverte toute l'année. Il ne vous reste plus qu'à choisir les dates, la durée et la destination. L'hébergement se fait chez l'habitant ou en résidence.

- **Summer camp :** Voici une institution typiquement nord-américaine qui prend petit à petit pied dans nos contrées. Historiquement, lors des *summer camps*, les jeunes Américains se retrouvaient en pleine nature à dormir sous les tentes et à faire de la randonnée, des sports de plein air, des feux de camp. Aujourd'hui, ces séjours ont évolué et se sont également adaptés aux enfants venant d'autres pays. Ainsi, il existe aujourd'hui nombre de *summer camps* et chacun offre une expérience différente entre ceux en pleine nature, ceux en plein centre-ville, etc. Le choix est vaste en termes d'activités et de lieux de séjour et il devrait convenir à tous les âges.
- **Séjour linguisitique en collège international :** Ce programme est idéal pour conjuger une première expérience de la vie à l'étranger tout en étant très encadré pour en profiter au maximum. Le personnel encadrant est ainsi qualifié, de langue maternelle du pays d'accueil, mais il y aura toujours un membre du personnel pour parler français afin d'exposer clairement les consignes en cas de nécessité. À titre d'exemple, ces séjours peuvent être organisés dans des collèges britanniques qui bénéficient le plus souvent d'un environnement dédié au travail et à la détente avec des installations sportives de haut niveau et des bibliothèques recelant des merveilles. Cette formule comprend des cours d'anglais (de 12 à 25 heures par semaine), des activités culturelles et sportives pour encourager le dialogue et renforcer la cohésion dans un groupe de jeunes internationaux (les Français sont généralement en minorité dans ce type de programme), des excursions pour découvrir le pays et la culture. Enfin, pour achever de vous convaincre, sachez que ces séjours sont très sécurisés et adaptés au besoin de chacun, tant en matière culinaire (pension complète) qu'en matière de cadre de vie (logement adapté).

SÉJOURS ITINÉRANTS

Les séjours itinérants pour les enfants de 8 à 25 ans sont un peu à part dans l'offre des séjours pour jeunes. Ils sont en effet principalement conçus pour être un outil de découverte de la France, de l'Europe ou du reste du monde. Lors de ces séjours, chacun est incité à participer activement à la vie du groupe et aux tâches quotidiennes, aussi diverses soient-elles. L'emploi du temps est principalement axé autour de la découverte d'une ou de plusieurs villes et, selon les possibilités locales, autour de visites, d'activités sportives et de jeux. Le tout sans oublier des temps calmes, bien sûr.

Au cours de ces séjours itinérants, on dort ainsi rarement plus deux ou trois nuits au même endroit. Il s'agit ici de voyages éducatifs, qui forment la jeunesse. Non seulement le jeune participant découvre de nouveaux horizons, expérimente des activités passionnantes, mais il apprend aussi à voyager de façon responsable, en respectant les terres et les populations qui l'accueillent. Pendant ces séjours, le jeune se sociabilise, apprend la vie en communauté qui comporte des règles et des contraintes. Mais surtout il est amené à se prendre en charge et donc à découvrir autant les autres que lui-même. En effet, partir seul en vacances sans ses parents participe tout autant au besoin d'autonomie du jeune enfant qu'à sa volonté de découvrir un autre monde.

Comment s'y retrouver dans l'offre des séjours itinérants ?

On différencie trois critères principaux qui expliquent les différences de prix observées :

- **le transport,** c'est-à-dire si ce dernier est « privatisé » (minibus ou autocars) ou « partagé » (trains, bus de service réguliers et autres transports en commun) ;
- **l'hébergement et le confort,** principalement si on privilégie un côté plus rustique (nuit sous la tente) ou plus confortable (nuit dans un établissement étoilé). C'est l'un des critères qui explique en grande partie les écarts de prix entre deux séjours paraissant semblables au premier abord.
- **les visites et activités,** incluses dans ces séjours à la découverte du patrimoine culturel des villes visitées. Pour ce qui est des activités, le spectre proposé est large : des sorties à vélo à Stockholm ou de la traversée de l'Islande à pied.

Préparer son séjour

Afin de tirer parti au mieux de son séjour linguisitique ou itinérant, il convient de garder plusieurs points à l'esprit.
Un séjour réussi est en effet un atout essentiel pour s'approprier une autre langue et une autre culture et donc pour avoir un petit plus qui vous démarquera des autres, notamment pour les plus jeunes qui élargiront par ce biais leur environnement et leur culture.

Avant toute chose, on déterminera donc avec précision : l'organisme encadrant, le nombre d'heures de cours voulues, la durée du séjour, le type d'hébergement souhaité et enfin le choix éventuel d'une option annexe.

Ensuite, on s'intéressera aux problèmes plus matériels tels que les assurances, les conditions de paiement, l'obtention des visas *ad hoc*, les questions sanitaires ou encore quel type d'équipement ou de vêtements privilégier.

Enfin, une fois ces préparatifs accomplis, vous n'aurez plus qu'à vous lancer dans l'apprentissage l'esprit tranquille et profiter au maximum de cette belle expérience qui s'offre à vous.

AVANT SON SÉJOUR

Une fois votre décision arrêtée, il ne vous reste plus qu'à organiser votre futur départ. De nombreuses questions se posent néanmoins afin que votre expérience soit des plus réussies.
Nous avons réuni dans les pages qui suivent nombre de ces questions ; mais nul doute que l'organisme que vous choisirez sera à même de vous expliciter tout ceci et de vous aider dans vos démarches. Car le seul et unique choix crucial concerne bien l'organisme que vous sélectionnerez.
De lui dépendra non seulement la qualité de votre séjour mais surtout des facilités qu'il vous apportera, tant en termes d'organisation au préalable que de connaissance des destinations et de qualité d'encadrement une fois sur place.

Quel type d'organisme choisir ?

Avec l'avènement de l'ère du tout Internet – celle où toutes les prestations peuvent s'acheter en ligne –, la recherche d'un organisateur de séjours linguistiques et itinérants a changé de dimension. En effet, le revers de la médaille de cet outil à portée de tous est que, bien souvent, on ne sait pas trop qui se cache derrière un site donné et des prestations annoncées. Ainsi, trop souvent des entreprises peu scrupuleuses se cachent dans les méandres du réseau afin de commercialiser des séjours qui ne sont absolument pas du niveau attendu.

Conseils pour trouver un organisme compétent et rassurant

Se renseigner sur l'entreprise/association. En cliquant sur les rubriques « Mentions légales » ou « Qui sommes-nous ? » (lesdites rubriques sont obligatoires), vous devez voir apparaître une adresse postale en France et un numéro de Siren qui indique que l'entreprise est bien enregistrée au registre du commerce. Une fois ce numéro obtenu, il ne vous reste plus qu'à faire une recherche sur Internet (sur le site des greffes des tribunaux du commerce, par exemple : www.infogreffe.fr) pour tout connaître de ladite société.
Pour les associations, vous pouvez vérifier si elles sont bien déclarées sur le site de la Direction de l'information légale et administrative : www.journal-officiel.gouv.fr/association.

Vérifier la crédibilité de l'organisme. Pour organiser avec sérieux des séjours linguistiques et itinérants, une structure ne peut avoir été créée hier : elle doit avoir une certaine stabilité de fonctionnement qui indique vécu et expérience. Dans la même veine, ladite structure se doit de disposer d'une garantie financière. Cette garantie financière protège les sommes versées par les clients dans le cas où l'entreprise ferait faillite. Également, une couverture RCP est indispensable pour les organisateurs de séjours car c'est cette assurance qui intervient en cas de dommages causés aux clients.

La charte qualité du label UNOSEL

Organiser son séjour linguistique ou itinérant avec un professionnel vous apporte la garantie qu'un grand nombre de paramètres sera respecté afin que ce dernier se passe au mieux. Grâce à la compétence d'un professionnel reconnu, vous aurez l'assurance de bénéficier d'une fiabilité maîtrisée, de services à forte valeur ajoutée, d'une proximité, d'une écoute et d'une longue expérience des attentes et exigences spécifiques en matière de séjour linguistique et éducatif.

Pour ce faire, le label UNOSEL a mis en place une charte qualité de dix points.

- **1.** UNOSEL exige de ses adhérents sincérité et impartialité dans les informations : leurs brochures sont contractuelles.
- **2.** UNOSEL contrôle les prestations de ses adhérents, des prestations répondant à des critères de qualité forts :
  – les organismes adhérents de l'UNOSEL remplissent toutes les obligations légales : assurance responsabilité civile professionnelle, garantie financière pour les opérateurs de voyages, immatriculation, respect des Codes du tourisme, de la consommation, de l'action sociale et des familles ; – UNOSEL réalise des contrôles : avant (procédure d'agrément), pendant (inspections menées par des auditeurs indépendants) et après le séjour ou la formation par l'envoi de questionnaires de satisfaction ; – chaque métier représenté à l'UNOSEL a rédigé son acte d'engagement en dix actions et le fait évoluer ; – la qualification des intervenants est garantie dans les prestations pédagogiques ; – la qualification des intervenants est garantie dans les prestations de loisirs ; – la qualité des prestataires de transport est garantie ; – un correspondant sur place et une ligne téléphonique d'urgence (24h/24) sont prévus ; – un accueil local de qualité est organisé à l'arrivée.
- **3.** UNOSEL vous accompagne du premier contact jusqu'à la fin de votre séjour ou de votre formation.
- **4.** UNOSEL vous assure que dans chaque organisme adhérent vous trouverez des interlocuteurs pour vous écouter, vous conseiller et qui sauront adapter et individualiser votre choix dans les offres de séjour et de formation.
- **5.** UNOSEL garantit la réactivité de ses adhérents pendant le séjour. Si vous n'êtes pas satisfait de cette première réponse, UNOSEL s'engage à réagir ensuite dans le traitement des questions et des réclamations. Pendant le déroulement du séjour, les engagements sont de prendre en compte la question immédiatement et d'y répondre dans un délai de 48 heures.
- **6.** UNOSEL est signataire de la Charte de la médiation du tourisme et du voyage qui garantit à tous les participants l'indépendance et l'impartialité dans le traitement des dossiers de médiation.
- **7.** UNOSEL veille à ce que chaque organisme adhérent ait un projet éducatif/projet de formation qui met en évidence les valeurs et les objectifs de l'organisme.
- **8.** UNOSEL préconise une homogénéisation des groupes par niveaux dans les activités pédagogiques ou une pédagogie adaptée pour garantir de véritables progrès.
- **9.** UNOSEL préconise une homogénéisation des groupes par âge pour les loisirs (participants mineurs).
- **10.** UNOSEL favorise l'entraide et la solidarité entre ses membres dans l'intérêt des participants.

S'assurer de l'accessibilité du service clientèle. Assurez-vous que l'organisateur avec lequel vous souhaitez partir en séjour linguistique ou itinérant possède un numéro de téléphone, facilement joignable, notamment, pendant la durée du séjour (ligne d'urgence). Assurez-vous des plages horaires dudit numéro (7j/7, 24h/24 ?) et du tarif (numéro surtaxé ? numéro de l'école à l'étranger et donc impliquant des frais ?).

Comprendre la description des prestations annoncées. Lors d'un séjour linguistique, le nombre d'heures de cours dispensés est bien évidemment l'une des choses principales sur lesquelles il convient de se renseigner.

D'un programme à un autre, vous verrez des cours de 45 minutes et d'autres d'une heure. Ne confondez pas le nombre de cours et le volume horaire.

Pour que votre séjour se passe au mieux, il convient également de s'interroger sur le nombre d'élèves maximal par classe, sur la liste détaillée des activités, des assurances incluses ou non, sur le trajet séparant le lieu d'hébergement du lieu de classe ou encore sur le niveau de qualification des professeurs et du personnel encadrant. De même, les critères de confort d'un hébergement ont leur influence sur le prix final. Ainsi un dortoir pour six jeunes ou une chambre individuelle avec salle de bains ne relèvent pas de la même catégorie de prestation. Un autre critère à prendre en compte est le transport. Est-il inclus ? Quel est le type de transport proposé pendant le séjour ? En effet, on peut se rendre en Italie ou en Angleterre en bus, en train ou en avion ; reste à savoir encore si on privilégie la durée, le confort ou le prix du voyage. Avec toutes ces cartes en main, vous pourrez ainsi vous faire une idée réelle du prix des séjours. Car, ne rêvons pas : un personnel qualifié coûte effectivement plus cher qu'un personnel ponctuel moins bien qualifié, par exemple.

En conclusion

Il convient donc de choisir avec sérieux son organisme tant les différences de prix, de prestations et de qualité même du séjour sont importantes selon les organismes. En plus, devant la myriade d'avis et autres commentaires pas toujours vérifiables présents sur les sites Internet, préferez partir avec des professionnels : c'est la garantie d'un séjour linguistique ou itinérant sans mauvaises surprises du début à la fin !

Quel type de séjour choisir ?

Avant toute chose, il s'agit bien évidemment de savoir si vous préférez vous orienter vers un séjour linguistique ou vers un séjour itinérant. Les deux formules n'offrant pas les mêmes caractéristiques, ni les mêmes prestations. Ensuite, le type de séjour dépendra de l'âge, des objectifs, de la destination, etc.

Enfants, adolescents et jeunes adultes

Pour que le séjour linguistique soit le plus profitable pour votre enfant, il faut que ce dernier ait réellement envie de partir et donc qu'il s'investisse dans toutes les étapes du projet. Car c'est bien d'un projet dont nous parlons ici.

- **Pour les plus jeunes,** et surtout si c'est leur premier séjour, il vaudra mieux choisir une formule avec des heures de cours moindre (de 2 à 3 heures par jour) et des activités annexes un peu plus nombreuses, le tout pour une durée n'excédant pas 2 semaines. Une formule avec hébergement en famille peut également être une bonne option si votre enfant est un peu timide et si il s'inquiète de devoir quitter son cocon familial.

- **Pour les plus âgés,** un séjour itinérant peut l'aider à progresser dans son approche de la vie en communauté, dans son comportement en société et répondre à sa soif de découverte, de voyage et d'ouverture d'esprit. Il peut lui permettre d'être mature plus vite, et ainsi de l'aider dans sa quête d'autonomie. Un séjour linguistique à l'étranger participera aussi à son éveil personnel en lui donnant accès à une autre culture, en lui inculquant une autre vision du monde tout en lui apportant des bases linguistiques saines pour le futur. On pourra choisir une formule incluant des activités sportives ou culturelles ou davantage axer ce séjour sur la langue à proprement parler ; pourquoi pas en formule « one to one », où il se retrouvera seul au domicile du professeur ? L'immersion totale est en effet bien souvent une approche permettant d'acquérir plus rapidement un niveau de langue tendant vers le courant, surtout en ce qui concerne la vie de tous les jours. Si votre enfant n'est pas un solitaire, vous pouvez aussi privilégier l'option avec hébergement en campus international : il rencontrera alors des enfants du même âge que lui de tous les pays – parfait pour découvrir le monde !

Quoiqu'il en soit, et au vu des nombreuses formules possibles, n'oubliez pas qu'impliquer son enfant dans toutes les décisions est un gage de réussite.

Adultes et professionnels

Afin de tirer le meilleur parti de votre séjour linguistique, on ne saurait trop vous conseiller de définir en premier lieu vos objectifs personnels (votre organisme poura vous y aider) : qu'espérez-vous de ce séjour ? Comment envisagez-vous l'apprentissage d'une langue étrangère ? Dans quel but ?

C'est en essayant de répondre à ces questions que vous découvrirez vous-même la formule qui vous conviendra le mieux entre un séjour en immersion totale ou un séjour en « one to one », pour plus d'heures de cours et pour un perfectionnement linguistique ciblé autour d'un vocabulaire spécifique, entre un séjour au sein d'un groupe international dans une école dûment séléctionnée ou un séjour davantage

à caractère de découverte de la culture et de « l'esprit » de la langue étudiée. N'oubliez pas que vous pouvez tout aussi choisir des cours en formation continue non loin de votre domicile afin de ne pas couper avec votre vie de famille ; ou alors, dans la même veine, que vous pouvez très bien partir en séjour linguistique en famille !
Quoiqu'il en soit, sachez qu'au vu des nombreuses possibilités qui s'offrent à vous, vous trouverez toujours chaussure à votre pied !

Quel type d'hébergement choisir ?

Comme nous l'avons vu dans les pages précédentes, les possibilités d'hébergement sont nombreuses lors des séjours linguistiques et itinérants.

L'hébergement lors des séjours linguistiques

Pour résumer, il peut être de deux types : soit au domicile d'une famille ou du professeur, soit dans des campus, résidences ou en appartement.
Si vous deviez choisir l'option en immersion avec, donc, un hébergement chez l'habitant, sachez que les familles pressenties pour vous accueillir vous ou vos enfants sont dûment contrôlées et sélectionnées : pas de souci à avoir donc ! L'hébergement chez l'habitant constitue une garantie de progrès rapide dans la langue étudiée, chacun devant faire face à la vie courante et son lot de questions dans une langue étrangère.
Là encore, si vous choisissez ce type de formule pour votre enfant, il est important de l'associer à ce choix afin que ce dernier puisse rapidement « briser la glace » avec sa famille d'accueil. Conseillez-lui d'emporter des photos de ses amis ou de sa famille pour amener les premiers contacts.
Lors des séjours « collectifs », les jeunes ont des chambres à partager sur les campus.
Pour le public étudiant et adulte, le choix de l'hébergement se situe entre la famille d'accueil, la résidence, l'appartement en location ou colocation ou encore l'hôtel.

L'hébergement lors des séjours itinérants

Ici, l'hébergement dépendra beaucoup du type de séjour choisi. Vous aurez le choix entre un hébergement en auberge de jeunesse ou à l'hôtel (dans des hôtels de plus ou moins grand standing) ou des hébergements plus atypiques (de type camping ou roulotte) selon les formules choisies. Néanmoins, pas de soucis à avoir : tous les hébergements sont adaptés pour recevoir des enfants ou des jeunes adultes. Dans le cadre des hébergements plus atypiques, les encadrants sont dûment formés à ces conditions et ils respectent donc tous les conditions de sécurité de ce type d'hébergement.

Quelle destination choisir ?

Il y a de cela quelques années, il semblait logique de partir en Angleterre pour parfaire son apprentissage de l'anglais, en Allemagne pour se perfectionner en allemand, en Italie pour progresser en italien et en Espagne pour pratiquer son espagnol.
Avec la mondialisation, ce choix n'est plus aussi simple et nombre de destinations ont fait leur apparition. Ainsi, pour parfaire votre anglais, pourquoi ne pas partir à Malte ou en Afrique du Sud ? Pour améliorer votre espagnol, pourquoi ne pas partir au Costa Rica ou au Mexique ? Et pour perfectionner son allemand, pourquoi ne pas vous rendre en Autriche ?
En plus aujourd'hui, vous aurez également accès un plus large panel d'apprentissage linguistique qui inclut désormais le russe, le chinois, le japonais ou même l'une des nombreuses langues nordiques.
Vous l'aurez compris, on peut aujourd'hui décider de partir un peu partout pour progresser dans la langue choisie et découvrir une nouvelle culture.

Comment financer son séjour linguistique et itinérant ?

Les séjours linguistiques sont une vraie opportunité pour l'apprentissage d'une langue, mais ils impliquent aussi souvent des investissements financiers plus ou moins conséquents. Néanmoins, sachez qu'il existe de nombreuses solutions pour vous aider à les financer.

- **Aides des comités d'entreprise :** certains organismes sont présents sur les listes disponibles auprès de votre comité d'entreprise (CE) et vous seront donc accessibles à moindre coût. Cette aide vaut également pour les séjours itinérants.
- **Aides des institutions :** conseils généraux et mairies peuvent financer votre séjour linguistique ou itinérant par le biais de bourses ou encore de la Caisse d'allocations familiales (CAF) si vous êtes allocataire.

Un séjour linguisitique en France ?

Généralement, pour parfaire son apprentissage d'une langue étrangère, il faut impérativement mener deux actions simultanément : fixer les apprentissages en mettant en place des bases solides et pratiquer la langue *in situ.*
Il est d'usage de penser que ces deux actions doivent être réalisées grâce à un séjour à l'étranger où la pratique quotidienne de la langue choisie représente un vrai plus. Pour autant, c'est aussi possible en France ! Dans le cadre de séjours en univers clos, aussi rigoureux qu'agréables, vous ou vos enfants pourrez vous concentrer sur les bases de la langue étudiée et la pratiquer avec des exercices pensés pour appréhender ce nouveau savoir. Le tout à quelques centaines de kilomètres de la maison seulement !
Cette formule représente un avantage non négligeable pour les plus jeunes notamment qui ne seront ainsi pas déboussolés de découvrir une nouvelle culture et un nouveau pays. Autrement dit, l'avantage de l'étranger sans ses petits « inconvénients ».

- **Emploi des chèques vacances :** nombre d'organismes agréés acceptent les chèques vacances (ces chèques sont fournis par certains employeurs dont les employés ne payent qu'une partie) comme paiement pour les séjours linguistiques et itinérants.
- **Emploi du compte personnel de formation (CPF) pour les salariés :** depuis le 1er janvier 2015, le CPF a pris le relais du DIF. Ce dispositif vous suit tout au long de la vie en vous permettant d'acquérir des heures de formation financées, sans limite de temps, quels que soient vos changements de statut professionnel.
Le CPF permet de cumuler 150 heures et peut s'adosser à d'autres dispositifs de formation. La gestion du CPF est assurée par la Caisse des dépôts et consignations.
- **L'emploi du congé individuel de formation (CIF) pour les salariés :** si vous souhaitez faire une pause ou vous reconvertir, pensez au CIF, car ce dispositif auquel votre employeur cotise (*via* un OPACIF) permet d'obtenir un financement total ou partiel des frais de formation et la prise en charge d'une partie de votre salaire pendant cette formation.
- **Aides du Financement par le Pôle Emploi :** sous certaines conditions les demandeurs d'emploi peuvent bénéficier de financements pour suivre une formation en langue lors d'un séjour linguistique, renseignez-vous auprès de votre Pôle Emploi référent.

Que mettre dans ses bagages ?

Savoir ce que vous devez emporter dépendra bien évidemment de la destination choisie, du type de contenant (valise ou sac à dos de voyage) et du type de séjour choisi. Pour autant, quelle que soit la destination, voici une liste non exhaustive d'objets à prendre.

- **Un dictionnaire de poche ou électronique.**
- **Un adapteur électrique universel** afin de pouvoir recharger aisément tous vos appareils électriques et électroniques.
- **Des cahiers et des stylos.**
- **L'ensemble de vos prescriptions** si vous suivez un traitement particulier spécifique. Demandez à votre pharmacien d'inscrire (si possible en anglais) les composants plus qu'un nom de médicament spécifique.
- **Un assortiment de petits cadeaux** représentatifs de votre région natale peut être bienvenu si vous partez séjourner en famille d'accueil.
- **Une carte européenne d'assurance maladie (CEAM).** Si vous partez dans un des pays membres de l'UE/EEE ou en Suisse, cette carte vous permettra d'attester de votre assurance et pourra vous être utile pour bénéficier d'une prise en charge médicale.

Réglementation

- **Bagages en soute.** Généralement, 23 kilos de bagages sont autorisés en soute pour la classe économique (exception sur l'Afrique pour la majorité des compagnies : 2 fois 23 kilos) et 30 à 40 kilos pour la première classe et la classe affaires. Certaines compagnies autorisent deux bagages en soute pour un poids total de 40 kilos. Renseignez-vous avant votre départ pour connaître les dispositions de votre billet.
- **Bagages à main.** En classe éco, un bagage à main et un accessoire (sac à main, ordinateur portable) sont autorisés, le tout ne devant pas dépasser les 12 kilos ni les 115 centimètres de dimension. En première et en classe affaires, deux bagages sont autorisés en cabine. Les liquides et gels sont interdits : seuls les tubes

et flacons de 100 millilitres au maximum sont tolérés, dans un sac en plastique transparent fermé (20 x 20 centimètres). Seules exceptions à la règle : les aliments pour bébé et médicaments accompagnés de leur ordonnance.

Excédent

Lorsqu'on en vient à parler d'excédent de bagages, les compagnies aériennes sont désormais plutôt strictes. Si elles vous laisseront parfois tranquille pour 1 ou 2 kilos de trop sur certaines destinations, vous n'aurez aucune marge sur les destinations africaines, tant la demande des passagers est importante. Il est vrai que passé le poids autorisé, le couperet tombe, et il tombe sévèrement : 30 € par kilo supplémentaire sur un vol long-courrier chez Air France, 120 € par bagage supplémentaire chez British Airways, 100 € chez American Airlines. À noter que les compagnies pratiquent parfois des remises de 20 à 30 % si vous réglez votre excédent de bagages sur leur site Web avant de vous rendre à l'aéroport. Si le coût demeure trop important, il vous reste la possibilité d'acheminer une partie de vos biens par voie postale, si la destination le permet.

Perte – Vol

En moyenne, 16 passagers sur 1 000 ne trouvent pas leurs bagages sur le tapis à l'arrivée. Si vous faites partie de ces malchanceux, rendez-vous au comptoir de votre compagnie pour déclarer l'absence de vos bagages. Pour que votre demande soit recevable, vous devez réagir dans les 21 jours suivant la perte. La compagnie vous remettra un formulaire qu'il faudra renvoyer en lettre recommandée avec accusé de réception à son service clientèle ou litiges bagages. Vous récupérerez le plus souvent vos valises au bout de quelques jours. Dans tous les cas, la compagnie est seule responsable et devra vous indemniser si vous ne revoyez pas la couleur de vos biens (ou si certains biens manquent à l'intérieur de votre bagage). Le plafond de remboursement est fixé à 20 € par kilo ou à une indemnisation forfaitaire de 1 200 €. Si vous considérez que la valeur de vos affaires dépasse ces plafonds, il est fortement conseillé de le préciser à votre compagnie au moment de l'enregistrement (le plafond sera augmenté moyennant finance) ou de souscrire à une assurance bagages. À noter que les bagages à main sont sous votre responsabilité et non sous celle de la compagnie. Pour les mineurs, les organisateurs de séjours s'occuperont des démarches à entreprendre dans le cas de voyage groupé et encadré.

Passeport, visas et douanes

Obtention du passeport

Tous les passeports délivrés actuellement en France sont désormais biométriques. Ils comportent votre photo, vos empreintes digitales et une puce sécurisée. Sachez que depuis 2012, il n'est plus possible de réaliser vos photos d'identité en mairie. Toute personne majeure qui souhaite obtenir un passeport doit donc se présenter en personne à la mairie (ou à une autorité consulaire si vous êtes à l'étranger) avec sa carte d'identité sécurisée (plastifiée), un justificatif de domicile – photocopies et originaux pour les deux –, le formulaire de demande rempli en ligne et imprimé ou rempli sur place, un timbre fiscal de 86 € et deux photographies identiques (de face, sans sourire). Après un délai variable (environ trois semaines), vous devrez également récupérer votre passeport en personne. Le renouvellement se fait suivant la même démarche. Un passeport peut être délivré en urgence uniquement dans certains cas (raisons humanitaires, décès d'un membre de la famille à l'étranger) qui, *a priori*, ne concernent pas les voyageurs. Notez que les enfants (de 0 à 18 ans) doivent posséder un passeport personnel. Les démarches sont similaires, le parent doit accompagner l'enfant à la mairie pour le dépôt de la demande et le retrait.

Durée de validité

Un passeport est valable dix ans. Attention, les passeports enfant sont valables seulement cinq ans. On sera vigilant en partant en voyage car, selon les pays que l'on traverse, la durée de validité de votre passeport déterminera celle de votre séjour : nombre de pays demandent expressément que le passeport soit valable au moins six mois après la sortie du territoire, donc pensez bien à éviter de partir dans sa dernière année de fonctionnement, sous peine de vous voir reconduit à la frontière.

Astuces futées

Avant de partir, pensez à photocopier tous les documents que vous emportez avec vous. Vous emporterez un exemplaire de chaque document et laisserez l'autre à quelqu'un en France. En cas de perte ou de vol, les démarches de renouvellement seront ainsi beaucoup plus simples auprès des autorités consulaires. Vous pouvez également conserver des copies sur le site Internet officiel (mon.service-public.fr).

Il vous suffit de créer un compte et de scanner toutes vos pièces d'identité et autres documents importants dans l'espace confidentiel. Une astuce en plus : lorsque vous entrez dans un pays, photocopiez la page de votre visa avec le tampon d'entrée et conservez ce papier dans un endroit différent de votre passeport. Si vous perdez votre passeport, les formalités pour ressortir du pays seront facilitées.À noter également que les cartes d'identité délivrées à partir du 1er janvier 2014 seront valables quinze ans. Les CNI valides au 1er janvier 2014 sont automatiquement valides quinze ans sans démarche particulière. L'exception concerne les mineurs, dont la CNI reste valable dix ans seulement.

Obtention des visas

Si vous êtes ressortissant français ou ressortissant d'un autre État membre de l'Union européenne (UE) ou de l'Espace économique européen (EEE), vous avez le droit de séjourner dans tous les pays membres de ces zones sans permis de séjour et d'y travailler si la durée de l'emploi est de trois mois au maximum. Il vous suffit d'être en possession de votre carte nationale d'identité ou de votre passeport en cours de validité. Si vous y séjournez plus de six mois ou travaillez plus de trois mois, il faudra vous faire enregistrer auprès des autorités du pays. Pour mémoire, voici la liste des vingt-huit pays membres de l'UE : Allemagne, Autriche, Belgique, Bulgarie, Chypre, Croatie, Danemark, Espagne, Estonie, Finlande, France, Grèce, Hongrie, Irlande, Italie, Lettonie, Lituanie, Luxembourg, Malte, Pays-Bas, Pologne, Portugal, Roumanie, Royaume-Uni, Slovaquie, Slovénie, Suède, République tchèque.

▶ **En dehors de l'Union européenne,** plusieurs pays accordent le droit d'entrée sans visa aux ressortissants français, notamment l'Afrique du Sud, de nombreuses îles des Caraïbes, le Canada, le Pacifique (à l'exception des Fidji et de la Papouasie-Nouvelle-Guinée où ils s'obtiennent à l'arrivée) et la majorité des pays latino-américains (Mexique, Brésil, Argentine, etc.), sauf le Belize et le Suriname. Le Japon, la Corée du Sud, Hongkong et Macao ouvrent également leurs frontières sans visa aux Français, pour trois mois.

Liste des pays

Voici la liste de tous les pays qui ne nécessitent pas de visa, classés par durée de séjour. Pour tous les autres pays, il faudra vous renseigner directement auprès de l'organisme qui gère votre séjour linguistique ou itinérant.

▶ **Pour un séjour touristique de moins de 90 jours :** Afrique du Sud ; Albanie ; Antigua-et-Barbuda ; Antilles néerlandaises ; Argentine ; Aruba ; Barbade ; Bermudes ; Bosnie-Herzégovine ; Botswana ; Brésil ; Canada ; Chili ; Corée du Sud ; Costa Rica ; République Dominicaine ; Dominique ; Équateur ; Israël ; Japon ; Lesotho ; Liechtenstein ; Malaisie ; Malawi ; Maroc ; Mexique ; Moldavie ; Monténégro ; Nicaragua ; Norvège ; Nouvelle-Zélande ; Panamá ; Pérou ; Salvador ; Sénégal ; Serbie ; Seychelles ; Singapour ; Somalie ; Suisse ; Swaziland ; Taïwan ; Tunisie ; Turquie ; Ukraine ; Uruguay ; Venezuela.

▶ **Pour un séjour touristique de moins de 60 jours :** Colombie ; Namibie.

▶ **Pour un séjour touristique de moins de 4 semaines :** Anguilla ; Belize ; Bolivie ; Émirats arabes unis.

▶ **Pour un séjour de moins de 21 jours :** Philippines.

▶ **Pour un séjour touristique de moins de 15 jours :** Brunei.

Autorisation d'entrée

Certains pays requièrent non pas un visa, mais une sorte d'autorisation d'entrée. Souvent moins coûteuses et plus souples, ces démarches n'en demeurent pas moins essentielles pour entrer dans les pays concernés.

▶ **Australie :** pas de visa demandé mais un E Visitor valable trois mois (autorisation d'entrée sur le territoire), gratuit, qu'on obtient dans un délai d'un à huit jours.

▶ **Cuba :** carte touristique nominative, d'une durée d'un mois au maximum renouvelable sur place, obtenue dans un délai de deux jours, 22 €.

▶ **États-Unis :** ESTA (système électronique d'autorisation de voyage), pour un séjour de moins de 90 jours, à obtenir au moins 72 heures avant le départ, 14 US$.

Suppression des autorisations de sortie du territoire pour les mineurs depuis le 1er janvier 2013

Une circulaire du 20 novembre 2012 marque la fin des autorisations de sortie du territoire (AST) individuelles et collectives pour les mineurs français voyageant à l'étranger sans leurs parents. Ainsi, actuellement, un mineur français pourra franchir les frontières, muni de son seul passeport en cours de validité ou de sa carte nationale d'identité (pour les pays tels ceux de l'Union européenne, par exemple). Certains pays appliquent encore des demandes spécifiques (tels les États-Unis, par exemple), renseignez-vous auprès de votre organisme référent.

Douanes

Les formalités de douane ne sont pas les mêmes dans tous les pays. Certaines destinations sont très à cheval sur l'alcool, les cigarettes ou divers produits que, dans d'autres, vous pourrez introduire sans problème. Il est donc nécessaire de se renseigner auparavant sur les procédures propres à chaque pays avant de prendre votre avion. À votre retour en France d'une destination située hors de l'Union européenne, vous pouvez transporter avec vous des marchandises achetées ou qui vous ont été offertes dans un pays tiers sans avoir de déclaration à effectuer, ni de droits et taxes à payer. La valeur de ces marchandises ne doit pas excéder, selon les cas de figure :

- **voyageur de moins de 15 ans** (quel que soit le mode de transport) : 150 € ;
- **voyageur de 15 ans et plus,** utilisant un mode de transport autre qu'aérien et maritime : 300 € ;
- **voyageur de 15 ans et plus,** utilisant un mode de transport aérien et maritime : 430 €.

Attention : aucune de ces sommes ne peut être cumulée par différentes personnes pour bénéficier d'une franchise plus importante pour un même objet (par exemple, un couple ne peut pas demander à bénéficier de la franchise pour un appareil d'une valeur de 850 €).

Si vous voyagez avec 10 000 € de devises ou plus, vous devez impérativement les déclarer en douane et si vous transportez des objets d'origine étrangère, munissez-vous des factures ou des quittances de paiement des droits de douane : on peut vous les demander pour prouver que vous êtes en règle.

Enfin, certains produits sont libres de droits de douane jusqu'à une certaine quantité. Au-delà de celle-ci, ils doivent être déclarés. Vous acquitterez alors les taxes normalement exigibles. Les franchises ne sont pas cumulatives. Cela signifie que si vous choisissez de rapporter du tabac, vous pouvez acheter 200 cigarettes ou 50 cigares (soit 250 grammes de tabac), mais pas les deux. Contactez la douane pour en savoir plus.

■ DOUANES FRANÇAISES – INFO DOUANE SERVICES
✆ 0 811 20 44 44 / +33 1 72 40 78 50
www.douane.gouv.fr
Le service de renseignement des douanes françaises à la disposition des particuliers est ouvert du lundi au vendredi de 8h30 à 18h. Les téléconseillers sont des douaniers qui répondent aux questions générales, qu'il s'agisse des formalités à accomplir à l'occasion d'un voyage, des marchandises que vous pouvez ramener dans vos bagages ou des informations utiles pour monter votre société d'import-export.

Santé

- **Pour vous informer** de l'état sanitaire du pays dans lequel vous allez vous rendre et recevoir des conseils, n'hésitez pas à consulter votre médecin. Vous pouvez aussi vous adresser à la Société de médecine des voyages du centre médical de l'Institut Pasteur au ✆ 01 40 61 38 46 (www.pasteur.fr/sante/cmed/voy/listpays.html) ou vous rendre sur le site du Cimed (www.cimed.org), du ministère des Affaires étrangères à la rubrique « Conseils aux voyageurs » (www.diplomatie.gouv.fr/voyageurs) ou de l'Institut national de veille sanitaire (www.invs.sante.fr).
- **Avant de partir,** vous pouvez contacter le service Santé Voyages ✆ 05 56 79 58 17 (Bordeaux) • ✆ 04 91 69 11 07 (Marseille) • ✆ 01 40 25 88 86 (Paris).

Centres de vaccination

Pour plus d'informations, vous pouvez consulter le site Internet du ministère de la Santé (www.sante.gouv.fr) pour connaître les centres de vaccination proches de chez vous.

CENTRE DE VACCINATION AIR FRANCE
148, rue de l'Université (7e)
Paris ✆ 01 43 17 22 00 / 0 892 68 63 64 / 01 48 64 98 03
Ouvert du lundi au vendredi de 8h45 à 18h – nocturne le jeudi jusqu'à 20h – le samedi de 8h45 à 16h. Fermeture les dimanches et jours fériés uniquement.

▶ **Autre adresse :** 3, place Londres Bâtiment Uranus 95703 Roissy Charles de Gaulle.

INSTITUT PASTEUR
209, rue de Vaugirard (15e)
Paris ✆ 0 890 710 811 / 03 20 87 78 00
www.pasteur.fr
Sur le site Internet, vous pouvez consulter la liste des vaccins obligatoires pays par pays.
L'Institut Pasteur, créé en 1888 par Louis Pasteur, est une fondation privée à but non lucratif dont la mission est de contribuer à la prévention et au traitement des maladies, en priorité infectieuses, par la recherche, l'enseignement, et des actions de santé publique. Tout en restant fidèle à l'esprit humaniste de son fondateur Louis Pasteur, le centre de recherche biomédicale s'est toujours situé à l'avant garde de la science, et a été la source de plusieurs disciplines majeures : berceau de la microbiologie, il a aussi contribué à poser les bases de l'immunologie et de la biologie moléculaire. Le réseau des Instituts Pasteur, situé sur les 5 continents et fort de 8 500 collaborateurs fait de cette institution une structure unique au monde.

▶ **Autre adresse :** 1, rue du Professeur Calmette 59019 Lille.

Assistance rapatriement – Assistance médicale

▶ **Assurance – Assistance médicale.** Sachez tout d'abord qu'il est possible de bénéficier des avantages de la Sécurité sociale, même à l'étranger. À l'international, des garanties de sécurité sociale s'appliquent et sont mises en œuvre par le Centre des liaisons européennes et internationales de sécurité sociale (www.cleiss.fr) chargé d'aiguiller les ressortissants dans leurs démarches. Mais cette prise en charge a ses limites. C'est pourquoi souscrire à une assurance maladie peut se révéler très utile. Les prestations comprennent la plupart du temps le rapatriement, les frais médicaux et d'hospitalisation, le paiement des examens de recherche ou le transport du corps en cas de décès.

▶ **Rapatriement sanitaire par les opérateurs de cartes bancaires.** Si vous possédez une carte bancaire Visa® et MasterCard®, vous bénéficiez automatiquement d'une assurance médicale et d'une assistance rapatriement sanitaire valables pour tout déplacement à l'étranger de moins de 90 jours (le paiement de votre voyage avec la carte n'est pas nécessaire pour être couvert, la simple détention d'une carte valide vous assure une couverture). Renseignez-vous auprès de votre banque et vérifiez attentivement le montant global de la couverture et des franchises ainsi que les clauses d'exclusion. Si vous n'êtes pas couvert par l'une de ces cartes, n'oubliez surtout pas de souscrire une assistance médicale avant de partir.

La santé de votre enfant pendant un séjour linguistique ou itinérant

Si votre enfant souffre de légers problèmes sanitaires tels que des allergies ou des troubles alimentaires, sachez que cela ne doit pas être un frein à son départ. En effet, les animateurs disposeront d'un dossier complet sur chaque enfant leur permettant d'être réactifs à tous les problèmes signalés et de s'assurer que le séjour de votre enfant se passera au mieux. Il est important d'informer l'organisateur de façon exhaustive sur l'état de santé mentale et/ou physique de votre enfant. Cela permettra aux équipes de bien se préparer au bon déroulement du séjour, en connaissance des spécificités de chaque enfant.

PENDANT SON SÉJOUR

Pendant votre séjour, vous serez pris en charge par l'organisme que vous aurez préalablement choisi et donc nombre de questions traitées ci-après auront déjà trouvé leur réponse. Cette rubrique doit donc plus se concevoir comme un « pense-bête ».

Comment gérer son budget ?

Dans la zone euro, rien de plus facile, cartes bancaires, chèques de voyage et cash fonctionnent sans problèmes. En revanche, à l'extérieur de la zone, renseignez-vous sur les différents frais et commissions qui s'appliquent. Évitez de vous promener avec de grosses sommes d'argent en liquide sur vous.

Banques et change

Voici quelques principes essentiels :

- **pour obtenir de l'argent,** le moyen le plus simple reste d'en retirer par carte bancaire dans le pays. Pas de taux de change à calculer ;
- **si toutefois vous voulez changer,** ayez toujours une idée du taux de change du moment, à vérifier sur Internet, afin d'effectuer si possible vos opérations quand l'euro est fort. N'oubliez pas qu'une commission s'ajoute toujours au taux de change ;
- **l'euro est désormais accepté** dans de nombreux pays et son taux de change est correct. Sauf exception, inutile donc de voyager avec des dollars américains ;
- **évitez de changer à l'aéroport** et dans les lieux touristiques où les commissions sont souvent prohibitives.

Transfert d'argent

Avec ce système, on peut envoyer et recevoir de l'argent de n'importe où dans le monde en quelques minutes.

Le principe est simple : un de vos proches se rend dans un point MoneyGram® ou Western Union® (poste, banque, station-service, épicerie...), il donne votre nom et verse une somme à son interlocuteur. Il est possible de faire un transfert *via* ces services avec votre carte bancaire par Internet également, en vous connectant sur leur site.

De votre côté de la planète, vous vous rendez dans un point de la même filiale. Sur simple présentation d'une pièce d'identité avec photo et la référence du transfert, on vous remettra aussitôt l'argent.

Carte de crédit

- **Avant votre départ,** pensez à vérifier avec votre conseiller bancaire la limitation de votre plafond de paiement et de retrait. Demandez, si besoin est, une autorisation exceptionnelle pour la période de votre voyage. Fort utiles, les règlements par carte sont très majoritairement acceptés dans les hôtels, les restaurants et les agences de voyages, moyennant une commission de 2 à 3 %.
- **En cas de perte ou de vol de votre carte de paiement,** appelez le serveur vocal du groupement des cartes bancaires Visa® et MasterCard® au (00 33) 892 705 705 ou (00 33) 836 690 880. Il est accessible 7j/7 et 24h/24. Si vous connaissez le numéro de votre carte bancaire, l'opposition est immédiate et confirmée. Dans le cas contraire, l'opposition est enregistrée mais vous devez confirmer l'annulation à votre banque par fax ou lettre recommandée.
- **En cas de dysfonctionnement de votre carte de paiement** ou si vous avez atteint votre plafond de retrait, vous pouvez bénéficier d'un *cash advance.*

Si vous perdez vos papiers

Avant toute chose : pas de panique ! Ça arrive souvent et si on est un peu prévoyant, ça ne devrait pas poser de problèmes sérieux.

- **Avant votre départ,** pensez à faire une photocopie de tous vos papiers d'identité et à conserver une copie informatique.
- **Lorsque vous constatez la perte de vos papiers,** rendez-vous le plus vite possible aux autorités locales (poste de police de la ville où vous résidez), puis aux autorités diplomatiques du pays dans lequel vous résidez. Pour pouvoir obtenir un nouveau passeport, il vous faudra obligatoirement le récépissé des autorités locales !

Proposé dans la plupart des grandes banques, ce service permet de retirer du liquide sur simple présentation de votre carte au guichet d'un établissement bancaire, que ce soit le vôtre ou non. On vous demandera souvent une pièce d'identité. En général, le plafond du *cash advance* est identique à celui des retraits et les deux se cumulent (si votre plafond est fixé à 500 €, vous pouvez retirer 1 000 € : 500 € au distributeur, 500 € en *cash advance*). Quant au coût de l'opération, c'est celui d'un retrait à l'étranger.

Comment s'assurer ?

Si vous partez en séjour linguistique ou itinérant avec un opérateur sérieux, cette question sera résolue par l'organisme en charge dudit séjour. Néanmoins, un homme averti en vaut deux : voici donc quelques conseils.

Choisir son assureur

Voyagistes, assureurs, secteur bancaire et même employeurs : les prestataires sont aujourd'hui très nombreux et la qualité des produits proposés varie considérablement d'une enseigne à une autre. Pour bénéficier de la meilleure protection au prix le plus attractif, demandez des devis et faites jouer la concurrence. Quelques sites Internet peuvent être utiles dans ces démarches comme celui de la Fédération française des sociétés d'assurances (www.ffsa.fr), qui saura vous aiguiller selon vos besoins, ou le portail de l'Administration française (www.service-public.fr) pour toute question relative aux démarches à entreprendre.

- **Voyagistes.** Ils ont développé leurs propres gammes d'assurances et ne manqueront pas de vous les proposer. Le premier avantage est celui de la simplicité. Pas besoin de courir après une police d'assurance. L'offre est faite pour s'adapter à la destination choisie et prend normalement en compte toutes les spécificités de celle-ci. Mais ces formules sont habituellement plus onéreuses que les prestations équivalentes proposées par des assureurs privés. C'est pourquoi il est plus judicieux de faire appel à son opérateur habituel si l'on dispose de temps et que l'on recherche le meilleur prix.
- **Assureurs.** Les contrats souscrits à l'année comme l'assurance responsabilité civile couvrent parfois les risques liés au voyage. Il est important de connaître la portée de cette protection qui vous évitera peut-être d'avoir à souscrire un nouvel engagement. Dans le cas contraire, des produits spécifiques pourront vous être proposés à un coût généralement moindre. Les mutuelles couvrent également quelques risques liés au voyage. Il en est ainsi de certaines couvertures maladie qui incluent une protection concernant par exemple tout ce qui touche à des prestations médicales.
- **Employeurs.** C'est une piste largement méconnue mais qui peut se révéler payante. Les plus généreux accordent en effet à leurs employés quelques garanties applicables à l'étranger. Pensez à vérifier votre contrat de travail ou la convention collective en vigueur dans votre entreprise. Certains avantages non négligeables peuvent s'y cacher.
- **Cartes bancaires.** Moyen de paiement privilégié par les Français, la carte bancaire permet également à ses détenteurs de bénéficier d'une assurance plus ou moins étendue. Visa®, MasterCard®, American Express®, toutes incluent une couverture spécifique qui varie selon le modèle de carte possédée. Responsabilité civile à l'étranger, aide juridique, avance des fonds, remboursement des frais médicaux : les prestations couvrent aussi bien les volets assurance (garanties contractuelles) qu'assistance (aide technique, juridique,

etc.). Les cartes bancaires haut de gamme de type Gold® ou Visa Premier® permettent aisément de se passer d'assurance complémentaire. Ces services attachés à la carte peuvent donc se révéler d'un grand secours, l'étendue des prestations ne dépendant que de l'abonnement choisi. Il est néanmoins impératif de vérifier la liste des pays couverts, tous ne donnant pas droit aux mêmes prestations. De plus, certaines cartes bancaires assurent non seulement leurs titulaires mais aussi leurs proches parents lorsqu'ils voyagent ensemble, voire séparément. Pensez cependant à vérifier la date de validité de votre carte car l'expiration de celle-ci vous laisserait sans recours.

▸ **Précision utile :** beaucoup pensent qu'il est nécessaire de régler son billet d'avion à l'aide de sa carte bancaire pour bénéficier de l'ensemble de ces avantages. Cette règle ne s'applique en fait qu'à la garantie annulation du billet de transport – si elle est prévue au contrat – et ne concerne que l'assurance, en aucun cas l'assistance. Les autres services, indépendants les uns des autres, ne nécessitent pas de répondre à cette condition afin de pouvoir être actionnés.

Choisir ses prestations

▸ **Garantie annulation.** Elle reste l'une des prestations les plus utiles et offre la possibilité à un voyageur défaillant d'annuler tout ou partie de son voyage pour l'une des raisons mentionnées au contrat. Ce type de garantie peut couvrir toute sorte d'annulation : billet d'avion, séjour, location... Cela évite ainsi d'avoir à pâtir d'un événement imprévu en devant régler des pénalités bien souvent exorbitantes. Le remboursement est la plupart du temps conditionné à la survenance d'une maladie ou d'un accident grave, au décès du voyageur ayant contracté l'assurance ou à celui d'un membre de sa famille. L'attestation d'un médecin assermenté doit alors être fournie. Elle s'étend également à d'autres cas comme un licenciement économique, des dommages graves à son habitation ou son véhicule, ou encore à un refus de visa des autorités locales. Moyennant une surtaxe, il est également possible d'élargir sa couverture à d'autres motifs comme la modification de ses congés ou des examens de rattrapage. Les prix pouvant atteindre 5 % du montant global du séjour, il est donc important de bien vérifier les conditions de mise en œuvre qui peuvent réserver quelques surprises. Dernier conseil : s'assurer que l'indemnité prévue en cas d'annulation couvre bien l'intégralité du coût du voyage.

▸ **Autres services.** Les prestataires proposent la plupart du temps des formules dites « complètes » et y intègrent des services tels que des assurances contre le vol ou une assistance juridique et technique.

DÉCOUVERTE

© STS

Séjour linguistique en Nouvelle-Zélande.

Mais il est parfois recommandé de souscrire à des offres plus spécifiques afin d'être paré contre toute éventualité. L'assurance contre le vol en est un bon exemple. Les plafonds pour ce type d'incident se révèlent généralement trop faibles pour couvrir les biens perdus et les franchises peuvent finir par vous décourager. Pour tout ce qui est matériel photo ou vidéo, il peut donc être intéressant de choisir une couverture spécifique garantissant un remboursement à hauteur des frais engagés.

APRÈS SON SÉJOUR

Voilà que vous êtes rentrés de votre séjour linguistique ou itinérant, vous avez découvert de nouvelles destinations, rencontré des gens du pays, voire, tissé des liens d'amitié, amélioré vos compétences linguistiques... Votre mission première maintenant sera de ne pas perdre vos acquis !

Quelques conseils pour vous aider à garder les bénéfices de votre voyage le plus longtemps possible :

- **Maintenez vos relations.** Vos copains du groupe seront heureux d'avoir de vos nouvelles et c'est pareil pour vous, n'est-ce pas ? A l'époque des réseaux sociaux, des courriels, des appels vidéo en ligne – rien de plus simple que de garder le contact. De plus, grâce à cette communication, vous allez continuer à pratiquer la langue étrangère avec vos nouvelles connaissances ou votre famille d'accueil espagnole, irlandaise ou encore allemande.

- **Continuez à vous intéresser au pays et à la culture.** Nombreux sont les pays étrangers qui ont leur centre culturel ou office de tourisme en France. Inscrivez-vous à leur newsletter, vous saurez ainsi tout sur les manifestations culturelles du pays concerné près de chez vous, que cela soit un festival de cinéma, une rencontre avec un écrivain, un concert ou une exposition.

- **Lisez.** Eh oui, lire dans le texte c'est ce qu'il y a de plus simple et accessible. Les ressources sont nombreuses : bibliothèques, librairies, versions numériques sur le web. Grâce à la lecture vous allez continuer à enrichir votre vocabulaire et vous informer sur la culture du pays, car c'est bien connu, la littérature reflète les us et coutumes des peuples, leur façon de penser et de vivre.

- **Ecoutez et regardez.** La radio, la télévision, le cinéma – tout est à portée de main ! Avec Internet il est possible aujourd'hui de se connecter à de nombreuses radios dans le monde, en deux clics vous passez du Texas à la Catalogne, de l'Ecosse au Sri Lanka... Pour la télévision, les chaînes d'information en continu sont simples à la compréhension, d'autant plus que les nouvelles passent en boucle et vous permettent de réécouter les parties incomprises la première fois. Par exemple, Euronews est même disponible en plusieurs langues, passer du français à l'anglais, l'allemand ou l'italien, vous facilitera la tâche de la traduction, en cas de besoin. Enfin, la plupart des films sont disponibles en version originale, en DVD, sur le câble ou encore au cinéma. Faites un petit effort, écoutez et regardez en V.O., cela ne vous sera que bénéfique !

- **Repartez.** De nouveaux horizons vous appellent ? Vous souhaitez progresser encore plus en langue étrangère ? Repartez. Les programmes et séjours sont nombreux, la liste des destinations est variée, vous trouverez forcément du nouveau pour votre prochain projet.

LES DESTINATIONS

Londres.

Royaume-Uni

Lorsqu'on pense à des séjours linguistiques ou itinérants, on pense forcément au Royaume-Uni, destination entre les destinations.
Parmi tous les pays du monde, force est de constater que le Royaume-Uni est une des plus grandes célébrités.
Depuis des siècles, en exportant sa langue et sa culture, il est devenu un modèle dans bien des domaines. Le tourisme n'échappe pas à la règle, notamment parce que ses atouts sont de taille : immense patrimoine naturel à travers ses collines vertes, ses lacs et autres parcs nationaux, énorme potentiel historique à l'image de ses châteaux, de ses églises et de ses musées, incroyable choix d'activités dans ce pays de la musique, du théâtre, du football et du golf.
Dans tout cela, n'oublions pas la belle vitrine que représente Londres, capitale royale, ville trépidante de la fête et du shopping où tradition et excentricité se donnent la main. Du flegme, de l'humour et du panache : ils sont fous ces Anglais !

Le drapeau du Royaume-Uni

L'Union Jack, littéralement le « pavillon de l'Union », est né de la réunion des croix de Saint-Georges, Saint-André et Saint-Patrick, respectivement les patrons de l'Angleterre, de l'Écosse et de l'Irlande. La première croix (rouge sur fond blanc) a été adoptée au XIIIe siècle lors de la guerre entre l'Angleterre et le pays de Galles. La seconde, celle de Saint-André, blanche sur fond bleu, est d'abord devenue l'emblème de l'Écosse à la fin XVIIIe siècle. Enfin, la croix de Saint-Patrick (rouge sur fond blanc) a été rajoutée à la première version de l'Union Jack (1606) le 1er janvier 1801, date à laquelle l'Irlande a été intégrée au Royaume-Uni. Cette dernière a scellé définitivement les formes de l'Union Jack.

Pratique

- **Nom officiel :** United Kingdom of Great Britain and Northern Ireland
- **Devise nationale :** Dieu et mon droit
- **Hymne national :** God Save the Queen
- **Capitale :** Londres
- **Superficie :** 244 050 km^2
- **Population :** 62,4 millions d'habitants
- **Langues :** Anglais, écossais et gallois
- **Religion :** Anglicans, catholiques, presbytériens, musulmans
- **Nature de l'État :** Monarchie constitutionnelle parlementaire unitaire
- **Possessions, territoires et États associés :** Gibraltar, îles Anglo-Normandes, Bermudes, Falkland, Sainte-Hélène, Anguilla, Cayman, Montserrat, Turks et Caicos, Pitcairn, îles Vierges britanniques
- **Monnaie :** La livre sterling (£). Aujourd'hui, £1 = 1,24 € ; 1 € = £0,80. Contrairement à la monnaie unique instaurée dans la zone euro, le taux de la livre sterling n'est pas fixe (bien que relativement stable)
- **Téléphone :** Pour téléphoner de la France vers la Grande-Bretagne, composez le 0044 + indicatif de la ville sans le 0, puis le numéro de votre correspondant
- **Décalage horaire :** – 1 heure
- **Formalités/visa :** Carte d'identité ou passeport en cours de validité
- **Santé :** RAS
- **Sécurité :** RAS
- **Risques naturels :** RAS
- **Sports nationaux :** Cricket, football et rugby
- **Plat national :** Le fish and chips
- **Boissons nationales :** Thé et ales
- **Que rapporter ?** Lainages, whisky, thé et accessoires, porcelaine, cristal de Cornouailles

AMBASSADE DE GRANDE-BRETAGNE
35, rue du Faubourg-Saint-Honoré (8e)
Paris
✆ 01 44 51 31 00
ukinfrance.fco.gov.uk
Ouvert de 9h30 à 13h du lundi au vendredi et de 14h30 à 18h le mercredi.

Les offres

Pendant longtemps Royaume-Uni a rimé avec séjour linguistique. C'est la mère des destinations. C'est ici que des dizaines de milliers d'apprenants ont découvert ou amélioré leur anglais. Aujourd'hui l'offre est immensément fournie, d'autant que les séjours itinérants sont désormais nombreux. Londres évidemment est l'une des destinations phares (et historiques) pour les séjours linguistiques. Tous les organismes proposent dans la capitale anglaise des séjours sur place pour tous les âges et tous les niveaux de langue. Parmi ces séjours, on aura tout autant le choix entre un séjour avec hébergement chez l'habitant ou en campus international. Sachez également que quelques séjours itinérants partent de Londres avant de sillonner le Royaume-Uni. Sur le même modèle, des villes universitaires prestigieuses comme Cambridge ou Oxford offrent des décors uniques pour l'apprentissage de l'anglais. D'autres villes comme Brighton, station balnéaire mythique ou Portsmouth, ville d'arrivée des ferries, font rimer séjours linguistiques avec embruns. Notez bien que les destinations citées ci-après ne constituent qu'une infime partie des possibilités, notamment, dans le cadre de séjours en immersion, mais pour en citer certaines Bristol, Canterbury, Manchester ou Liverpool seront d'excellents points de chute. Il ne faudra pas oublier en dehors des frontières anglaises, des villes à l'offre aussi complète comme Édimbourg et Cardiff, qui constituent en outre le point de départ de séjours itinérants vers l'Ecosse ou le Pays de Galles.

LONDRES (ANGLETERRE)

Bienvenue dans la ville où tout est possible ! Londres ne souffre ni les tabous, ni les limites. Ouverte à tout et à tous, elle ne rechigne jamais, ce qui lui réussit. Dans tous les domaines, elle est en tête : création artistique, mode, comédie musicale, musique, mais aussi sur les plans économique et politique. À croire que c'est une ville qui ne dort jamais, toujours rythmée par quelque chose, du vrombissement des bus en journée aux basses électro la nuit. Certains seront effrayés par tant de mouvement, de bruit et d'ébullition. Mais ne fuyez pas, Londres est fascinante et, comme toutes les villes à forte personnalité, elle ne se laisse pas amadouer si facilement. Cité enivrante, envoûtante, bruyante, hétéroclite… et pourtant, on s'y sent bien. L'atmosphère reste toujours amicale et rassurante. C'est pour ça que tant de jeunes citoyens du monde viennent ici tenter leur chance. Formidable terrain de jeu, Londres vit sous pression et évolue constamment. Rien ne l'empêche de relever de multiples défis. Ce dynamisme inspire les Londoniens, d'où qu'ils viennent. Ici, un quart de la population fait partie d'une minorité ethnique. En vraie mégalopole, Londres ne craint pas les contradictions. D'inextricables embouteillages longent de superbes et calmes parcs, des populations punk et gothiques percées et tatouées côtoient des *gentlemen* en costumes trois pièces cousus sur Savile Row, d'ancestrales églises, minuscules et fragiles, tiennent la dragée haute à d'immenses buildings vitrés… Une seule chose est sûre : Londres est une cité multiple et il vous faudra choisir parmi tant de richesses.

Big Ben.

Une info futée : les musées gratuits de Londres

Londres a beau avoir la réputation d'être une ville très chère, elle n'en possède pas moins un atout de poids pour les touristes de passage et les amateurs d'art : l'entrée de la plupart des grands musées de la ville est gratuite. Résultat, des économies et aussi moins d'attente, car le flot des visiteurs n'est pas stoppé par la queue aux guichets. Ce système a été mis en place en 2001 et semble plaire aux Londoniens comme aux touristes. Une donation est toutefois bienvenue. Les expositions temporaires sont quant à elles payantes.

▶ **Parmi les musées gratuits on trouve :** le British Museum, The National Gallery, The Natural History Museum, The Imperial War Museum, The National Portrait Gallery, Tate Britain, Tate Modern, The Victoria & Albert Museum, The Museum of London, The Museum of Science and Industry, The Wallace Collection.

Pratique

▶ **Saisonnalité :** C'est en juillet et août que les touristes sont les plus nombreux et les prix les plus élevés. Privilégiez le printemps pour le meilleur rapport climat/prix. Malgré la météo, l'automne et l'hiver sont des saisons agréables pour un voyage. Vous payerez moins cher, les files d'attente seront moins longues et la période de Noël reste magique grâce aux illuminations et à l'ambiance festive qui règne sur la ville.

▶ **Événements :** Le moins que l'on puisse dire c'est qu'à Londres, on ne s'ennuie pas. Entre les salons/foires d'art (le London Art Fair en janvier ou la Summer Exhibition mi-juin), les fêtes traditionnelles comme la Saint-Patrick (le 17 mars) ou le Trooping the Colour qui marque l'anniversaire de la reine (le deuxième samedi du mois de juin), ou encore les carnavals et autres festivals (le Black Pride et le Nothing Hill Carnival en août) et enfin les événements sportifs (comme le tournoi de tennis de Wimbledon fin juin, ou encore la finale de la FA Cup début mai) : vous aurez l'embarras du choix !

■ **AMBASSADE DE FRANCE**
58 Knightsbridge
Knightsbridge ✆ +44 20 7073 1000
www.ambafrance-uk.org
Tube : Knightsbridge.

■ **ICI LONDRES**
10-12 Exhibition Road
South Kensington ✆ +44 20 7581 1588
www.ici-londres.com
info@ici-londres.com
Tube : South Kensington.
Le magazine francophone gratuit de Londres vous apportera de nombreuses informations (logements, locations, cours d'anglais, petites annonces, événements culturels et sportifs, adresses santé/famille...), qui vous aideront pour votre passage ou séjour prolongé dans la capitale. Retrouvez les points de distribution à Londres et à Paris sur le site.

À voir – À faire

Londres est une ville riche en tous points : pour son histoire, ses musées, ses monuments… Des amateurs d'histoire en passant par les amateurs d'art, des férus d'architecture gothique aux experts en art contemporain, des amoureux des bons mots et de littérature aux passionnés de sciences, des visiteurs qui ne jurent que par les lieux « classiques » et ceux plus aventuriers qui cherchent à sortir des sentiers battus, Londres saura contenter tout le monde.
Parmi les incontournables pour une première visite, on pourra citer pêle-mêle l'abbaye de Westminster, Buckingham Palace, le Parlement, la National Gallery, le British Museum, la tour de Londres et Tower Bridge, la cathédrale Saint-Paul, Greenwich et son observatoire, la Tate Britain Gallery ou le désormais célèbre The View from the Shard.

Langues

Bien sûr l'anglais parlé y est pur mais sachez qu'il existe aussi le *cockney*, un parler populaire de l'East End londonien. Au-delà d'une intonation caractéristique, il existe tout un vocabulaire ainsi que de nombreuses expressions qui peuvent être incompréhensibles pour celui qui ne le parle pas. Tout un système de rimes remplace également un mot courant par un autre, sans lien apparent. Ainsi, si l'on vous parle d'Aristote (*Aristotle*), il faut comprendre que l'on discute d'une bonne bouteille (*bottle*). Bref, pas facile quand on débarque !

CAMBRIDGE (ANGLETERRE)

Enserrée dans la région des Fens, anciens marécages aujourd'hui devenus terres agricoles fertiles, la ville est avant tout mondialement célèbre pour son université et l'ambiance estudiantine qui en découle. 31 collèges se partagent la vedette, façonnant la ville de leurs chapelles et pelouses soignées. Étudier à Cambridge, symbole de la *upper class*, est un rêve que poursuivent nombre d'étudiants. Les visiteurs peuvent appréhender ce mythe en visitant les collèges à certaines périodes de l'année. En effet, le cœur de la ville bat au rythme de son université, il ne faut passer que quelques minutes dans Cambridge pour savoir si l'on est en période d'examen ou de relâche. On se promène aussi avec plaisir près de la rivière Cam, le long des berges bordées de saules pleureurs. Les *punts*, de longues barques, y naviguent tous les jours.

Une info futée pour visiter l'intérieur des collèges

Une bonne façon de visiter l'intérieur des collèges est de s'y rendre pendant l'office du soir (*Evening Song*) et ensuite d'aller flâner dans les jardins. Les chorales des collèges se produisent le soir vers 17h30, dans leur chapelle respective. Celle de Saint John's ne chante pas le mardi.

Pratique

OFFICE DU TOURISME DE CAMBRIDGE
Peas Hill
CAMBRIDGE
✆ +44 87 1226 8006
www.visitcambridge.org
info@visitcambridge.org
Ouvert du lundi au samedi de 10h à 17h et le dimanche et les vacances scolaires de 11h à 15h (fermé le dimanche de novembre à mars).

À voir – À faire

Vous rêvez d'une ambiance début de siècle, vous vous imaginez retrouver l'Angleterre des années 1920, celle de Forster et d'Evelyn Waugh, quand les *colleges* étaient réservés à l'élite et n'étaient pas mixtes ? Sachez que cette époque est bien révolue. Touristes et étudiants se mêlent aujourd'hui dans la ville à tel point qu'on les distingue à peine les uns des autres. Sur la Cam, nulle trace de course d'aviron. Seules des barques vides attendent. Si le charme d'antan s'est un peu envolé (où sont passés Marlowe, Byron, Tennyson, Wordsworth ?), les *colleges* sont toujours là, immuables, avec leurs pierres chargées de mémoire.
Pour un premier séjour, on ne pourra passer outre la visite de quelques sites incontournables de la ville, tels que le Trinity College, la Round Church, Peterhouse ou encore le King's College.

OXFORD (ANGLETERRE)

Lieu de savoir depuis plus de huit cents ans et synonyme de prestige universitaire, Oxford offre un ensemble de bâtiments dont la construction s'est échelonnée sur plusieurs siècles. Dès le Xe siècle, Salerne, Pavie, Bologne et Paris avaient des écoles d'enseignement supérieur accueillant des élèves venus de toute l'Europe. En Angleterre, en revanche, l'illettrisme régnait à peu près partout, y compris au sein du clergé. D'où la création, en 1133, d'une école supérieure avec pour but premier de former des clercs plus instruits. Le choix d'Oxford se fit tout naturellement : la ville était l'une des plus importantes du royaume et de grands maîtres y enseignaient dans les églises ou organisaient des lectures publiques devant un auditoire composé de clercs érudits. Oxford devint une véritable ville universitaire lorsque Henri II ordonna aux clercs anglais de rentrer de Paris. Aujourd'hui, Oxford est surnommé par ses habitants The Bubble car on y vit comme en autarcie, dans un monde régi par des traditions universitaires bien plus vivaces qu'à Cambridge. Les étudiants, par exemple, doivent se parer de leur robe noire et du célèbre chapeau carré dès qu'il passent leurs examens, une obligation nommée *sub-fusc*.

Harry Potter à Oxford ?

Pour ceux qui l'ignoreraient encore, de nombreuses scènes d'intérieur de la grande épopée cinématographique *Harry Potter* ont été tournées au cœur de l'un des plus prestigieux collèges d'Oxford : le Christ Church College.
Si vous vous y rendez, vous devriez reconnaître sans difficulté la grande salle de Poudlard, son escalier monumental et même sa bibliothèque.

Il n'est donc pas rare, pendant l'été ou à Noël, de voir des jeunes gens déambuler dans les rues accoutrés de la sorte, renforçant le mythe de la ville.

Pratique

■ **OFFICE DU TOURISME D'OXFORD**
15-16 Broad Street
OXFORD
✆ +44 18 6525 2200
www.visitoxfordandoxfordshire.com
info@visitoxfordshire.org
Ouvert du lundi au samedi de 9h30 à 17h et le dimanche de 10h à 16h.
Souvent bondé, vous faites la queue en période estivale. Beaucoup de brochures mais attention, elles ne sont pas toutes gratuites. Possibilité de vous faire réserver une chambre dans un hôtel de la ville ou des environs. Demandez les brochures *This month in Oxford* et *August in Oxford*, véritable récapitulatif de tout ce qu'on peut trouver dans Oxford, des idées de shopping, de concerts, des séances dans les cinémas…

À voir – À faire

Quand on visite Oxford, les collèges sont bien sûr l'attraction principale, mais il ne faut pourtant pas négliger les nombreux musées et bibliothèques qui font la fierté de la ville et de ses habitants.
Ainsi, lors d'une première visite, on pourra se rendre à la Bodleian Library, à Christ Church College and Cathedrale, au Magdalen College ou encore au University College.

CANTERBURY (ANGLETERRE)

Canterbury est célèbre pour sa cathédrale, siège de l'Église anglicane, située à l'intérieur de l'enceinte médiévale entourant la ville. Fondée par les Romains, la ville est devenue le berceau du christianisme anglais grâce à saint Augustin, moine bénédictin consacré premier évêque de Canterbury en 597. Rome envoya Augustin à Canterbury, afin de réintroduire le christianisme dans l'Angleterre du Sud. À partir de là, l'archevêché de Canterbury prit une indépendance religieuse et politique croissante. Quand Henri II Plantagenêt nomma archevêque son précieux ministre, Thomas Becket, celui-ci lui déclara : « Vous me haïrez bientôt autant que vous m'aimez car vous vous arrogez, dans les affaires de l'Église, une autorité que je n'accepte pas. Il faut que l'archevêque de Canterbury offense Dieu ou le roi. » Becket choisit d'éviter le conflit avec Dieu et s'en prit au roi. Il fut assassiné sur les marches de l'autel en 1170. Suite à sa mort, des miracles se produisirent et durant trois siècles, les pèlerins affluèrent sur sa tombe, jusqu'à la démolition de l'abbaye sous Henri VIII.

Geoffrey Chaucer (1343-1400)

Ses *Contes de Canterbury* sont souvent considérés comme le premier ouvrage de la littérature anglaise. Il entama la composition de cette œuvre inachevée en 1387. Le recueil comporte 21 contes, narrés dans des styles différents par des pèlerins en route vers la cathédrale de Canterbury et qui tentent de rompre la monotonie du voyage. Les *Canterbury Tales* furent édités pour la première fois en 1478. Chaucer est mort le 25 octobre 1400. Il est enterré à l'abbaye de Westminster et fut le premier occupant du Coin des poètes.

Pratique

OFFICE DE TOURISME DE CANTERBURY
18 High Street
CANTERBURY
✆ +44 1227 378 100
www.canterbury.co.uk
Ouvert du lundi au samedi de 9h à 17h, le jeudi jusqu'à 19h et le dimanche de 10h à 17h.
L'office de tourisme est installé dans le Beany House of Art & Knowledge qui abrite également un musée (peintures, sculptures, pierres précieuses...) et une bibliothèque. Se procurer « Places to visit », une brochure gratuite sur le Kent (disponible en français).

À voir – À faire

Contes de pèlerins et de fantômes, cathédrale majestueuse, abbaye chargée d'histoire, balades en bord de rivière, Canterbury allie divertissement et culture avec brio.
Lors d'une première visite, on ira voir la rivière Stour de plus près, on s'offrira une balade en *punt*, ces barques de bois que l'on retrouve également sur les canaux d'Oxford et de Cambridge, et on ne manquera pas de se rendre à la cathédrale et au château de la ville, bien sûr !

BRIGHTON (ANGLETERRE)

Ancien lieu de villégiature de la famille royale, Brighton est la station balnéaire par excellence des Londoniens et des Anglais amoureux de la plage. À seulement une heure en train de Londres, elle permet à bon nombre d'entre eux d'évacuer le stress de la semaine et de se faire bronzer sur ses plages pendant les mois d'été.

Brighton Festival

En mai (du 2 au 25 mai 2015 pour la prochaine édition), pendant le Brighton Festival, la ville accueille de nombreux spectacles de musique, danse, théâtre, cirque, etc., ainsi que la grande parade des enfants le premier samedi de mai.

Pour en savoir plus : http://brightonfestival.org

Pratique

OFFICE DE TOURISME DE BRIGHTON
4-5 Pavilion Buildings
Royal Pavilion
BRIGHTON ✆ +44 300 300 00 88
www.visitbrighton.com
Ouvert tous les jours en été de 9h30 à 17h15, en hiver de 10h à 17h.
Toutes les informations utiles sur les lieux à visiter ainsi que des plans de la ville et quelques coupons de réduction, notamment sur les entrées au Pavilion et au Sea Life Center.

À voir – À faire

La ville, bien que de taille modeste, brasse énormément de monde, les jeunes y trouvent tout pour s'amuser dans de nombreux bars et clubs.
La scène culturelle y est également variée. Pour autant, lors de votre séjour, vous ne manquerez pas de visiter The Royal Pavilion et le Sealife Center.

© NICKOS – ISTOCKPHOTO

Brighton.

Quelques personnages célèbres de Portsmouth

- **Charles Dickens (1812-1870).** De son vrai nom Charles John Huffam, le romancier anglais le plus célèbre du XIXe siècle est né au 393 Old Commercial Road, désormais transformé en musée.
- **Sir Arthur Conan Doyle (1859-1930).** En 1882, il s'établit au 1 Bush Villas, Elm Grove. C'est là qu'il écrit *Une étude en rouge*, la première nouvelle où apparaît Sherlock Holmes. Il s'inspire de l'un de ses pairs, le docteur James Watson, pour ses romans. Conan Doyle devient plus tard capitaine du club de cricket de Portsmouth.
- **Rudyard Kipling (1865-1936).** Renvoyé d'Inde par ses parents pour le sauver du choléra, il vit de l'âge de 6 à 12 ans à Southsea. Il appelle Lorne Lodge la « maison de la désolation », car la propriétaire et son fils le traitent cruellement. Sa semi-cécité vient en partie du fait qu'il lisait dans cette maison mal éclairée.
- **Horatio Nelson (1758-1805).** Le 14 septembre 1805, lord Nelson quitte Portsmouth sur le *HMS Victory* pour se battre contre la flotte franco-espagnole lors de la bataille de Trafalgar. Il dit adieu à sa sœur favorite, Mrs. Matcham, qui habite Pembroke Road. Sa maison s'appelle désormais « Trafalgar House » et la statue de Nelson se dresse dans les Pembroke Gardens.

PORTSMOUTH (ANGLETERRE)

Le port de Portsmouth, deuxième d'Angleterre en volume, accueille chaque jour des centaines de bateaux, dont de nombreux ferries pour la France et l'île de Wight notamment. L'activité de Portsmouth a toujours été liée à la mer ; la ville reste fortement marquée par son passé maritime, du temps où elle avait une influence capitale sur l'industrie navale.

© PAULPRESCOTT72 - ISTOCKPHOTO

Spinnaker Tower, Portsmouth.

Pratique

OFFICE DU TOURISME DE PORTSMOUTH
The Hard, Portsmouth
PORTSMOUTH
✆ +44 23 9282 6722
www.visitportsmouth.co.uk
Ouvert tous les jours de 9h30 à 16h30.

À voir – À faire

Il y a pas mal d'endroits à visiter à Portsmouth, dont une bonne partie regroupée à Portsmouth Historic Dockyard qui retrace l'histoire navale et guerrière de la Grande-Bretagne, en exposant notamment deux navires de guerre, *HMS Warrior* et *HMS Victory*. C'est l'attraction principale de la ville.

BRISTOL (ANGLETERRE)

Bristol est la plus grande ville du sud-ouest de l'Angleterre.
Son importante population étudiante contribue à la faire bouger tant sur le plan de la vie nocturne que des arts. Bristol est d'ailleurs le creuset du trip-hop. C'est aussi le lieu de tournage de nombreux films et séries, dont la controversée *Skins* sur des adolescents à la dérive. Aardman Studios, les créateurs des oscarisés *Wallace et Gromit*, ont également élu

domicile dans le centre de Bristol. Aujourd'hui, la vieille ville s'est réduite à une peau de chagrin, à l'inverse de Bath, sa voisine. Le front de mer et ses tours de verre ont changé la physionomie de Bristol, au point qu'elle s'apparente parfois à un centre d'affaires peuplé de touristes.
Pour un peu plus d'authenticité, il faut se tourner vers les quartiers de Clifton et Upper Maudlin Street, où pullulent cafés, restaurants et boutiques originales.

Pratique

■ **OFFICE DU TOURISME DE BRISTOL**
A l'intérieur d'Explore @ Bristol
Anchor Square
Harbourside
BRISTOL
✆ +44 9067 112 191
www.visitbristol.co.uk
Ouvert tous les jours de 10h à 17h en été et de 11h à 16h en hiver. Bristol attirant de nombreux touristes français, il y a désormais au moins une personne française travaillant à l'office du tourisme qui pourra vous aiguiller dans la langue de Molière.

Une petite histoire de Bristol

À l'origine, la ville se développe grâce à son port. En 1497, John Cabot quitte Bristol pour la traversée qui le mène à découvrir le Groenland et Terre-Neuve. Dès lors, Bristol devient le premier port de commerce anglais vers l'Atlantique. Devenue une grande ville commerçante, elle participe à la traite des esclaves au XVIIe siècle. Lors de la seconde révolution industrielle, la ville joue un rôle économique majeur en produisant les paquebots à vapeur. Sévèrement bombardée durant la Seconde Guerre mondiale, Bristol est entièrement reconstruit après 1945.

À voir – À faire

Des sciences à l'architecture, en passant par l'histoire nationale et l'art contemporain, Bristol foisonne de sites à visiter. Pour une première visite, on optera en priorité pour le Brunel's SS Great Britain et ses histoires de marins.

LIVERPOOL-MANCHESTER (ANGLETERRE)

Distantes d'à peine 50 kilomètres, Manchester et Liverpool, deux villes aux fortes personnalités, se disputent le statut de capitale officieuse du nord de l'Angleterre. Manchester, capitale du rock anglais dans les années 1980, ville de Joy Division, des Happy Mondays et des premières soirées house au club Hacienda, offre une culture urbaine dynamique et cosmopolite. Sa voisine, Liverpool, enchante par un passé maritime contrasté qui apparaît dans son patrimoine architectural dense.
C'est une ville pleine d'histoires, celle des Beatles, évidemment, mais aussi du *Titanic* et des premiers transatlantiques. Une légende raconte que si les *Liver Birds*, deux grands oiseaux sculptés surplombant Liverpool, venaient à s'envoler, la ville serait détruite. L'architecture exceptionnelle de Liverpool est le plus beau témoignage de sa frénésie d'échanges maritimes. Cet héritage unique lui a valu d'être en partie classée au patrimoine de l'Unesco. À la fin des années 1950, Liverpool devient aussi un creuset de la culture pop, concentrant jusqu'à trois cents groupes de musique affiliés au « Merseybeat », dont les Beatles.
On découvre cette culture urbaine aux multiples facettes en flânant dans les rues de la ville, en poussant la porte de ses musées et de ses bars.
Envie de vous oxygéner un peu ? Manchester, la belle rivale, n'est qu'à quelques dizaines de kilomètres. Réputée pour sa vie bouillonnante, son foisonnement en musées et autres loisirs, elle invite à un séjour davantage arty. En moins d'une demi-heure du centre-ville, des trains vous conduisent sur la côte de Sefton, bordée de plages, et dans des villes comme Southport ou Port Sunlight qui, toute l'année, ont des airs de vacances.

Pratique

▸ **Saisonnalité :** Les pics de visite à Liverpool se situent aux mois de juillet et d'août en raison des nombreux festivals programmés à cette période de l'année et de températures plus agréables.

The Beatles

Un groupe que l'on associe immédiatement à Liverpool et pour cause : les « quatre garçons dans le vent » s'y sont connus enfants. La genèse de leur aventure musicale s'est développée dans les rues la ville. Penny Lane et Strawberry Fields existent bien, le pub où John Lennon buvait des bières avec Cynthia, sa première épouse, est toujours fréquenté par les étudiants des Beaux-Arts, le Cavern Club où ils se produisirent pour la première fois continue d'être le fief de jeunes talents. Les découvertes du Beatles History Museum, du Magical Mystery Tour ou du Hard Day's Night Hotel sont des occasions de se retrouver entre fans et d'effectuer un pèlerinage authentique sur les lieux qui ont inspiré certaines de leurs plus belles chansons.

Les activités les plus populaires étant prises d'assaut au mois d'août, on sera plus tranquille au mois de septembre, où les températures restent encore clémentes et la vague de vacanciers passée.

OFFICES DE TOURISME DE LIVERPOOL

36-38 Whitechapel – LIVERPOOL
✆ +44 151 233 20 08 /
+44 844 370 01 23
www.visitliverpool.com
Ouvert tous les jours de 9h à 18h sauf le mardi à partir de 10h et le dimanche de 11h à 16h.Ouvert tous les jours de 10h à 17h entre octobre et mars et de 10h à 17h30 entre avril et septembre.
Possibilité d'organiser des visites guidées de la ville et des deux cathédrales. Egalement des cartes dont une qui indique tous les lieux ayant un lien avec les Beatles.

Autres adresses : Anchor Countryard, Albert Dock.

OFFICE DU TOURISME DE MANCHESTER

Parker Street – Près de Piccadilly Gardens MANCHESTER
✆ +44 871 222 8223
www.visitmanchester.com
touristinformation@visitmanchester.com
Ouvert tous les jours du lundi au samedi de 10h à 17h30 et le dimanche de 10h30 à 16h.
Informations notamment sur les différentes visites guidées en ville.

À voir – À faire

Liverpool : Liverpool est une ville peu étendue et dont les lieux d'intérêt majeurs sont groupés autour de trois pôles : le Waterfront, ou front de mer, le Cultural Quarter, à côté de la gare centrale, et le quartier de Hope street. Pas plus de vingt minutes à pied ne sont nécessaires pour se rendre d'un point à un autre de la ville. Des panneaux de signalisation permettent de s'orienter facilement. Le centre-ville comporte aussi une grande partie entièrement piétonne. Totalement restaurée et réaménagée dans les années 1980, Liverpool est une ville de loisirs qui se souhaite attrayante et facile à vivre.

Manchester : À moins d'une heure de train de Liverpool, on apprécie une ville d'un grand intérêt : Manchester séduit par son dynamisme et sa créativité. Un bon lieu pour faire du shopping chez des créateurs indépendants, sortir dans le Northern Quarter et découvrir une ville au développement industriel étroitement lié à celui de Liverpool. Les amateurs d'histoire apprécieront de découvrir la charmante cité-jardin de Port Sunlight, construite pour les ouvrier d'une usine de savon, de flâner dans les rues de Chester pour en découvrir le style *revival* médiéval et ses fortification d'époque romaine.

ÉDIMBOURG (ÉCOSSE)

Édimbourg n'a grandi qu'à petits pas, autour de son château et de quelques allées. Devenue capitale de l'Écosse au XVe siècle, elle commença à croître considérablement au XVIIe siècle jusqu'à être dangereusement surpeuplée. Un pont fut alors construit au-dessus du Nor Loch, qu'on assécha ensuite pour y créer le Princes Street Gardens et étendre la ville vers le quartier de North Bridge. La *high society* ne tarda pas à prendre d'assaut la New Town, séduite par ses superbes demeures comme par ses avenues

© SHAIITH – ISTOCKPHOTO

Edimbourg.

spacieuses et dégagées. Cette nouvelle ville géorgienne reste aujourd'hui la principale partie résidentielle d'Édimbourg et constitue le plus important patrimoine classé du pays. C'est toutefois en qualité de place financière qu'Édimbourg connaît depuis quelques années le développement le plus rapide. Grâce à un environnement attractif et à une main-d'œuvre abondante, bien formée et bon marché, la ville est parvenue à surmonter la crise du milieu des années 1990 pour se maintenir au deuxième rang des places financières, derrière la City. D'autre part, l'octroi à l'Écosse d'une certaine autonomie a permis de mettre en œuvre une politique rassurante pour les milieux d'affaires, faisant ainsi d'Édimbourg une plaque tournante en Europe de capitaux en provenance des États-Unis, du Sud-Est asiatique et du golfe Persique.Conjugué avec la concentration électronique de la Silicon Glenn, troisième pôle mondial dans ce secteur, Édimbourg a vu son rôle international confirmé et tente de développer son image de marque.

Pratique

▶ **Saisonnalité :** La saison touristique s'étend de mai à septembre, douceur du climat oblige. Édimbourg et les Highlands sont assez fréquentés, surtout au mois d'août. Pour des virées dans la nature, sachez que l'hiver est rude mais que les lumières sont de toute beauté durant cette saison.

▶ **Événements :** Chaque année, une centaine de rencontres, se déroulant en été et en automne, rassemblent les Écossais pour participer à un tournoi traditionnel, les Highlands Games. L'origine de cet événement remonte au XIVe siècle. Il s'agissait de mettre en compétition les prétendants à la charge de garde du corps des seigneurs locaux. La forme actuelle de ces festivités fut définie dans les années 1820 et regroupe des épreuves sportives et artistiques.

OFFICE DU TOURISME D'ÉDIMBOURG

3 Princes Street
ÉDIMBOURG – EDINBURGH
✆ +44 845 225 51 21
www.visitscotland.com
info@visitscotland.com
Ouvert du lundi au dimanche, jusqu'à 18h entre avril et octobre et 17h de novembre à mars. En mai, juin et septembre, ouvert jusqu'à 19h et jusqu'à 20h en juillet et en août.
Vous pouvez aussi obtenir des informations touristiques au bureau de l'aéroport d'Edimbourg. Ces offices du tourisme peuvent vous réserver votre hébergement (commission de £3 en moyenne), vous délivrer des titres de transport (train, bus, etc.) et vous renseigner sur les événements ou les excursions à faire. L'office propose également de nombreux circuits à thème dans la ville et délivre un plan gratuit très pratique pour se repérer dans les différents quartiers.

À voir – À faire

Cette ville universitaire d'un million d'habitants, magnifiquement située dans un site accidenté, recèle plusieurs milliers d'édifices classés. Le quart du patrimoine écossais remarquable s'y concentre.

Le Festival international d'Édimbourg

Le Festival d'Édimbourg, unique au monde par son importance et la variété de ses manifestations allant de la danse à la musique en passant par le théâtre et le cirque, draine une foule internationale. Elle fait de la ville une importante capitale culturelle. Le festival a lieu tous les ans au mois d'août.

Pour en savoir plus : www.eif.co.uk

Pour une première visite, il pourra donc être judicieux de s'arrèter au Edinburgh Castle, à Holyrood Park, au Museum of Edinburgh, au Royal Yacht Britania, au Real Mary King's Close, à la National Gallery of Scotland and Royal Scottish Academy, à la Rosslyn Chapel, au Royal Botanic Garden et enfin au Parlement écossais.

Langues

Même si la langue officielle reste l'anglais, sachez qu'on parle aussi deux langues celtes rassemblant environ 50 000 locuteurs : le *braid scots* parlé dans les Lowlands et le gaélique d'Écosse dans les Highlands, dans les îles du Nord, dans le centre des Lowlands et dans les Uplands du sud du pays. Ces langues sont moins utilisées qu'en Irlande, mais elles connaissent aujourd'hui un regain d'intérêt par désir d'identité nationale. L'anglais, quant à lui, est entendu plus particulièrement au sud et, dans les villes, on peut entendre des langues issues des nouvelles vagues migratoires. Malgré une série de lois relatives à sa légitimité, le gaélique écossais n'a pas de droit reconnu par le Parlement britannique ou par le Scottish Office (le Parlement écossais). Sur le plan médiatique, il n'est pas très représenté : malgré les efforts de la BBC, il n'y a que 300 heures de programme télévisuel par an, deux sociétés de production de téléfilms et une seule revue.

BELFAST (IRLANDE DU NORD)

Il y a plusieurs années l'Irlande du Nord évoquait encore, malheureusement, l'image négative d'un pays en guerre civile. Depuis l'accord historique signé en mars 2007 entre les catholiques (unionistes) et les protestants (loyalistes), qui se sont engagés à se partager le pouvoir en Irlande du Nord au terme d'un long processus de rapprochement enclenché dans les années 1990, la paix semble durablement installée.

Belfast est une ville désormais sereine qui conserve les traces de son histoire tout en s'ouvrant sur le monde avec un étonnant dynamisme.

Cuisine des grands chefs, jeunes artistes, concerts des plus virtuoses des musiciens irlandais, renouveau du gaélique et essor du quartier ouest de Belfast, auparavant le berceau des troubles politiques : il y a tant à découvrir au détour d'une artère qui longe un vieil entrepôt du XIXe siècle en briques rouges, dans le quartier historique que surplombent les élégantes façades victoriennes, jusqu'aux alentours du jardin botanique de l'université néogothique qui regroupent les bars et les restaurants les plus attractifs et qui offrent aux voyageurs la sympathie des autochtones et leur joie de vivre inégalée qui se déchaînent le soir autour d'une pinte de Guinness au son des violons, des flûtes et des cornemuses…

Pratique

- **Saisonnalité :** La période idéale pour visiter l'Irlande du Nord et Belfast va de mai à octobre (le temps est tellement variable qu'il ne fait pas forcément plus beau l'été).
- **Événements :** C'est sans conteste la fête de la Saint-Patrick. Patron de tous les Irlandais, il se fête le 17 mars. À cette occasion, les gens se rendent généralement à l'église puis dégustent le plat traditionnel : du corned-beef avec du chou. Dans les rues, où la population déambule habillée de vert, de grandes parades sont organisées et, surtout, la bière coule à flots dans les pubs.

BELFAST WELCOME CENTRE
47 Donegall Place – BELFAST
✆ +44 28 9024 6609
www.gotobelfast.com
Ouvert tous les jours, en été de 9h à 19h du lundi au samedi. Le reste de l'année, ouvert du lundi au samedi de 9h à 17h30. Le dimanche de 11h à 16h toute l'année.

C'est l'office du tourisme officiel de la ville. Un bureau toujours bien rempli, avec une documentation abondante et gratuite sur Belfast et la région ainsi qu'une consigne, un café Internet, un bureau de change et des souvenirs à la vente. C'est également un point d'entrée pour visiter la république d'Irlande qui y possède un bureau.

À voir – À faire

À Belfast, la vie a été transformée grâce aux accords de paix. Le centre-ville est typique d'une métropole régionale européenne qui connaît un rebond économique : de nombreux chantiers sont en cours et la population se presse dans des centres commerciaux modernes qui exposent les grandes marques internationales. Le soir, de nombreuses boîtes de nuit permettent aux gens de s'amuser et d'oublier les tragiques troubles du passé.

Lors d'une première visite de la ville, ne manquez pas de suivre la visite guidée du City Hall pour découvrir les fastes de ce bâtiment impressionnant, de vous rendre au pied du mur (International Wall) qui séparait les républicains des loyalistes et qui commémore désormais, à travers les peintures qui le recouvrent, le souvenir des luttes pour la liberté, de boire une pinte de Guinness dans un des plus vieux pubs de la ville (Crown Liquor Bar, Kelly's Cellar, John Hewitt Bar, Bittles bar, Duke of York, McHughs Bar...) pour se plonger sans détour au cœur de Belfast, de sa musique, de son histoire mouvementée et de sa population chaleureuse, de visiter le château de Belfast et son jardin, pour s'imprégner du passé et avoir une vue imprenable sur la ville, de découvrir l'université de Queen et son architecture baroque, qui s'insère dans un quartier plaisant riche en événements culturels, de découvrir la collection de la Linen Hall Library qui fait partie d'un patrimoine exceptionnel, de goûter à la cuisine tendance du chef irlandais qui ne cesse de monter (Deanes Restaurant, City Center), de faire un tour en bateau sur la Lagan River à la recherche du passé au gré d'une visite des chantiers mythiques du *Titanic*, d'arpenter l'Ulster Museum récemment restauré et situé dans le jardin botanique, de sortir écouter un concert de musique traditionnelle gaélique au centre culturel irlandais (Culturlann, Gaeltacht Quarter).

Langues

On pourrait dire, assez ironiquement, que l'anglais est la langue étrangère la plus parlée... en Irlande du Nord.

L'épineuse question du drapeau de l'Irlande du Nord

L'Irlande du Nord n'a plus de drapeau bien à elle depuis 1973 : l'Union Jack est au fronton des établissements administratifs. Mais les supporters de foot utilisent toujours l'Ulster Banner (1953-1973) : une croix rouge sur fond blanc avec en son centre une étoile blanche à six branches (pour les six comtés d'Irlande du Nord) et l'Ulster Hand.

© ROBERT MAYNE

L'hôtel de ville de Belfast et sa grande roue.

Il est parlé avec l'accent irlandais si particulier, rapide et chuintant.
L'irlandais (le gaélique) est encore très utilisé et reste souvent le signe d'un attachement à la République d'Irlande. Par curiosité, écoutez-le pour en savourer l'extrême étrangeté. Le Culturlann dans le quartier ouest de Belfast (Gaeltacht Quarter) cherche à promouvoir la culture et la langue gaélique mises à rude épreuve lors des conflits en Irlande du Nord.

CARDIFF (PAYS DE GALLES)

La capitale la plus jeune d'Europe offre aujourd'hui un visage inégal et imprévisible. Cette ville est l'une de celles qui croissent le plus rapidement en Europe. On y sent partout un appétit de construction immobilière... Impressionnant ! La permanence de l'élégant château fait mouche au milieu de tout ça. Cerné de verdure, épargné par les désordres de la ville en constante mutation, son calme s'est propagé au nord-est, plutôt sage, où se trouvent l'université, le Cardiff City Hall et le Musée national.
Au nord-ouest, s'étend le vaste parc de Bute, où l'on peut se promener le long de la rivière Taff. C'est également ici que l'on embarque sur un Waterbus pour redescendre le cours d'eau jusqu'à la baie de Cardiff et son quartier flambant neuf, à ne pas manquer ! Du château, il est rapide de rejoindre, par Queen Street, le quartier le plus animé de la ville. Il s'étend entre le boulevard de Nantes, St. Mary Street et Bute Terrace.
Une succession de halles et de centres commerciaux, de nombreuses boutiques et de larges rues piétonnes sont les ingrédients de sa popularité. Au cœur de cette agitation, se trouve l'église Saint-Jean-Baptiste, dont la jolie tour médiévale tranche avec les édifices alentour. Le contraste est explosif, entre sa façade et les structures du Wales Millennium Centre que l'on voit apparaître à l'horizon. Autour de l'église, Church Street, la halle couverte du Old Brewery et Mill Lane abritent de nombreux restaurants. C'est également ici que se trouve le sympathique marché couvert, avec ses étals avenants de poissons, de fruits et de légumes.
À l'extrémité sud de la ville, Cardiff Bay donne une impression absolument différente du centre. L'ancien port, devenu une baie branchée, poursuit son rôle moteur dans les évolutions de la ville. Il hissa autrefois Cardiff au rang de plus grand exportateur de charbon au monde et c'est encore ici que les capitaux affluent aujourd'hui. Autour de la baie, tout n'est qu'hôtels de luxe, restaurants « tendance » et bureaux de grandes firmes. Les architectures des édifices rivalisent en taille et en design. Le port aura finalement toujours donné le pouls de la ville ! Mélange de styles et de cultures, ambiance jeune voire très jeune, surtout durant l'année scolaire où le centre-ville et les pubs sont peuplés d'étudiants anglais et gallois, Cardiff se porte bien : on y est gallois et fier de l'être, on cultive ses traditions tout en s'adaptant au modernisme.

La baie de Cardiff, l'Assemblée Nationale du Pays de Galles et le Pierhead Building.

Comment rejoindre Cardiff Bay depuis le centre-ville ?

Trois choix s'offrent à vous, selon vos envies.

- **Pour les plus sportifs,** la marche et une balade de 25 minutes au total.
- **Pour les plus pressés,** les bus 7 et 8 qui y mènent en seulement quelques minutes.
- **Pour les plus curieux,** le bateau-bus qui permet de découvrir la ville par la rivière Taff.

Pratique

- **Saisonnalité :** Les vacanciers arrivent vers le 15 juillet, date de début des vacances scolaires britanniques, qui durent jusqu'à la fin du mois d'août. C'est la période où il fait le plus chaud mais en contrepartie les plages sont bondées. Voyager au printemps est un vrai plaisir : le temps est agréable et les musées et sentiers de randonnée sont très tranquilles.
- **Événements :** Les *eisteddfodau* constituent probablement la plus ancienne tradition galloise, la plus populaire. Des *eisteddfodau* – célébration et concours de musique et de poésie – ont lieu toute l'année dans presque toutes les villes et petits villages. Les gagnants d'*eisteddfodau* locaux vont alors concourir au niveau national au Royal national Eisteddfod of Wales (Eisteddfod Genedlaethol Cymru). C'est le plus grand festival folk d'Europe, il est tenu dans une ville galloise différente en Galles du Sud et en Galles du Nord.
Pour en savoir plus : www.eisteddfod.org.uk

TOURIST INFORMATION CENTRE
The Old Library
The Hayes
CARDIFF ✆ +44 2920 873 573
www.french.visitcardiff.com
Ouvert du lundi au samedi de 9h30 à 17h30 et le dimanche de 10h à 16h.
Dans ce bureau d'information touristique, on trouve de nombreuses brochures sur les endroits à visiter, l'hébergement ainsi que toute une gamme de petits souvenirs à rapporter. Si vous avez besoin d'un coup de main, le centre se charge de vos réservations d'hôtels. Les petits plus : accueil charmant, accès à Internet, et surtout, c'est le seul endroit de la ville qui fait consigne (casiers de £3 à £7 - penser à venir rechercher son sac pendant les heures d'ouverture). Le site Web est lui aussi une mine d'infos. A consulter sans hésiter.

À voir – À faire

Cardiff, nommé capitale du pays de Galles en 1955, vous réserve beaucoup de surprises : de beaux musées, une baie très moderne, une vie nocturne trépidante (notamment à Cardiff Bay)…
Pour une première visite, on ne manquera pas le Cardiff Castle, le National Museum Cardiff, St. David's Hall, Doctor Who Experience pour les amateurs de séries télévisées ou encore le Millenium Stadium pour les fans de sport.

Langues

Sur les 3 millions d'habitants que comporte le pays de Galles, 18 % parlent le gallois. Parmi eux, 94,3 % sont bilingues et considèrent le gallois comme leur deuxième langue, 5,7 % le considèrent comme leur langue maternelle. Le pays de Galles reconnaît ces deux langues officielles depuis 1999 à l'occasion du *Government of Wales Act*, même si le gallois a, par deux reprises, connu un certain avantage : grâce aux lois de 1967 qui tolèrent les deux langues dans les tribunaux et grâce à la loi de 1997 qui instaure l'égalité de l'anglais et du gallois dans les services d'administration. Malgré ce privilège, le gallois reste peu utilisé, même au pays de Galles. Le Welsh est la langue de cœur du pays de Galles. Le mot vient du vieil anglais *wealh* qui signifie « étranger » : c'est ainsi que les Saxons désignaient leurs voisins celtes.
Le gallois (*cymraeg*) fait partie avec le breton d'une des deux familles de langues celtiques. Parlé par la moitié de la population au début du siècle, le gallois n'est plus parlé couramment que dans les comtés plus ruraux de Dyfed et Gwynedd.
La langue est maintenant enseignée à l'école comme langue maternelle. Pour les touristes, cela ne pose aucun problème, la signalisation est bilingue et tous les Gallois parlent bien sûr l'anglais.

États-Unis

Du fait de leur superficie, il serait presque impossible de résumer en quelques lignes les principaux atouts des États-Unis d'Amérique. Pour la même raison, il est presque difficile de présenter toutes les destinations offrant la possibilité de réaliser un séjour linguistique ou itinérant.
Cette nation possède une variété exceptionnelle de paysages et de climats ; ainsi, le Texas n'a rien à voir avec la région des Grands Lacs et la côte Est ne ressemble aucunement à la côte Ouest.
Parmi ces cinquante États, le voyageur devrait en trouver au moin un qui lui plaît ! Entre les grands ensembles urbains comme New York, Chicago ou Los Angeles ou les grandes étendue désertiques ou semi-désertiques, les États-Unis sont prêts à vous accueillir. Alors, laissez de côté vos préjugés ou vos idées préconçues et partez à l'assaut de la plus grande puissance du monde !

Pratique

- **Nom officiel :** United States of America
- **Devise nationale :** En Dieu nous croyons !
- **Hymne national** : The Star-Spangled Banner
- **Fête nationale :** 4 juillet
- **Capitale :** Washington
- **Superficie :** 9 629 048 km^2
- **Population :** 318 269 000
- **Langues :** Anglais
- **Religion :** Protestants, catholiques
- **Nature de l'État** : République constitutionnelle fédérale présidentielle
- **Possessions, territoires et États associés :** Île de Guam, Porto Rico, îles Marianne du Nord, îles Vierges américaines et îles Samoa américaines
- **Monnaie :** Le dollar américain (US$). Aujourd'hui, 1 € = 1,36 US$; 1 US$ = 0,75 €
- **Téléphone :** Pour téléphoner de la France vers les États-Unis, composez le 00 + 1 + indicatif régional + numéro local à 7 chiffres
- **Décalage horaire :** Entre – 5 et – 10 heures
- **Formalités/visa :** Les voyageurs français se rendant aux États-Unis pour un voyage touristique, un voyage d'affaires ou un transit n'ont plus besoin d'être en possession d'un visa à condition de présenter un passeport biométrique ou électronique ou un passeport individuel à lecture optique en cours de validité (à défaut, l'obtention d'un visa sera obligatoire), d'avoir reçu une autorisation ESTA (demande à remplir sur Internet), assortie d'une taxe de 14 US$, d'avoir un billet d'avion aller-retour (prouvant votre sortie du territoire américain, peu importe l'aéroport d'entrée et de sortie) pour un séjour de 90 jours au maximum. Attention les voyageurs français, se rendant aux Etats-Unis pour suivre des cours de langues, doivent être en possession d'un visa étudiant. Seuls les voyageurs restant moins de 90 jours et

Le drapeau des États-Unis

Fabriqué pour la première fois en 1776 par Betsy Ross, le drapeau prit sa forme définitive en 1782. Il est composé d'une alternance de treize bandes horizontales rouges et blanches avec un rectangle bleu dans le coin supérieur gauche. Ce rectangle est parsemé de cinquante petites étoiles blanches. Le blanc symbolise la pureté et l'innocence, le rouge le courage et la hardiesse et le bleu la prudence, la persévérance et la justice. Les cinquante étoiles du drapeau représentent les cinquante États du pays tandis que les treize bandes horizontales représentent les treize États fondateurs de la nation : Connecticut, New Hampshire, New York, New Jersey, Massachusetts, Pennsylvanie, Delaware, Virginie, Caroline du Nord, Caroline du Sud, Géorgie, Rhode Island et Maryland.

ne suivant qu'accessoirement quelques cours sont dispensés de visa. L'inscription préalable dans un établissement d'enseignement aux Etats-Unis est nécessaire avant l'obtention du visa. Pour attester de votre inscription, vous devrez disposer du formulaire I-20 délivré par l'établissement compétent. Ce formulaire doit être impérativement enregistré dans le système Student and Exchange Visitor Information System (SEVIS). Vous devez ensuite prendre un rendez-vous à l'ambassade. Pour les séjours au pair, un visa spécifique est aussi requis.

- **Santé :** RAS
- **Sécurité :** RAS
- **Risques naturels :** Risques d'ouragans (Atlantique et golfe du Mexique), risques sismiques (Californie), crues (en Alaska, de mai à août) et forts courants maritimes sur toutes les côtes
- **Sport national :** Basketball, football américain, baseball
- **Plat national :** Hamburger, frites
- **Boisson national :** Bières, vin de Californie et Coca-Cola
- **Que rapporter ?** Vêtements de marques américaines, CD, appareils électroniques, chapeaux de cow-boy, artisanat amérindien

AMBASSADE DES ÉTATS-UNIS
2, avenue Gabriel (8e)
Paris ✆ 01 43 12 22 22
french.france.usembassy.gov

Les offres

Dans le premier pays du monde, rien n'est impossible ! Ni étudier l'anglais lors d'un séjour linguistique en le liant avec une activité culturelle ou sportive comme en Floride, ni partir à la découverte des grands espaces avec un séjour itinérant sur la côte Ouest ou en Californie par exemple, à la découverte de merveilles naturelles et architecturales pour un grand bol d'air et une immersion totale au pays des frontières sans cesse repoussées. Pays de tous les possibles encore, car c'est aussi ici que l'on peut découvrir et rêver la vie d'un étudiant, sur un campus ou en immersion : que ce soit dans la capitale fédérale des Etats-Unis, Washington, à Boston, la ville estudiantine par excellence, ou encore dans des villes dynamiques comme San Francisco ou Chicago, l'émulation sera du voyage.
Enfin comment taire New York, la ville qui résume à elle seule l'énergie américaine, la Grosse Pomme est bien sûr est une destination privilégiée pour les séjours linguistiques à tout âge mais aussi une destination découverte au programme de nombreux séjours itinérants.

LES DESTINATIONS

NEW YORK

À peine les portes de l'aéroport John Fitzgerald Kennedy passées, la magie opère. Les taxis jaunes se succèdent dans un capharnaüm réjouissant.
Un rapide geste de la main, aperçu des dizaines de fois dans les films de Woody Allen ou dans *Sex and the City*, et un chauffeur s'arrête. Prochain arrêt, New York. Assis sur la banquette arrière, on aperçoit au loin Manhattan et sa *skyline*. Toutes les images connues de la ville se mélangent. On a l'impression de déjà connaître New York. On se trompe. Times Square, l'Empire State Building, la statue de *La Liberté*, le pont de Brooklyn étonnent encore et toujours. Ces lieux mémorables ne sont que la partie visible d'une ville aux mille facettes. New York, c'est aussi les rues étroites de Greenwich Village, l'animation et les odeurs de Bleecker Street, les maisons victoriennes de Ditmas Park, les cafés de Williamsburg, les boutiques de la cinquième avenue…

© TOM PEPEIRA – ICONOTEC

Statue de la Liberté sur Liberty Island.

New York fait partie de ces villes où se perdre est un régal. On découvre alors, au coin d'une rue, un jardin caché, des enfants qui jouent avec l'eau d'une borne d'incendie, un match de basket de rue, un quartet reprenant *a cappella* Michael Jackson… On apprend à connaître les autochtones. Ils sont américains, mexicains, chinois, portoricains, philippins, italiens, mais avant tout new-yorkais. Ils aiment qu'on découvre leur ville. Ils vous diront que New York leur donne l'envie de se surpasser, la volonté de rencontrer sans cesse de nouvelles personnes. Ville-monde où le melting-pot est une règle d'or, New York rassemble plus de 8 millions d'âmes vivant à un rythme effréné. Quoi qu'il en soit, New York ne décevra personne.

Pratique

Saisonnalité : Il n'existe pas vraiment de saison haute ou basse à New York, la ville tourne à plein régime, 24 heures sur 24, 365 jours par an. Les pics de fréquentation ont lieu à Thanksgiving (fin novembre), Pâques, en août et à Noël. Le mois de juin est une période idéale pour sa douceur, les nombreux festivals et activités s'y déroulent en plein air. Le mois de septembre est aussi recommandé : la foule des estivants a quitté la ville et l'été indien, délicieux, fait place à une lumière jaune-rouge qui sied à merveille à New York. Enfin, lors de la période de Noël, les rues de la ville, brillantes et en fête, se retrouvent bien souvent nappées de couches de neige.

Événements : Si l'hiver signe peut-être la saison la plus magique, avec ses superbes décorations de Noël, le traditionnel arbre de Noël géant du Rockefeller Center – depuis 1933 – et l'ouverture des patinoires en plein air vers le même Rockefeller Center et Central Park, l'été est le théâtre d'une foule d'événements culturels, très souvent gratuits. Entre les concerts du Lincoln Center, ceux de Central Park, parfois très spectaculaires, les deux représentations très attendues du Philarmonic, etc., et les festivals de films en plein air organisés dans toute la ville – Central Park, Bryant Park et sous le pont de Brooklyn –, le choix est réellement infini. Une excitation permanente qui vous donnera assurément envie de retourner à New York.

Décalage horaire : – 6 heures.

OFFICIAL NYC INFORMATION CENTER
151 W. 34th St
NEW YORK
✆ +1 212 484 1222
www.nycgo.com
M° 34 St (1,2,3, N, Q, R)
M° 7th Avenue (lignes B, D et E) et 50th Street (lignes 1 et 9). Ouvert du lundi au vendredi de 8h30 à 18h, le samedi, dimanche et jours fériés de 9h à 17h (fermeture à 15h à Thanksgiving, le 25 décembre et le 1er janvier).
Dans ce bureau d'informations touristiques, à Midtown West, des centaines de brochures sur tout ce qu'il est possible de faire et de voir à New York et un personnel très accueillant qui peut répondre à toutes vos questions.

C'est ici que vous vous procurerez le New York Citypass – citypass.com – qui vous donne accès à 6 attractions pour 109 US$ (ou 82 US$ pour les 13-17 ans) au lieu de 183 US$ pour les adultes. Les attractions au choix sont : l'American Museum of Natural History, l'Empire State Building, le Guggenheim, le Metropolitan Museum of Art, le Museum of Modern Art (MoMA), le Top of the Rock, la Statue de la liberté, une balade de 2 heures en bateau avec Circle Lines Sightseeeing Cruises.

Demandez l'*Official City Guide* ou le *New York City Travel Guide*, deux guides officiels destinés aux visiteurs qui sortent toutes les semaines, très utiles.

Les hipsters

Au cours de vos tribulations nocturnes new-yorkaises, vous aurez sans doute l'occasion de croiser les *hipsters* (du mot *hip*, qui signifie « branché »). Sur l'échiquier des tribus new-yorkaises, les *hipsters* se trouvent à l'opposé des *yuppies* de Wall Street. Ces fans de culture alternative et *indie* (indépendante), éternels adolescents, étudiants ou artistes en goguette, sont en permanence reliés à Internet ou à leur iPhone. Le *hipster* est reconnaissable par son style bien à lui et un rapport compliqué à la société de consommation. Jean serré, look rétro ou moustache, la ligne L du métro qui traverse Brooklyn et Manhattan offre un aperçu divertissant de ces nouvelles tendances.

Le bureau met également à votre disposition des écrans interactifs pour obtenir diverses informations et acheter des billets pour certaines attractions, voire une MetroCard.

À voir – À faire

Sur un agenda largement ouvert, New York est la ville des possibilités infinies. D'heure en heure, au fil des jours, tout y est possible. On peut danser au sommet du Rockefeller Center, manger français, américain, italien, espagnol, cajun, soul, chinois, cantonais, japonais, indien, russe, grec, allemand, brésilien, irlandais, casher, scandinave, caribéen, tibétain, écouter de vieux succès dans un piano-bar ou un cabaret, du jazz au Village Vanguard, des chansons au Five Oaks, assister à un récital à Carnegie Hall, à un opéra au Metropolitan Opera, à un ballet au Lincoln Center, à un spectacle de la Brooklyn Academy of Music, à l'un des 200 spectacles On et Off Broadway, à un show au Radio City Music Hall, participer à une nuit amateur à l'Apollo Theatre à Harlem, visiter les coulisses du Metropolitan Opera, encourager les Rangers au Madison Square Garden, retrouver le passé au South Street Seaport, découvrir le Flat Iron Building, se balader dans l'East Village, arpenter Battery Park en attendant les illuminations de la statue de *La Liberté*, admirer Manhattan depuis Brooklyn, prendre un hélicoptère pour survoler les gratte-ciel, grimper en haut de l'Empire State Building, explorer le monde sauvage du zoo du Bronx, rendre visite aux dinosaures du Museum of Natural History, faire l'aller-retour pour Staten Island pour quelques cents, musarder au Strand Book Store, la plus grande librairie de livres d'occasion du monde, réserver une chambre dans l'un des 300 hôtels de Manhattan, retenir une table dans l'un des 15 000 restaurants de la Grosse Pomme, faire des achats sur Madison, sur Columbus, sur Broadway, sur la cinquième avenue, rouler à bicyclette dans Central Park, se payer le tour de Manhattan en bateau, visiter la maison natale de George Washington, le siège des Nations Unies, aller jouer au musée des Enfants, se recueillir à Saint John the Divine, la plus grande cathédrale d'Amérique, retrouver l'Europe médiévale dans l'architecture et les trésors du Cloisters, suivre une messe à Harlem, se faire une idée du marché de l'art contemporain dans une des 700 galeries de Manhattan, se cultiver dans un des 300 musées new-yorkais, prendre une calèche à Central Park, faire du patin sur le Wollman Rink, dévorer un bagel au Carnegie Deli, prendre un thé au Palm Court du Plaza Hotel, acheter du café frais chez Zabar's, lire les pages de l'édition dominicale du *New York Times* qui paraît le samedi soir – devenir une particule dans un bocal nommé Manhattan…

Langues

New York est une ville polyglotte. Les trois langues principales sont l'anglais, l'espagnol et le chinois. Si on leur ajoute le russe, le polonais, le français, l'italien, le yiddish, le portugais, l'allemand, le grec, le coréen, l'arabe, le japonais, le hongrois, le vietnamien, l'hindi, les langues slaves et scandinaves, celles parlées par les Amérindiens (*Native Americans*), on s'aperçoit qu'on a presque fait le tour de la planète. Compte tenu de la concentration géographique des différentes communautés, la répartition des langues parlées diffère selon les *boroughs* (on parle par exemple beaucoup plus espagnol dans l'ouest du Queens et dans le Bronx qu'ailleurs, le russe est très majoritairement parlé dans le sud de Brooklyn, etc.).

LES DESTINATIONS

BOSTON

À Boston, vous avez rendez-vous avec l'histoire des États-Unis dans ce qu'elle a de plus glorieux et respectable. Intellectuels, hommes politiques et inventeurs se mêlent au parcours de pionniers courageux et déterminés, créant une atmosphère de progrès et de sentiment d'indépendance exacerbé.

Rien d'étonnant finalement à ce que la prestigieuse Harvard et plus récemment le MIT aient élu domicile à Cambridge, voisin de Boston. Surnommé « The City of Higher Learning » (la ville de l'enseignement supérieur), Boston est ainsi le chef de file d'une Nouvelle-Angleterre élitiste, où les grandes universités comme Yale à New Haven (Connecticut), Bowdoin à Brunswick (Maine) ou Brown à Providence (Rhode Island) attirent une population éduquée et puissante.

Ces Américains des classes supérieures, on les croise donc dans les jolies rues pavées de Boston, mais aussi dans le village coquet de Camden (Maine), dans la station de ski de Stowe (Vermont) ou bien sur les plages de Martha's Vineyard (Massachusetts).

Baie de Boston.

Country-club, parcours de golf et autres boutiques « preppy style » sont l'une des facettes de cette Nouvelle-Angleterre bourgeoise, férue d'art et de culture.

Un avantage dont les visiteurs profitent également, puisque la région possède plusieurs musées et institutions culturelles incontournables aux États-Unis. Laissez-vous donc happer par l'élégante quiétude de cette région, qui dévoile ses charmes avec la distinction d'une lady.

Pratique

- **Saisonnalité :** Les meilleures saisons pour se rendre à Boston sont le printemps, la fin de l'été et l'automne. L'été indien y est magnifique et les couleurs de l'automne, rouge, jaune et orange, sont flamboyantes. L'hiver et l'été ne sont pas déconseillés, mais sachez qu'il fait froid, surtout au nord de Boston, et que l'été est chaud et humide.
- **Événements :** Boston est une ville riche d'événements de toutes sortes. Du Martin Luther King Jr. Day (le troisième samedi de janvier) au marathon de Boston (en avril), en passant par la Boston Restaurant Week (au cours du mois de mars) ou la Boston Dragon Boat (le premier week-end de juin), vous trouverez forcément un événement à votre mesure !
- **Décalage horaire :** – 6 heures.

Les diférents surnoms de Boston

- **Bean Town** (la ville des haricots)
- **The City of Higher Learning** (la ville de l'enseignement supérieur)
- **The Hub of the Universe** (le centre de l'univers)
- **The Athens of America** (l'Athènes de l'Amérique)

À voir – À faire

Boston est une ville très riche culturellement et historiquement. Les visiteurs intéressés par l'histoire américaine trouveront ici de quoi satisfaire leur curiosité, notamment en suivant le Freedom Trail. D'autant que la ville est extrêmement facile à découvrir à pied. Côté musées, ne ratez pas le MFA et le Isabella Stewart Gardner Museum, deux perles qui enrichissent considérablement le paysage culturel bostonien. Une simple promenade dans les jolies rues de Beacon Hill complète ce panorama de visites. Pour une première visite plus approfondie, on ne saurait trop conseiller les sites suivants : Freedom Trail de Boston, un fil rouge peint sur les trottoirs de la ville à suivre pour découvrir les monuments historiques de la capitale de l'État, Museum of Fine Arts, musée qui abrite la plus grande et la plus ancienne collection de la ville, Prudential Center (Skywalk), pour découvrir la ville en grimpant en haut de cette tour avec vue sur la cité et repérage des quartiers, Beacon Hill, ravissant quartier de Boston au charme victorien dans lequel se trouve le très chic Louisburg Square, Isabella Stewart Gardner Museum, une collection renommée dans un cadre magique, Faneuil Hall ainsi que Quincy Market et ses boutiques alentour, John F. Kennedy Presidential Library and Museum pour une plongée dans l'Amérique des années 1960, *USS Constitution* pour une plongée dans l'histoire de la marine américaine, Newbury

Street pour faire ses emplettes et admirer les demeures victoriennes, enfin Harvard Campus, à Cambridge, pour se prendre pour un étudiant le temps d'une visite.

Langues

Comme dans le reste du pays, l'anglais est la langue officielle de la région. La communauté latino-américaine, majoritairement hispanophone, est très bien implantée à Boston ; ses représentants restent généralement bilingues anglais.
Dans les environs immédiats, le français est parlé dans le nord du Maine et dans le Vermont, grâce à l'influence du Québec voisin. L'héritage canadien français est assez présent à Manchester, dans le New Hampshire, et à Biddeford, dans le Maine.

WASHINGTON D.C.

Créée de toutes pièces en 1800 par le premier président des États-Unis sur les plaines marécageuses entre les États du Nord et du Sud, la ville de Washington, district de Columbia (DC pour les intimes), a bien plus à offrir que le simple fait d'être la capitale fédérale. Ville administrative, résidence du président des États-Unis (la Maison-Blanche), siège du Congrès américain (le Capitole) et de la Défense (le Pentagone), elle abrite également de nombreuses organisations internationales telles que le FMI ou la Banque mondiale. Moins trépidante que New York, moins historique que Boston, la capitale américaine sait malgré tout comment séduire ses visiteurs, et pas seulement les étudiants des universités de Georgetown, George Washington ou Howard. John F. Kennedy disait d'ailleurs qu'elle allie « l'efficacité du Sud au charme du Nord ».Dessinée par l'architecte français Pierre Charles L'Enfant, Washington est une ville où il fait bon flâner aux détours de ses larges avenues, de ses immeubles à taille humaine, de ses parcs et jardins, de ses monuments d'une blancheur immaculée et des riches collections de ses musées (pour la plupart gratuits). Déambuler dans Washington, c'est parcourir à chaque instant l'histoire de l'Amérique.
Le fameux discours de Martin Luther King « I have a dream », dont on a fêté les cinquante ans en 2013, fut d'ailleurs prononcé devant le Lincoln Memorial sur la vaste pelouse du Mall, au centre de la ville. L'image de Washington a évolué ces dernières années. L'arrivée de la famille Obama a modifié le costume un peu trop sévère et froid de la cité. Dans la culture de masse, elle est devenue le théâtre de nombreuses intrigues cinématographiques et télévisuelles très populaires. Outre les nombreux festivals qui s'y tiennent tout au long de l'année, les quartiers animés de Georgetown, Dupont Circle, U Street et Adams Morgan regorgent de clubs de jazz, de bars conviviaux et autres théâtres en tout genre. Parfait pour se détendre après une journée de visites !

Pratique

- **Saisonnalité :** Les périodes les plus agréables pour visiter la ville sont sans nul doute celle du Cherry Blossom Festival (fin mars-début avril) et les mois de septembre-octobre quand se prolonge l'été indien. En revanche, ce sont les saisons les plus touristiques, notamment parce que ce festival de floraison des cerisiers rameute de nombreux touristes (à l'instar de Tokyo à la même période) ; de plus, l'automne est la pleine période des séminaires politiques et professionnels et rassemble donc beaucoup de visiteurs. Malheureusement, les prix s'en ressentent et grimpent de façon démesurée (aussi bien pour l'hébergement que pour la restauration). Cela se vérifie également le 4 juillet, jour de la fête de l'indépendance, où la circulation et l'accès aux transports en commun deviennent quasiment impossibles en raison de l'affluence des personnes se rassemblant sur le Mall.
- **Événements :** Washington propose des événements pour tous. Entre le Martin Luther King Jr. Birthday Celebration (le 15 janvier), l'Abraham Lincoln's Birthday (12 février), la Saint Patrick's Day Parade (le 17 mars) ou bien sûr le National Cherry Blossom Festival (entre fin mars et début avril), vous trouverez forcéement un événement à votre goût !
- **Décalage horaire :** – 6 heures.

AMBASSADE DE FRANCE
4101 Reservoir Road
WASHINGTON D.C.
✆ +1 202 9446000
www.ambafrance-us.org

La Smithsonian Institution

Elle fut créée en 1846 grâce à l'héritage du scientifique anglais James Smithson (qui n'était pourtant jamais allé aux États-Unis) dans le but de promouvoir et de diffuser le savoir et la culture. Cette vénérable institution compte aujourd'hui 19 musées et 7 centres de recherches situés à Washington et aux environs. Le siège de la Smithsonian Institution prit place en 1855 sur le Mall, dans le Smithsonian Institution Building également appelé The Castle (qui fait aussi office de centre d'informations pour les visiteurs). Le nombre des pièces exposées dans l'ensemble de ces musées dépasse aujourd'hui les 142 millions. Hormis les collections permanentes, des expositions temporaires sont régulièrement organisées au sein des différents établissements.

■ INTERNATIONAL VISITOR INFORMATION SERVICE
Meridian International Center
1 630 Crescent Place (et 16th Street)
WASHINGTON D.C.
✆ + 1 202 667 800
www.meridian.org
M° U Street/African-American Civil War Memorial/Cardozo (ligne verte). Ouvert de 9h à 17h du lundi au vendredi.
Brochures, cartes et informations pour les visiteurs internationaux, plutôt professionnels. Des visites de sites touristiques sont organisées par des volontaires qui peuvent également assister les voyageurs ne maîtrisant pas l'anglais.

À voir – À faire

Outre le National Mall et ses nombreux musées environnants, qu'il faut naturellement voir lors d'un séjour à Washington, quelques quartiers de la ville, dont certains historiques (Georgetown), d'autres plus festifs (Adams Morgan) et d'autres encore en plein renouveau (Columbia Heights ou U Street), ont une identité bien à eux et méritent une visite. Pour un premier séjour, nous vous conseillons de flâner dans le quartier de Georgetown et sur les berges du C&O Canal, de s'arrêter dans les jardins de Dumbarton Oaks, de déambuler sur le Mall, de grimper au sommet du Washington Monument, de s'arrêter sur les marches du Lincoln Memorial et de visiter le Museum of American Indian, de visiter le Capitole, où siègent le Sénat et la Chambre des représentants, de découvrir les œuvres exposées à la Phillips Collection, telles que *Le Déjeuner des canotiers* de Renoir, de s'évader quelques heures en parcourant le Rock Creek Trail à vélo, de profiter des nombreux clubs de jazz qu'offre la ville pour écouter un concert inoubliable, d'explorer le quartier bohème de Columbia Heights et de finir par un verre le soir dans le très animé Adams Morgan, de bruncher le dimanche à Eastern Market, Baked & Wired ou Kramerbooks & Afterwords en se prenant pour un vrai Washingtonien avant de faire une sieste au Meridian Hill Park, de visiter les musées ludiques que sont le Spy Museum, le National Air and Space Museum ou le Crime and Punishment Museum et enfin de se promener du côté de U Street.

© NARVIKK

Le capitole des Etats-Unis.

Langues

L'anglais est bien entendu la langue officielle, même si une partie de la population (latino) communique également en espagnol. En se promenant du côté de Columbia Heights et de Mount Pleasant, on s'aperçoit d'ailleurs que c'est l'espagnol qui fait office de langue de référence, la plupart de ses habitants ne communiquant presque exclusivement que dans ce langage.

FLORIDE

Dans un monde parallèle, on changerait de décor d'une minute à l'autre, et il suffirait d'un claquement de doigts pour être transporté d'un lieu à un autre. Alors on y serait tour à tour aventurier, explorateur ou tout simplement enfant. Dans ce monde où l'on rêverait éveillé, on croiserait Betty Boop, Spiderman, Indiana Jones mais aussi Shrek, Mickey ou Harry Potter. Dans un monde tout aussi fictif, il y aurait de jolies filles en bikini, des garçons bodybuildés, un soleil de plomb, de longues étendues de plages et du champagne qui coule à flots. Dans un monde perpendiculaire, des hommes s'imaginant pouvoir conquérir les autres planètes tenteraient d'aller sur la Lune... Ils confectionneraient des réacteurs démentiels pour projeter une petite capsule et quelques hommes dans la galaxie. Et puis, dans un monde souverain, la subtilité de la terre s'écouterait dans un bruissement d'ailes, se percevrait dans l'eau turquoise à travers d'infimes parcelles de terres immergées et se sentirait dans une communion avec le règne animal où alligators et dauphins se trouvent aux premières loges.Il n'est rien qui n'appartienne totalement à notre monde, rien qui ne soit tout à fait réel, ni tout à fait illusoire. Mais c'est ici, en Floride, et nulle part ailleurs, que la magie, le rêve, la fiction et la nature se mêlent avec une élégance déconcertante. Orlando, Palm Beach, Miami ou le Kennedy Space Center s'exposent comme des mondes parallèles fascinants. Tout comme Universal et Disney, la Nasa, elle aussi, nous emmène aux frontières du réel, tandis qu'au milieu des marais, la nature insaisissable des Everglades s'épanouit sous l'œil attentif de l'homme. Dans quel monde vivons-nous ? La réponse se trouve au bout de ce voyage : en Floride.

Pratique

- **Saisonnalité :** En hiver, les températures confortables font de la région un pôle d'attraction pour des foules de retraités. La période est idéale mais il y a beaucoup de monde et les prix sont au plus haut. En été, vous devrez supporter des températures oscillant entre 30 et 40 °C. Les moustiques abondent dans certaines zones. Par ailleurs, en août, il y a un orage violent presque tous les jours et c'est aussi la saison des tornades et des ouragans dévastateurs. Pour apprécier pleinement les charmes de la Floride sans qu'il y ait trop de monde, mieux vaut y venir au printemps ou en automne. Le printemps est magnifique (surtout avril et mai). L'air est tiède, il ne fait pas encore humide et la végétation est en pleine floraison. En automne, la végétation tourne au rouge et or, les températures sont agréables, sans humidité excessive.
- **Événements :** Ils sont nombreux en Floride tout au long de l'année. Les sportifs se réjouiront lors du marathon et semi-marathon de Disney (en janvier), les amoureux de musique en tout genre se presseront au Ultra Music Festival de Miami (fin mars) ou au Florida Music Festival d'Orlando (fin avril) et les jardiniers en herbe découvriront avec joie les merveilles de l'Epcot International Flower and Garden Festival d'Orlando (de fin mars à début mai). Sans oublier le Kissimimee Silver Spurs Rodeo qui rassemble chaque année (en février) les plus grands amateurs de rodéo.
- **Décalage horaire :** – 6 heures.

À voir – À faire

L'État ensoleillé (The Sunshine State) est le surnom donné à la Floride. L'État bénéficie en effet d'un ensoleillement important avec en moyenne 240 jours de soleil par an.La ville de Saint Petersburg, dans la baie de Tampa, porte le surnom de Sunshine City, la ville du soleil, avec ses 360 jours de soleil par an. D'ailleurs, la ville détient le record du monde du plus grand nombre de jours consécutifs d'ensoleillement : 768 ! Cet ensoleillement magique est donc la principale ressource et attraction de l'État, la matière première qui pousse de nombreux Américains à y venir en vacances, assurés des prédispositions clémentes du ciel. Beaucoup possèdent un pied-à-terre, voire s'y installent définitivement une fois la retraite venue. Il y a un siècle déjà, les bateaux à vapeur d'abord puis le train débarquaient les vacanciers en provenance des États du nord du pays. Aujourd'hui, les avions ont pris le relais. Sans relâche, ils accueillent chaque hiver des milliers de *snowbirds*, soit des « oiseaux de neige » mot à mot, à savoir ces touristes américains venus des États où il fait si froid l'hiver (principalement des États du Nord-Est et du Midwest) pour se réchauffer sous le soleil de Floride ; la plupart sont des retraités de la classe moyenne qui ont déjà un pied-à-terre dans le « Sunshine State » où ils viennent chaque année passer les mois d'hiver.

Sur les pas de Dexter

C'est à Miami que se déroule l'intrigue de cette série américaine, tirée d'un roman policier, *Ce cher Dexter*, écrit par Jeff Lindsay et devenu culte en quelques années. Le livre, comme la série, voit son personnage principal Dexter Morgan, un expert en médecine légale et travaillant avec la police de Miami le jour, se retrouver tueur en série la nuit. Menant une double vie, Dexter est contraint de cacher sa véritable personnalité de tueur à ses collègues de travail et à sa famille, œuvrant dans l'ombre pour tuer des personnes ayant elles-mêmes commis des meurtres et sur le point de passer entre les mailles du système judiciaire. Cette série au thème original a vite compté un grand nombre de fans pour son côté sombre et décalé où l'on se prend d'affection pour ce tueur pas comme les autres. Pour les amoureux de la série, il est possible de reconnaître quelques lieux mythiques où l'action de la série se déroule. Ainsi baladez-vous du côté du port de Miami où Dexter a l'habitude de sortir avec son bateau ou encore à North Beach près de Bal Harbour où se trouve son appartement.

Langues

Si l'anglais reste la langue officielle en Floride, l'espagnol est parlé par près de 30 % de la population à la maison. Ce sont bien entendu des immigrés venus d'Amérique latine, installés récemment ou depuis plusieurs générations, qui continuent à parler leur langue. Si vous êtes brun ou brune et que vous avez la peau mate, on vous parlera très spontanément directement en espagnol dans les rues et boutiques de Miami car la population hispanique y est particulièrement importante ; on pensera donc, en toute logique, que vous êtes latino-américain(e). Mais cela ne vous arrivera pas dans le centre ou au nord de la Floride, où les habitants sont généralement des Blancs non hispaniques et plutôt d'ascendance anglo-française.

CHICAGO

Chicago... Tout le monde en a une idée, mais personne n'a la même. Pour certains, c'est la sulfureuse légende d'Al Capone, truand de la prohibition ; pour d'autres, c'est l'incroyable collection impressionniste de l'Art Institute ou la sculpture de Calder. Les amateurs d'architecture pensent à Mies Van der Rohe, Frank Lloyd Wright ou Rem Koolhaas ; pour eux, la Robie House est le summum de la maison individuelle, la Federal Plaza est l'absolu équilibre urbain et la Hancock Tower un chef-d'œuvre structurel. Les plus gourmands sauront qu'à Chicago, anciennement ville des abattoirs, les pavés de steak qui pèsent 500 grammes sont cuits à 1 800 °C et fondent littéralement dans la bouche. Mais en venant à Chicago, vous constaterez que l'imagination est en deçà de la réalité. Car Chicago, c'est aussi le Loop et son célèbre métro aérien qui bringuebale à chaque passage. En dessous des voies, vous lèverez sans doute la tête, effrayé par le vacarme. Vous vous demanderez alors combien de temps cet amas rouillé va encore tenir... C'est seulement en vous promenant le long de ses rives que vous comprendrez l'importance du lac Michigan pour les Chicagoans ; à cet horizon du lac répondent de magnifiques gratte-ciel. Vous ne résisterez pas à l'envie de grimper le soir en haut de la Hancock Tower pour découvrir un panorama à vous couper le souffle. Lors de longues soirées, vous ferez un voyage musical à travers les racines du blues. C'est en vous éloignant du centre que vous découvrirez les clubs de musique les plus authentiques, dans une ambiance enfumée, une voix éraillée vous transportant cinquante ans en arrière. La multitude des parcs plus grands les uns que les autres vous fera oublier que vous êtes dans une agglomération de plus de 3 millions d'habitants. Mais n'hésitez pas à engager la conversation avec les Chicagoans : ils sont réputés, à juste titre, pour être parmi les Américains les plus aimables. Ce n'est pas peu dire ! C'est de l'Amérique pure que vous offre Chicago, de la démesure, de l'assurance, une volonté permanente de repousser les limites, des grands espaces et un optimisme à toute épreuve. Entièrement détruite par l'incendie de 1871, entièrement reconstruite par les plus grands architectes, Chicago est une ville qui sait que tout est temporaire et qu'il n'y a qu'une manière de vivre : pleinement.

Pratique

- **Saisonnalité :** Chicago est constamment influencé par sa proximité avec le lac Michigan. Le vent qui souffle assez régulièrement sur la ville prend des airs de bise rafraîchissante pendant les chaudes journées d'été, mais peut être cruellement saisissant quand il s'engouffre dans les rues pendant les journées glaciales d'hiver. Pourtant, Chicago peut se visiter toute l'année, c'est une ville qui n'hiberne pas, il suffit de savoir s'habiller selon les circonstances. Les plus grosses fréquentations ont lieu en été lors des festivals, mais les températures sont plus agréables en automne. Les musées et attractions touristiques sont ouverts toute l'année et les hôtels sont moins chers au creux de l'hiver, pendant les périodes hors conventions.
- **Événements :** Chicago est une ville de festivals. On y trouve les grands festivals de musique et de cinéma, comme le Chicago Blues Festival et le Chicago International Film Festival, qui ont lieu tous les ans sur les bords du lac, mais aussi des festivals d'art, des rencontres culinaires dans Millennium Park. Chaque quartier possède son propre festival ou son temps fort, dans Greektown ou dans le quartier mexicain de Pilsen, par exemple.
- **Décalage horaire :** – 5 heures.

■ CHICAGO WATER WORKS VISITOR CENTER
163 East Pearson Street
Gold Coast
CHICAGO ✆ +1 312 742 8811
www.choosechicago.com
tourisminfo@choosechicago.com
CTA Red Line, arrêt Chicago. En face de la Water Tower sur Michigan Avenue.
Ouvert tous les jours de 10h à 17h. Les horaires peuvent varier en fonction de la saison.

Une foule de renseignements gratuits sur la ville, le logement, les programmes de théâtre, de cinéma, les concerts à venir, les excursions dans la ville, les visites guidées, des cartes gratuites des transports en commun et des plans de la ville. Le tout est rassemblé dans l'un des seuls bâtiments à avoir survécu au Grand Feu de Chicago en 1871. Vous pourrez même prendre un café et grignoter un petit quelque chose au café situé à l'intérieur. Egalement magasin de souvenirs, avec ouvrages sur Chicago et tee-shirts en tous genres.

À voir – À faire

Chicago est une mine d'or historique, culturelle, artistique et architecturale. Chaque building, bloc ou quartier réserve son lot de surprises, d'anecdotes et d'inventivité. Le vent de dynamisme qui souffle sur la ville depuis la fin du XIXe siècle séduit le visiteur, connaisseur ou non. Qu'on opte pour un brunch dans l'un des multiples quartiers de Chicago ou qu'on choisisse de grimper en haut de la tour Hancock, on entendra toujours un secret dévoilé ou une légende urbaine tirée des turbulentes années 1920.

Le rugissement du « L », le train urbain, vous accompagne dans toutes vos pérégrinations, vous guidant de Wrigley Field à l'Art Institute, en passant par le Museum of Contemporary Art ou le Chicago Cultural Center. N'hésitez pas à pénétrer dans les immeubles mythiques, pour vous projeter au début du XXe siècle, ère de l'innovation architecturale, pendant laquelle les plus grands se sont exprimés. À ce sujet, il faut savoir que les buildings et gratte-ciel sont nommés d'après l'entreprise qui occupe leurs locaux (ou, dans le cas de plusieurs locataires, d'après celle qui paiera pour obtenir le nom). Cette règle est suivie la plupart du temps, avec bien sûr quelques exceptions.

Le Cloud Gate d'Anish Kapoor dans le Millenium Park de Chicago.

Une bibliothèque Obama dans le South Side ?

Depuis l'élection du premier président afro-américain, on parle de la construction d'une bibliothèque à son nom (ce qui a été fait pour Clinton et Bush). Son établissement dynamiserait le quartier qui l'accueillerait. Bien sûr, Obama est né à Honolulu et l'archipel a déjà revendiqué la paternité de cette bibliothèque. Cela dit, le South Side avance que c'est ici qu'il a fait ses classes, particulièrement entre Bronzeville et Hyde Park, et que la base de son électorat se trouve dans les rues de ces quartiers déshérités. Le site d'un ancien hôpital désormais rasé, situé au nord de l'université de Chicago près du McCormick Convention Center, est notamment pressenti pour ce grand projet. Le président a annoncé toutefois qu'il ne se prononcerait pas avant la fin de son second mandat.

Notez ainsi que la célèbre Sears Tower s'appelle désormais Willis Tower.

Pour une première visite de la ville, on essayera de ne pas manquer les immanquables suivants : Millenium Park, pour une promenade parmi les dernières créations des plus brillants artistes et architectes, Art Institute of Chicago, le deuxième plus grand musée des États-Unis, Museum of Science and Industry, pour tout connaître sur le monde qui nous entoure, Hancock Observatory, une des plus belles vues de Chicago, du 94e étage, Chicago Architecture Foundation, le meilleur moyen de comprendre l'urbanisation de Chicago, le lac Michigan, à découvrir à pied, en vélo, sur l'eau (c'est la personnalité la plus influente de Chicago !), Shedd Aquarium, l'un des plus grands aquariums du monde qui réserve un superbe voyage, Frank Lloyd Wright Home, afin de découvrir l'un des plus brillants architectes du début du XXe siècle, Garfield Park Conservatory, magnifique balade au cœur d'un somptueux jardin botanique, Museum of Contemporary Art, pour ses collections capitales et ses expositions temporaires subtiles.

Langues

Le dernier recensement en 2006 montre que 73 % de la population de Chicago parle uniquement l'anglais, 15 % parle l'espagnol, 7,5 % parle d'autres langues indo-européennes (français, allemand, hindi, perse...) et 3 % parlent une langue asiatique.

À noter que Chicago diffère des grandes villes comme New York ou Los Angeles, dont la population ne parlant pas anglais est bien plus importante.

SAN FRANCISCO

Libertaire, high-tech, multiculturelle, artistique... Frisco, la ville en or, se caractérise aussi par sa fibre écologique et sa douceur de vivre. Une ville unique et pourtant tout à fait plurielle au gré des collines et des quartiers, au fil de ses surnoms : SF, The City, City

Alcatraz en films

En activité de 1934 à 1963, la prison d'Alcatraz située sur l'île du même nom dans la baie de San Francisco, a accueilli les détenus les plus dangereux des Etats-Unis (comme Al Capone) et connu pas moins de 14 tentatives d'évasion. De quoi inspirer de nombreux réalisateurs.

- **Le Prisonnier d'Alcatraz** (1962), de John Frankenheimer, avec Burt Lancaster et Karl Malden.
- **L'inspecteur ne renonce jamais** (1976), de James Fargo, avec Clint Eastwood.
- **L'Évadé d'Alcatraz** (1979), de Don Siegel, avec Clint Eastwood.
- **Meurtre à Alcatraz** (1995), de Marc Rocco, avec Christian Slater, Kevin Bacon et Gary Oldman.
- **Rock** (1996), de Michael Bay, avec Nicolas Cage et Sean Connery.
- **Mission Alcatraz** (2003), de Don Michael Paul, avec Steven Seagal et Ja Rule.

Golden Gate Bridge.

by the Bay, San Fran, The Golden City, Fog City… Fascinante et inspirante, vivante et mouvante, une destination chère peut-être, du moins à San Francisco, mais si riche ! Avec 813 000 habitants *intra-muros* et 7,2 millions dans la baie, la ville aux sept collines est marquée par un riche passé maritime et des vagues d'immigration successives. Sa géographie et sa personnalité en ont fait le berceau d'innombrables mouvements artistiques et continuent de lui insuffler un extraordinaire esprit d'entreprise. C'est toute une variété à découvrir : SoMa et sa génération de *hipsters*, Haight et ses musiciens, Mission et son enclave hispanique, Chinatown et Japantown, Marina et sa jeunesse dorée… Déjà de nouveaux quartiers émergent. Les Piers du nord restaurés, le quartier branché qui monte est désormais Dog Patch : au sud-est de San Francisco, quelques blocs le long de Potrero Hill, entre la route 280 et la troisième rue, le canal Islais Creek et Central Basin.

Pratique

Saisonnalité : Amateurs de baignades attention ! San Francisco n'est en aucun cas une destination où il fait bon se prélasser en bord de mer. Quelle que soit la saison, l'eau est froide et le vent souffle. On y vient donc davantage pour surfer que pour les bains de mer. En été, il vous faudra vous diriger vers Half Moon Bay pour trouver des espaces de baignade agréables. La meilleure saison pour visiter San Francisco n'est donc pas forcément l'été. Si vous voulez éviter les touristes, mieux vaut prévoir un voyage au printemps ou à l'automne. Le mois de janvier est souvent pluvieux, même si vous pouvez avoir de belles journées ensoleillées avec des températures autour de 20 °C.

Événements : Les Californiens et les San-Franciscains aiment faire la fête, beaucoup et souvent. Il y a presque tous les mois des fêtes de quartier avec musique live, dégustations de produits locaux et petits marchands de bijoux et de vêtements. Le calendrier des festivals est également chargé tout au long de l'année. Si le gros des festivals se passe à la belle saison, entre mai et octobre, vous trouverez sans conteste de quoi vous amuser tout au long de l'année.

Décalage horaire : – 9 heures.

SAN FRANCISCO TRAVEL
900 Market Street
A l'angle de la 5th Street, Downtown
SAN FRANCISCO
✆ +1 415 391 2000 / 800 637 5196
www.sanfrancisco.travel
Descendre l'escalator du Hallidie Plaza, entre Powell et Market street.
De mai à octobre : du lundi au vendredi de 9h à 17h. Week end et vacances scolaires de 9h à 15h. Fermé le dimanche de novembre à avril.
Edite un guide touristique renouvelé chaque année. L'office de tourisme principal (*Visitor Information Center*) est précieux et situé près de la station de métro Powell St., en sous-sol. Vous y trouvez une multitude de documents sur San Francisco, les vallées du vin, les parcs et la région. Une version française du Chaperon, petit guide actualisé, est également disponible sur place et dans de nombreux hôtels. Enfin une feuille est diffusée en français qui vous indique comment vous rendre jusqu'aux sites incontournables. Et si vous faites la queue, vous trouverez même des interlocuteurs, certains parlent français. Une autre queue à deux pas : celle, très longue, pour emprunter le vieux *cable car* si pratique et photogénique qui monte la très pentue rue Powell.

À voir – À faire

San Francisco est d'une grande richesse, alors réveillez-vous tôt, couchez-vous tard : c'est parti !
Le meilleur moyen de locomotion ? Vos jolies petites gambettes : pratique, économique et écologique. Sans compter les milliers de calories brûlées à la seconde dans les montées des collines de la ville.
C'est vraiment le meilleur moyen de la découvrir : musées, ruelles cachées, galeries, maisons victoriennes, temples, églises, parcs, plages, forts, passage de *cable car*, monuments, etc.
Pour une première visite, on vous conseillera de vous balader dans le quartier de Castro, de flâner dans Alamo Square, de prendre un bateau pour Alcatraz, d'admirer ou même de traverser le Golden Gate Bridge, de marcher dans le Golden Gate Park, de conduire dans la Lombard Street, de vous promener dans Chinatown et dans Japantown, d'arpenter Dolores Park, de prendre un verre à la Cliff House et enfin de déguster un cocktail au Martini au bar Top of the Mark.

Langues

L'anglais, et plus précisément l'anglais américain, est parlé partout. Ne soyez pas étonné de constater que dans les différents quartiers ethniques, comme Chinatown, les panneaux de signalisation, les affiches et les menus des restaurants soient écrits en chinois sans traduction anglaise. En Californie, la toponymie espagnole rappelle l'histoire de la région. Aujourd'hui, la démographie rattrape l'histoire avec une forte présence d'Américains d'origine hispanique, plus particulièrement mexicaine. L'espagnol devient ainsi la seconde langue officielle. Le français est pratiqué par des Américains aisés (par snobisme), par des artistes, par des émigrés d'Europe de l'Est et par des francophones et les francophiles, bien sûr. Il peut vous arriver de converser en français avec un immigré d'origine libanaise, par exemple.

CÔTE OUEST

Terre d'espoir, de réussite, de créativité, de nature sauvage et indomptée, d'histoires, petites et grandes, d'explorateurs tournés vers un monde inconnu, la côte Ouest est d'une richesse intarissable. Entre nord et sud, les cultures se divisent et se rejoignent, nées d'une histoire commune passionnante. Le XIXe siècle voit s'ouvrir deux voies vers l'Ouest, l'une part vers la Californie et ses rivières d'or, l'autre monte vers le nord et l'Oregon, attirant une population de pionniers. L'Ouest s'est ainsi peuplé de migrants mus par une volonté de réussite et une culture de ce qu'on appelle aujourd'hui « do it yourself ». Riche de ce passé, la côte Ouest est ponctuée de villes fascinantes et dynamiques, telles que Seattle, Portland, San Francisco ou Los Angeles. Des communautés urbaines qui ont su tirer parti des terres environnantes. Découvrez les plaines céréalières à perte de vue, les vergers et les vignobles du Nord-Est, les mystérieuses Rain Forests dignes des contes de fées, le sommet enneigé du Mount Rainier et celui éventré du Mount St. Helens, les rivages sauvages où Lewis et Clark stoppèrent leur expédition à l'embouchure de la Columbia River, la côte balnéaire de l'Oregon, l'abîme inondée de Crater Lake, les forêts embrumées de Redwoods, sans oublier bien sûr les grandes plages de Californie du Sud. Les décors se renouvellent à l'infini au fil du voyage au détour d'un col, d'une route ou d'une rivière. Les hommes aussi émerveillent par leur sens de l'hospitalité et la richesse

Painted Ladies

Ces fameuses maisons victoriennes construites au cours de la deuxième moitié du XIXe siècle sont emblématiques des villes de la côte Ouest. San Francisco, évidemment, mais aussi Arcata, Eureka, Ferndale, Mendocino, Salinas, Pacific Grove et Los Angeles en Californie, Bellingham, Tacoma, Port Townsend dans l'État de Washington, Portland, Astoria et Oregon City en Oregon. De nombreux *Bed & Breakfast* de charme ont investi ces Painted Ladies. Ce surnom leur vient de leur devanture colorée, d'au moins trois couleurs, et quasiment toujours dans des tonalités pastel. Vous êtes prévenu : autant aimer les tapisseries fleuries, la vaisselle fleurie, les grosses couettes fleuries...

de leur patrimoine culturel, et notamment l'histoire commune des expéditionnaires anglo-saxons, des trappeurs franco-canadiens et des tribus amérindiennes comme celle des Nez-Percés. La côte Ouest vous ouvre également les portes de l'intérieur du pays : le parc national du Grand Canyon, la gorge la plus impressionnante au monde, le parc national de Yellowstone, un géant où la nature a rassemblé la plupart des paysages de la planète, les parcs nationaux de l'Utah et la ville mormone de Salt Lake City, la folie de Las Vegas enfin, semblant concentrer les travers de l'Ouest. Ce légendaire Far West fascine toujours aujourd'hui, mêlant esprit d'aventure et de tolérance, en un portrait d'une Amérique rêvée et sans cesse renouvelée.

Pratique

- **Saisonnalité :** En Californie, il fait beau toute l'année. L'été ou l'automne sont une période idéale pour visiter l'Oregon, l'État de Washington et l'Idaho, car le reste de l'année, il pleut pas mal et les températures peuvent chuter. Quant à l'Arizona, l'Utah et le Nevada, certaines régions peuvent être enneigées l'hiver. De manière générale, il est tout à fait possible de partir à n'importe quelle période de l'année, tout en sachant que certaines routes et certains parcs peuvent être en partie fermés à cause de la neige l'hiver ou, s'ils restent ouverts, il vous faudra un véhicule adapté pour y accéder (comme à Crater Lake, par exemple). Il vaut donc mieux bien se renseigner avant sur l'état des routes et des parcs.
- **Événements :** Les habitants de la côte Ouest aiment faire la fête, beaucoup et souvent. Le calendrier des festivals et autres événements est donc bien chargé tout au long de l'année. On se rendra avant tout au Cherry Blossom Festival de San Francisco (en avril) ou dans l'un des nombreux festivals de films (à San Francisco en avril ou à Los Angeles en juin).
- **Décalage horaire :** – 9 heures.

À voir – À faire

La côte Ouest, plus particulièrement San Francisco et Seattle, s'est toujours illustrée par son rayonnement culturel sur tout le pays. Les grands mouvements littéraires et artistiques américains, qui ont traversé le siècle dernier et influencé une bonne partie du monde occidental, sont nés parmi les collines de San Francisco. Qu'il s'agisse de la fertilité littéraire des premiers écrivains de l'Ouest américain, du réalisme humaniste des auteurs de la Grande Dépression, de la révolution culturelle des poètes de la Beat Generation, de l'hypercréativité des hippies de Haight-Ashbury à San Francisco ou de l'expérimentation artistique de la nouvelle génération, des groupes de hard-rock et de grunge nés à Seattle, la côte Ouest a toujours su garder un temps d'avance sur son époque.

Langues

Parmi les nombreux idiomes parlés dans la région, l'un des plus répandus est le *So-Cal* (South California). Le dialecte le plus connu de Californie, celui utilisé dans les chansons et les films, est né essentiellement sur les plages du Sud. Ce langage familier est surnommé *surfer* ou *valley* (de San Fernando Valley). Le visiteur parlant anglais aura peut-être du mal à discerner les nuances. Exemples : *killer, bitchin, awesome, rad* et *sweet* se traduisent par formidable ou super, tandis que *bunk, nappy, shitty* et *slack* se traduisent par nul. *Totally* et *hella* placés devant un mot en renforcent le sens. *A dude* est soit un homme ou une femme et est souvent précédé de *Hey*, à la place de *Hi*. *To cruise* signifie aller à pied, à vélo, en voiture ou en skateboard. Le Californien a tendance à laisser tomber la fin des mots et à glisser sur les syllabes. Ainsi, *dirty* se prononce *dirdy* ; *do you want to* ? devient *dyawana* ; *I don't know*, *I dunno* ; *all right*, *awright* ; et le fameux *what is up* ? (qu'est-ce qui se passe ?) se limite à *'sup* ? Enfin, bien que l'anglais soit la langue officielle de la Californie depuis 1986 et le vote de la Proposition 63, de très nombreuses administrations publiques offrent leurs services en espagnol mais aussi dans de multiples autres langues.

© GREGOBAGEL - ISTOCKPHOTO

Painted Ladies près d'Alamo Square, San Francisco.

LES DESTINATIONS

Irlande

À l'extrême ouest de l'Europe, la terre d'Irlande semble en lutte perpétuelle avec les éléments. Battue par les vents et la pluie, l'île émerge de l'eau, fière et hiératique, et décline une nature brute pétrie de passion et de sang. Loin des paysages parfaitement ordonnancés et géométriques de sa voisine anglaise, l'Irlande se fait insolente et sauvage. C'est aussi un lieu idéal pour un séjour itinérant ou pour se perfectionner en anglais. Ici, rien ne semble avoir cédé sous la main de l'homme. Faite de vertes prairies dégringolant dans la mer, de landes hostiles, de forêts enchanteresses, de lacs fantomatiques, la nature insulaire est indiscutablement libre, un qualificatif qui ne saurait que trop bien décrire également le peuple irlandais qui s'est employé, durant les siècles passés, à ériger cette liberté de fait en indépendance de droit. L'histoire irlandaise, plus que partout ailleurs, est scellée dans la pierre. Des mirages du passé, comme sortant tout droit de la brume, rappellent une histoire douloureuse : les ghettos de Belfast, les docks de Dublin, l'enfer du Connemara… Ravagée par des famines successives au XIXe siècle, maintenue sous le joug anglais et divisée en deux en 1921, l'Irlande semble marquée du sceau de la douleur. Alors que l'Irlande du Sud, sortie depuis des années du chaos financier, s'impose dans la zone euro comme un partenaire économique d'importance, sa petite sœur du Nord se débat sur un terrain beaucoup plus hasardeux, celui de la paix. Il aura fallu le réveil brutal du 11 septembre 2001 pour que les indépendantistes de l'IRA acceptent de se désarmer. Après trente ans de pourparlers et de cessez-le-feu avortés, protestants et catholiques marchent désormais, à pas assurés, sur le chemin de la paix. Malgré l'hostilité évidente du climat et des éléments, l'Irlande reste une contrée unique qui attire chaque année un peu plus de touristes. À l'origine de ce succès évident, la chaleur du peuple irlandais. Des ruisseaux de Guinness, des chants celtes ancestraux, des chevelures rousses, un match de hurling… Les insulaires mettent tout en œuvre pour faire découvrir et apprécier cette terre grandiose qu'ils chérissent tant. Dans leurs chansons et légendes, ils disent l'histoire de leur pays avec tant de sentiments qu'ils contaminent en un temps record le promeneur attentif. L'esprit récalcitrant aura beau résister, il jettera les armes en poussant la porte d'un pub. La quintessence de l'âme irlandaise s'impose alors d'elle-même. Chaleur et accueil sont les maîtres mots de cette île enivrante pourtant coincée au nord de l'Europe.

Le drapeau irlandais

Fortement inspiré par la Révolution française, l'étendard tricolore ne fut adopté officiellement qu'en 1937 par la nouvelle Constitution irlandaise. Ce drapeau doit être celui de la réconciliation, arborant conjointement le vert du mouvement catholique de libération nationale, le blanc de la paix et l'orange symbole du protestantisme.

Pratique

- **Nom officiel :** Éire
- **Devise nationale :** L'Irlande toujours
- **Hymne national :** Amhrán na bhFiann
- **Fête nationale :** 17 mars
- **Capitale :** Dublin
- **Superficie :** 70 273 km²
- **Population :** 4,5 millions d'habitants
- **Langues :** Irlandais et anglais
- **Religion :** Catholiques et protestants
- **Nature de l'État :** République parlementaire
- **Monnaie :** L'euro (€)
- **Téléphone :** Pour téléphoner de France en République d'Irlande : 00 + 353 + indicatif régional sans le zéro + les chiffres du numéro local
- **Décalage horaire :** – 1 heure
- **Formalités/visa :** Carte d'identité ou passeport en cours de validité

- **Santé :** RAS
- **Sécurité :** RAS
- **Risques naturels :** RAS
- **Sport national :** Football gaélique, hurling, golf, rugby et football
- **Plat national :** Irish stew (ragoût de mouton avec des pommes de terres et des carottes)
- **Boisson nationale :** Whisky et bière Guinness
- **Que rapporter ?** Pulls, vestes et casquettes en tweed, gilets de laine, poterie, symboles gaéliques, bijoux en or et en argent, vannerie, whisky

AMBASSADE D'IRLANDE
12, avenue Foch (16e)
Paris © 01 44 17 67 00
www.embassyofireland.fr

Langues

L'anglais est parlé par 98 % de la population tandis que le gaélique (ou irlandais), langue d'origine celtique consolidée au XVIIe siècle, est maîtrisé par seulement 2 % des Irlandais. L'anglais fut inculqué sous la contrainte au milieu du XVIe siècle, lorsque Henri VIII d'Angleterre conquit l'Irlande, et s'imposa comme la langue de référence en termes de communication. Cependant le gaélique, bien que peu utilisé dans la vie quotidienne par les citoyens, demeure la langue nationale, comme en dispose l'article 37 de la Constitution irlandaise. Il est d'ailleurs employé dans la rédaction des documents officiels et est obligatoirement dispensé dans les établissements scolaires. Les panneaux de signalisation comprennent généralement la traduction en gaélique.

Les offres

L'Irlande est bien évidemment un pays où il est possible très simplement de pratiquer son anglais, c'est donc une destination de choix pour des séjours linguistiques. La capitale, Dublin, en est la parfaite illustration puisque l'offre y est conséquente, qu'il s'agisse d'un séjour en école internationale, chez le professeur, en campus international, en résidence ou bien en famille d'accueil. Partir à la découverte de la belle nature irlandaise peut aussi être une option lors de séjours itinérants, par exemple, au départ de Dublin mais aussi de la charmante ville de Cork. Enfin Galway, centre universitaire de renom, permettra de vivre et étudier en immersion et parfaire ses connaissances linguistiques.

DUBLIN

Capitale de l'Irlande, Dublin reste toutefois modeste et accueillante. Loin d'être étouffante, elle sait se laisser vivre, sans sacrifier au bouillonnement culturel et festif. Réactive, intelligente, cette cité autrefois défavorisée s'est peu à peu muée en une ville séduisante et dynamique. Forte de son héritage culturel, elle a su valoriser ses atouts et se ranger parmi les capitales européennes les plus en vogue. Rythmant l'histoire de la ville au fil des siècles, la religion est palpable à travers les édifices chrétiens dispersés sur les deux rives. La littérature est également à l'honneur, comme en témoignent les nombreux musées dédiés aux hommes de lettres. Enfin, les esthètes ne seront pas en reste devant le raffinement de l'architecture locale, notamment celle de l'époque georgienne. La capitale irlandaise est de surcroît un lieu de villégiature où il est loisible de séjourner dans les quartiers résidentiels ou de se promener dans les parcs verdoyants de la rive sud. Mais la singularité de Dublin s'exprime avant tout à travers son mode de vie, si cher à ses habitants. Loin du patriotisme graveleux, l'appartenance à la culture locale se conçoit davantage comme un art de vivre, une façon simple et modeste d'apprécier les bonnes choses.

Vue de Dublin.

Quelques statues dublinoises à ne pas manquer

- **Daniel O'Connell,** O'Connell Street, rive nord.
- **Charles Stewart Parnell,** O'Connell Street, rive nord.
- **James Joyce,** North Earl Street, rive nord.
- **Phil Lynott (la dernière en date),** Harry Street.
- **Molly Malone,** Grafton Street.
- **Oscar Wilde,** Merrion Square, quartier georgien.
- **Wolfe Tone,** Saint Stephens Green, quartier georgien.
- **Benjamin Guinness,** Saint Patrick Cathedral.

Aussi le Dublinois, attaché à ses racines, sait se satisfaire d'une réunion entre amis, dans l'intimité d'un pub, pour passer une journée mémorable. La Guinness, cette savoureuse bière noire brassée dans le sud-ouest de la ville, est un symbole fort pour les Irlandais. Grâce à sa dimension à taille humaine, la capitale se découvre facilement. Jeune (un habitant sur deux a moins de 25 ans) et cosmopolite, elle est un lieu où il fait bon vivre, et l'ambiance dans les rues et les pubs y est souvent festive. Dans *L'Éventail de lady Windermere*, Oscar Wilde écrivait : « Je peux résister à tout, sauf à la tentation. » À votre tour, n'hésitez pas !

Pratique

Saisonnalité : Dublin peut se visiter toute l'année. Les saisons sont de moins en moins marquées avec le temps. Pas d'hiver rigoureux ni d'été caniculaire, on profitera plutôt d'un temps doux tout au long de l'année avec des baisses de température en fin d'année.

Événements : Les événements ne manquent pas à Dublin ! La ville semble même parfois ne jamais désemplir de ces touristes venus pour assister au célèbre Temple Bart Traditionnal Festival (fin janvier) lorsque plus de 200 concerts gratuits ont lieu en ville, pour défiler lors du Saint Patrick's Festival (17 mars), pour goûter aux délices de la gastronomie locale lors du Taste of Dublin (deuxième semaine de juin) ou pour soutenir son équipe de hurling ou de foot gaélique favorite lors du All Ireland Finals (en septembre).

AMBASSADE DE FRANCE
36 Ailesbury Road
Ballsbridge, Dublin 4
DUBLIN
✆ +353 1 277 5000 / +353 86 603 1380
www.ambafrance-ie.org
Pour les services consulaires, du lundi au vendredi de 9h30 à 12h. Pour les visas, du lundi au jeudi de 14h à 16h et le vendredi de 14h à 15h. Ligne téléphonique ouverte en semaine de 14h à 15h30.

OFFICE DE TOURISME DE DUBLIN
Suffolk Street – Dublin 2
DUBLIN
✆ +353 1 605 7700
✆ +353 353 1 437 0969
www.visitdublin.com
Du lundi au samedi de 9h à 17h30, le dimanche et jours fériés de 10h30 à 15h. En juillet-août, du lundi au samedi de 9h à 19h.
L'office du tourisme est installé dans une ancienne église. Vous y trouverez pléthore d'informations pratiques sur la ville. Sur place, vous pourrez aussi louer une voiture, réserver une place de concert ou pour tout autre événement culturel, réserver un *day trip* dans les environs de Dublin…
Une adresse incontournable pour un séjour réussi ! A l'étage se trouve un petit café, idéal pour se rafraîchir. Grande boutique de souvenirs. Les excursions en bus dans le reste de l'Irlande au départ de Dublin partent souvent d'ici. Vous avez généralement rendez-vous sur le parvis de l'office de tourisme.

Autres adresses : 14 Upper O'Connell Street, Dublin 1. Du lundi au samedi de 9h à 17h. Fermé le dimanche et jours fériés. • Aéroport de Dublin, Hall des arrivées, Terminal 1 ✆ +353 1 605 7700. Du lundi au dimanche de 8h à 19h. • Dun Laoghaire Ferry Terminal. Du lundi au vendredi de 9h30 à 13h15 et de 14h30 à 17h30, fermé le samedi, dimanche et jours fériés.

À voir – À faire

Dublin regorge de sites historiques à découvrir. La plupart d'entre eux sont regroupés dans le centre-ville, ce qui facilite leur découverte et permet de se déplacer à pied. Dans cette ville à taille humaine, se nichent des lieux éclectiques, des endroits insolites et ludiques. Pour un premier séjour, on privilégiera la visite des sites suivants : Trinity College, le cœur de Dublin, où sont passés les plus grands, Kilmainham Gaol, pour comprendre l'histoire politique tourmentée de l'Irlande, les deux cathédrales, Saint Patrick et Christ Church, parce qu'Irlande et religion ne font parfois qu'un, le Famine Memorial sur Custom House Quay, témoignage de l'un des épisodes les plus tragiques de l'histoire irlandaise, Saint Stephens Green, poumon vert du centre et emblème du quartier georgien, Merrion Square, pour son atmosphère étudiante et la statue d'Oscar Wilde, le Guinness Storehouse, car Dublin sans Guinness ne serait pas Dublin, la Jameson Distillery, pour la même raison, le Chester Beatty Library, un musée dédié aux cultures du monde, et enfin la National Gallery, pour découvrir les plus grands artistes irlandais et revoir quelques impressionnistes.

CORK

Deuxième ville d'Irlande, Cork a des allures de capitale, statut que ses habitants revendiquent ardemment d'ailleurs. Cork, qui a été capitale culturelle de l'Europe en 2005, abrite plusieurs monuments historiques, galeries d'art, théâtres et d'innombrables pubs forcément typiques. Profitant des avantages actuels de l'Union européenne, de nombreux étudiants européens choisissent Cork pour y faire leurs études et l'on croise ici beaucoup de Français.
À l'image de l'Irlande, la ville a connu ces dix dernières années un essor économique fulgurant, notamment grâce à l'importance de son port et à l'implantation d'entreprises de premier plan.
Cette soudaine prospérité (malheureusement ralentie par le récession de 2008) n'a pas effacé la beauté des paysages et la gentillesse des habitants.

Pratique

■ **OFFICE DU TOURISME**
Grand Parade
CORK
✆ +353 214 255 100
www.discoverireland.ie/southwest
corkkerryinfo@failteireland.ie
Ouvert du lundi au samedi de 9h15 à 17h, en juillet et août tous les jours de 9h à 18h.

À voir – À faire

Comprimé entre les deux bras de la rivière Lee, le centre de Cork est très concentré et il n'est donc pas difficile de s'y orienter. C'est d'ailleurs ce qui fait le côté si agréable de la ville, dont il est vite facile de cerner les points névralgiques. St Patrick Street est la colonne vertébrale de ce centre-ville, toujours en effervescence, avec ses nombreuses boutiques, ses arrêts de bus desservant les zones périphériques et ses ruelles qui la relient à Oliver Plunkett Street, la rue la plus noctambule de la ville.
C'est avec aisance que l'on arpente le centre-ville, en partant de Grand Parade, autre artère commerciale d'importance. Cork offre aussi la promenade de ses quais, le long desquels les contrastes s'accumulent : grand centre commercial ou petites échoppes d'occasion, maisons élégantes ou bâtiments désaffectés, église néogothique ou vieux pubs élimés. L'optimisme général de cette ville à la population très jeune en fait un pied-à-terre idéal pour un séjour prolongé.
Pour une première, il sera de bon ton d'alterner les visites. On ne saurait trop conseiller une visite au Cork City Gaol, à l'English Market, au University College ou encore à Saint Finbarre's Cathedral.

Cork et son comté

De la deuxième plus grande ville du pays aux petits villages côtiers, le comté de Cork offre de nombreuses possibilités touristiques : vie urbaine, vestiges du passé, traditions vivaces, le comté peut être à lui seul la raison du voyage.

Une petite histoire de Galway

Galway, dont le nom gaélique est Gaillimh, « rivière caillouteuse », était la ville des Tribus. Ces Tribus étaient les quatorze familles de souche normande qui régnèrent sur le commerce de la ville dès le XIIIe siècle : les Athy, Blake, Bodkin, Browne, Deane, Darcy, Font, French, Joyce, Kiravan, Lynch, Martin, Morris, Sherret. La ville entretint par la suite des échanges commerciaux fructueux avec l'Espagne (Spanish Arch), avant d'être assiégée par les troupes de Cromwell. À partir de la deuxième moitié du XVIIe siècle, la ville tomba en déclin, et ce n'est qu'assez récemment que l'on a assisté à un renouveau économique.

GALWAY

Située au carrefour de quelques-uns des sites les plus touristiques d'Irlande, Galway est très prisé des visiteurs. La ville a de plus tout pour plaire : un centre animé, une population très jeune, des rues attrayantes avec leurs façades décorées, leurs enseignes de pub et leurs boutiques originales. De Galway, on rejoint facilement le Connemara, les falaises de Moher ou le Burren, ce qui explique d'ailleurs la quantité d'agences disséminées dans la ville, qui offrent toutes formules de voyages et tours organisés. On croise ici beaucoup d'Américains ou de jeunes hippies en escale, dans cette ville aussi considérée comme la capitale de la musique irlandaise. Une atmosphère de va-et-vient permanent anime Galway et l'on observe, parfois avec étonnement, la quantité de jeunes dans les rues.

Pratique

- **Téléphoner de France à Galway :** 00 + code pays + indicatif régional sans zéro (091) + les 7 chiffres du numéro local.

À voir – À faire

Cette ville universitaire est l'une de celles qui change le plus rapidement en Irlande. La partie médiévale a été récemment restaurée et la plupart des rues sont maintenant piétonnes. Pour une première visite, on se rendra à Eyre Square.

Le mouvement est constant dans ce square qui est aussi un lieu de rendez-vous. De là, on rejoindra William Street qui se transforme ensuite en Shop Street, puis High Street, pour descendre jusqu'aux berges de la rivière Corrib. Cet axe est au cœur de la vie festive de Galway.

Pubs et terrasses extérieures en ponctuent tout du long la trajectoire. Dans un climat de construction-déconstruction, Quay Street s'agite aussi, même mouvement électrique que le fameux Temple Bar Area de Dublin. Une fois sur les quais, à la hauteur du Spanish Arch, ne manquez pas, si le temps le permet, de rejoindre l'agréable promenade de bord de mer qui mène à Salthill.

Dans les rues de Galway.

Canada

Ô Canada ! Derrière cet hymne national qui symbolise l'unité d'une nation se cache un pays aux innombrables facettes, qui s'étend des côtes du Pacifique jusqu'à l'océan Atlantique, vaste comme près de vingt fois la France ! Difficile de définir un pays comme le Canada : il existe un Canada riche et industrialisé, un autre sauvage, un Canada anglophone proche de son voisin américain et un autre francophone, qui revendique sa particularité, un pays montagneux à l'ouest et un plat pays à l'est, un pays vêtu de blanc l'hiver, mais qui dévoile ses couleurs lors de l'été indien… Il existe donc « des » Canada. Ce sont ces Canada qui s'offriront à vous lors de séjours linguistiques ou itinérants. Les forêts sont tantôt denses et interminables (sur la rive nord du fleuve Saint-Laurent), tantôt clairsemées (dans l'Okanagan). Les montagnes sont parfois escarpées et impressionnantes (à Lillooet), parfois douces et arrondies (au Bic). Les lacs peuvent être immenses (les Grands Lacs) ou de taille humaine (dans les environs d'Edmonton). L'eau est omniprésente. Elle peut être bleue (Okanagan Lake), verte (Hector Lake) ou sombre (lac Saint-Jean), froide (à Victoria) ou de température plus clémente (dans la baie des Chaleurs). Mais s'il y a une constance dans ce pays, ce sont bien les gens, cette population consciente de vivre dans un environnement unique. Une certaine humilité, peut-être aussi, face à cet hiver rigoureux qui, presque partout présent, frappe aveuglément la plupart du territoire. Plus au nord, les routes se font rares et la forêt dense, c'est un territoire vierge qui vous attend, constitué ici de forêts de feuillus, là de nombreuses rivières, peuplé d'innombrables espèces à la mesure du gigantisme du pays. Difficile d'imaginer ceux qui sont venus s'installer sur ces terres sans limites ni clôtures, pour y établir villes et villages, qui ne ressemblent à rien d'autre. Québec, plus vieille ville d'Amérique du Nord avec ses fortifications et son château Frontenac, s'oppose avec force à Vancouver, métropole tirée vers le haut grâce à ses gratte-ciel. Ainsi se présente le Canada. Sa diversité en fait une destination pour qui recherche le calme, la nature et l'espace, mais aussi le dynamisme d'une nation jeune et ouverte sur le monde.

Pratique

- **Nom officiel :** Canada
- **Devise nationale :** D'un océan à l'autre
- **Hymne national :** Ô Canada !
- **Fête nationale :** 1er juillet
- **Capitale :** Ottawa
- **Superficie :** 9 984 670 km^2
- **Population :** 35 295 770 habitants
- **Langues :** Anglais et français
- **Religion :** Catholiques, protestants
- **Nature de l'État :** Monarchie constitutionnelle parlementaire fédérale

Le drapeau canadien

En 1925, un comité nommé par le Conseil privé canadien est chargé de trouver un drapeau pour sceller l'unité de la nation. 2 600 propositions et quarante ans plus tard, sur la colline d'Ottawa, le drapeau à la célèbre feuille d'érable est inauguré par le gouvernement canadien et la reine Élisabeth II. Une quête laborieuse qui s'est soldée par l'abandon du Red Ensign portant l'Union Jack au profit de l'unifolié qui figure une feuille d'érable – emblème du peuple depuis le XIXe siècle – stylisée à onze points en son centre. Le rouge et le blanc, déclarés couleurs officielles en 1921 par le roi George V, symbolisent respectivement les grandes étendues enneigées dans le nord du pays et le sang versé par les Canadiens lors de la Première Guerre mondiale. Les deux bandes latérales qui encadrent la feuille d'érable renvoient à la position géographique du Canada, cerné de part et d'autre par les océans Pacifique et Atlantique.

- **Monnaie :** Le dollar canadien (CAD, $ CA, CAN $). Aujourd'hui, 1 CAN $ = 0,69 € et 1 € = 1,46 CAN $
- **Téléphone :** Pour téléphoner de la France vers le Canada, composez le 00 + 1 + code régional + les 7 chiffres du numéro local
- **Décalage horaire :** Le Canada est divisé en six fuseaux horaires. – 4 heures 30 à – 9 heures
- **Formalités/visa :** Les voyageurs français, sont acceptés pour trois mois sans visa. Ils doivent être en possession d'un passeport valide, d'un billet de retour (idéalement) et disposer d'une somme suffisante en argent pour assurer leur séjour. Attention, dès avril 2015, les visiteurs n'ayant pas besoin de visa devront remplir une autorisation de voyage électronique (AVE) avant leur voyage. L'AVE coûtera 7 CAN $ par personne (moins de 5 €) et sera valable cinq ans
- **Santé :** Pour afronter l'hiver canadien (jusqu'à – 30 °C dans le Nord), ne lésinez pas sur les vêtements chauds
- **Sécurité :** RAS
- **Risques naturels :** RAS
- **Sport national :** Hockey sur glace, football américain, curling, baseball
- **Plat national :** Bangbelly (pudding dense à base de riz cuit, de farine, de mélasse, de raisins secs, de porc salé et d'épices), la poutine, saumon et langoustes.
- **Boisson nationale :** Bière, vin de glace
- **Que rapporter ?** Sirop d'érable, peaux tannées, bijoux, artisanat amérindien

AMBASSADE DU CANADA À PARIS
35, avenue Montaigne (8e)
Paris ✆ 01 44 43 29 16
www.canadainternational.gc.ca/france/

- **Autre adresse :** Centre de réception des demandes de visa canadien : 82 rue d'Hauteville 75010 Paris, 01 80 14 19 51, www.vfsglobal.ca/canada/france/

Les offres

Le Canada, du fait tant de son bilinguisme en vigueur que de son immensité, est un « terrain de jeu » incroyable pour les organismes proposant des séjours linguistiques et itinérants. On pourra donc se perfectionner en anglais dans la ville de son choix, pourquoi pas à Toronto ou Vancouver, en immersion complète ou en campus international. Ou alors choisir une ville francophone, Montréal (la plus grande ville francophone après Paris !) ou ailleurs au Québec, pour que l'acclimatation ne soit pas trop difficile dans un premier temps. Les aventuriers pourront enfin partir à la découverte du pays lors d'un séjour itinérant, en Ontorio par exemple.

TORONTO

Ville de stature internationale, Toronto se définit tout d'abord par ses statistiques : plus grande ville du Canada, capitale économique du pays, cinquième plus grande ville d'Amérique du Nord… Toronto est de ces villes qui comptent.
Pourtant, la ville en tant que telle n'est pas si ancienne, puisque ce n'est qu'en 1998 que les autorités décident de regrouper plusieurs communes pour en faire une grande ville, vitrine du Canada sur la scène internationale. Du jour au lendemain, Toronto passe de 653 000 résidents à plus de 2,6 millions. Mais la communauté urbaine de Toronto dépasse largement les limites de la ville et ce sont aujourd'hui plus de 5,5 millions de personnes qui vivent dans l'agglomération de Toronto. Peut-être à cause de ce passé de ville morcelée, Toronto est avant tout un conglomérat de quartiers. D'un *neighbourhood* à l'autre, la limite géographique est parfois incertaine, mais l'atmosphère totalement différente. Une balade à pied ou à vélo est certainement le meilleur moyen de se plonger dans l'ambiance d'une de ces communautés, mais une escapade culinaire un soir est également une parfaite alternative. La ville abrite plusieurs universités et centres de recherches reconnus, et attire donc une population étudiante ou professionnelle sans cesse renouvelée. Car Toronto, à l'image du Canada, a compris l'utilité d'attirer à lui les cerveaux et bras qui viennent compléter les compétences qu'il possède en son sein. Bars, restaurants, théâtres, cinémas, centres sportifs se développent pour divertir cette population avide de loisirs. La ville met également en valeur son patrimoine culturel, rénovant ses quartiers, attirant dans ses musées de nombreux artistes et expositions.

Vue sur Toronto depuis Airport Island.

Pratique

- **Saisonnalité :** La région de Toronto est dite de climat continental humide, se caractérisant par quatre saisons bien distinctes, des étés chauds et humides et des hivers froids. En comparaison avec le reste du Canada, on peut considérer que Toronto jouit d'un climat modéré. La proximité du lac Ontario lui confère une amplitude thermique relativement faible entre le jour et la nuit. En revanche, les températures peuvent varier énormément d'un jour à l'autre, en particulier pendant l'hiver. Les températures moyennes s'échelonnent de – 4,2 °C en janvier à 22,2 °C en juillet.

- **Événements :** Impossible de lister tous les événements et festivals de Toronto et de ses environs, tant la mairie et les diverses communautés sont dynamiques dans ce secteur. Pour autant les gastronomes ne pourront pas faire l'impasse sur Winterlicious (de fin janvier à fin février) et Summerlicious (en juillet) et les cinéphiles ne manqueront pas le Toronto International Film Festival (en septembre), second plus important festival de cinéma au monde après Cannes.

- **Décalage horaire :** – 6 heures.

■ **TOURISM TORONTO**
207 Queens Quay West – TORONTO
✆ +1 416 203 2500 / +1 800 499 2514
www.seetorontonow.com
Nombreux kiosques au centre-ville : à l'angle des rues Queen et Bay, au centre de congrès Metro Toronto Convention Centre et à Queen's Quay Terminal. Un centre d'information sur l'Ontario se trouve à l'Atrium on Bay (20 Dundas Street West, face au Eaton Centre). Vous trouverez aussi des bornes d'informations INFOTOGO un peu partout en ville.

À voir – À faire

Toronto est une ville à vivre plus qu'à visiter. Comme la plupart des villes nord-américaines, son histoire est assez récente et elle n'a pas la beauté des capitales européennes. Cela ne veut pas dire qu'il n'y a rien à voir à Toronto, bien au contraire !

Mais la meilleure façon de la découvrir est sans doute de le faire comme si vous étiez un local : baladez-vous dans ses quartiers si différents, perdez-vous dans les petites rues, arrêtez-vous au hasard dans un café ou un petit restaurant…

Pour un premier séjour néanmoins, on ne saurait trop conseiller de découvrir la tour CN, symbole de la ville, St. Lawrence Market, immense marché public à l'ambiance bon enfant, Kensington Market, quartier bohème du nord-ouest du centre-ville, les Toronto Islands, le Air Canada Center, pour voir un match de hockey de la Ligne nationale, le Royal Ontarion Museum, plus grand musée du Canada aux collections impressionnantes, la Art Gallery of Ontario, Cabbagetown et ses maisons victoriennes et enfin Casa Loma, cet impressionnant manoir du début du XXe siècle.

Langues

La grande majorité des Canadiens parle anglais (77 %) alors que 21 % parlent le français. Pour autant, le gouvernement fait toujours de grands efforts pour maintenir et promouvoir le bilinguisme. Ainsi, la très grande majorité des autochtones parlent à la fois la langue de leur communauté et le français ou l'anglais. Le pays devient de plus en plus une mosaïque ethnique : le gouvernement a recensé plus d'une centaine de langues maternelles différentes lors du recensement de 2011.

Les gains les plus importants sont représentés par les groupes venant de l'Asie et du Moyen-Orient. Ainsi, à Toronto, environ 45 % de la population a une langue maternelle autre que l'anglais ou le français ; à savoir, selon l'ordre d'importance, le cantonais, le tagalog (philippin), l'italien et l'espagnol.

ONTARIO

L'Ontario a beaucoup plus à offrir qu'il n'y paraît. D'Ottawa, capitale du Canada, à Toronto, grand centre économique d'Amérique du Nord, de la campagne luxuriante jusqu'aux innombrables lacs, c'est une multitude d'attraits qui s'offrent aux touristes chaque année plus nombreux à venir découvrir la plus peuplée des provinces canadiennes. L'Ontario est aussi, après le Québec, la seconde province quant au nombre de francophones, qui sont plus de 500 000, même s'ils ne constituent qu'environ 4 % de la population. L'Ontario a d'ailleurs célébré quatre cents ans de présence française en 2010. Partageant ses frontières avec le Québec, le Manitoba, les États-Unis et la baie d'Hudson, son positionnement en fait à lui seul une destination de choix. Son nom vient du lac Ontario, qui vient de l'iroquois Skanadario, signifiant « beau lac » ou « eaux étincelantes ». Cette région est un compromis exceptionnel entre modernité et authenticité, paysages urbains et nature exubérante.

Pratique

- **Saisonnalité :** La température et les précipitations varient d'une région à l'autre. Si l'hiver est légèrement plus doux dans le sud-est, un froid mordant s'empare du nord de la province. Il faut également tenir compte des vents puissants dans la région des Grands Lacs qui influencent le facteur de refroidissement éolien. Ces derniers sont toutefois fort appréciés lors des grandes chaleurs. En été, le centre et l'est sont relativement plus tempérés, les canicules affectent le sud-est et les précipitations sont un peu plus fréquentes dans la région des Grands Lacs. Le Nord a un été plus court mais les températures grimpent tout de même au-delà de 20 °C. Selon votre destination, il est conseillé de s'informer sur le climat afin d'être bien préparé.
- **Événements :** Il y a environ mille festivals par an en Ontario. Parmi ceux-ci, on retrouve le festival international du film de Toronto, le festival hivernal des lumières de Niagara Falls (Winter festival of Lights), le festival de théâtre Shaw de Niagara-on-the-Lake (Shaw Festival Theatre), le festival musical de Parry Sound (Festival of the Sound), le festival de jazz du comté de Prince Edward (Prince Edward County Jazz Festival), le festival canadien des tulipes d'Ottawa, le festival de musique blues d'Ottawa (Bluesfest), et la liste est encore très longue…
- **Décalage horaire :** – 6 heures.

Le drapeau ontarien

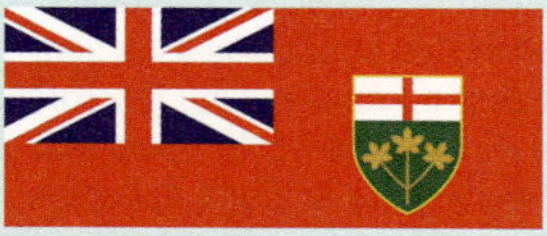

Rouge avec l'Union Jack et l'écu des armoiries de l'Ontario, le Red Ensign ontarien fut adopté en 1965 par la province canadienne de l'Ontario. Il symbolise l'héritage britannique de l'Ontario et commémore les sacrifices des soldats canadiens sous le Red Ensign. La feuille d'érable, qui avait été l'emblème du Canada français au XIXe siècle et le drapeau des Patriotes, est devenue l'élément central du drapeau canadien en 1965, au détriment du Red Ensign qui, avant 1965, flottait au sommet des édifices gouvernementaux partout au Canada.

À voir – À faire

En Ontario, on pourra au choix profiter de l'extérieur ou de l'intérieur selon les saison. Ainsi, la culture artistique ontarienne, bien que jeune, est riche et diversifiée.
Les festivals sont nombreux et de réputation internationale. Lors de la belle saison, le festival international du film de Toronto, le festival de jazz de Toronto, le festival canadien des tulipes à Ottawa, le festival de musique à Parry Sound et le festival Shaw à Niagara-on-the-Lake attirent des milliers de personnes. Des scènes de théâtre, de ballet et d'opéra aux murs de galeries, en passant par les halls d'exposition, l'Ontario offre d'innombrables manifestations artistiques et culturelles qui sauront éblouir vos sens.Également, les grands espaces naturels, les lacs et rivières, les parcs provinciaux et nationaux, les réserves de conservation de l'Ontario sont propices aux activités de plein air. Peu importe la saison, une panoplie d'activités vous est proposée (canot-camping, kayak, randonnée pédestre, vélo de montagne, quad, équitation, rafting, plongée sous-marine, voile, sports de glisse, ski de fond, raquettes, motoneige...). Des sports extrêmes aux simples balades, tout le monde trouvera son bonheur.

Langues

Selon les données de Statistique Canada lors du recensement de 2011, les cinq langues maternelles les plus parlées en Ontario sont l'anglais (plus de 8 millions de personnes), le français (plus de 500 000 personnes), l'italien (environ 270 000), le cantonais (près de 200 000) et l'espagnol (environ 190 000). D'autres langues sont également beaucoup parlées dans les foyers ontariens, soit le pendjabi, le tagalog (pilipino), le portugais, l'arabe, l'allemand et l'ourdou.

MONTRÉAL

Riche du mélange des vagues d'immigration qui en ont fait l'une des villes multiculturelles les plus courues, Montréal n'en finit plus d'étonner et de se réinventer. Entre ses parcs et ses clochers, ses gratte-ciel et son quartier historique, c'est une cité plébiscitée pour sa qualité de vie, son ouverture et son bilinguisme. Forte de cette diversité, la métropole ne cesse d'évoluer et de redéfinir son identité aux yeux du monde, s'imposant peu à peu comme une ville exceptionnelle à bien des égards. Il est vrai qu'elle dispose de nombreux attraits, et ce n'est pas une surprise si on y trouve tant à faire, des festivals aux parcours culturels, des pistes cyclables aux innombrables restaurants qui jalonnent ses rues. Montréal arbore aussi un côté jeune et dynamique avec ses nombreux collèges et universités, dont la réputée McGill University. Bref, une ville vivante, pleine d'histoire et qui saura assurément vous charmer !

Pratique.

- **Saisonnalité :** La région de Montréal est dite de climat continental humide, se caractérisant par quatre saisons bien distinctes, des étés chauds et humides et des hivers froids. Montréal jouit d'un climat plus modéré. Cependant, les températures peuvent varier énormément d'un jour à l'autre, en particulier pendant l'hiver. Les températures moyennes s'échelonnent de – 10,1 °C en janvier à 21,2 °C en juillet.

Vue de Montréal depuis le plateau du Mont-Royal.

Événements : Impossible de lister tous les événements et festivals de Montréal, tant la mairie et les diverses communautés sont dynamiques dans ce secteur. Néanmoins, on citera la fête des neiges de Montréal (janvier) où une foule d'activités attendent les amoureux de la neige, les symphonies portuaires (dernier samedi de février et premier dimanche de mars) lorsque des milliers de sifflets retentissent dans toute la ville, les francofolies de Montréal (de mi à fin juin) pour les amoureux des concerts de musique live ou encore la biennale de Montréal (de fin octobre à début janvier 2015) pour les amoureux de l'art contemporain.

Décalage horaire : – 6 heures.

CENTRE INFOTOURISTE DE MONTRÉAL
1255, rue Peel
MONTRÉAL
✆ +1 514 873 2015 / +1 877 266 5687
www.bonjourquebec.com
info@bonjourquebec.com
M° Peel, angle Peel et Sainte-Catherine. Ouvert tous les jours à l'année (sauf le 25 décembre et le 1er janvier).
N'hésitez pas à y passer un moment pour planifier l'ensemble de votre séjour. L'accueil est très professionnel et le fonds documentaire impressionnant. On y trouve de nombreux intervenants touristiques sur place : Autoplateau Location (location de voitures), Gray Line/Coach Canada (tours de ville, excursions touristiques commentées), Sépaq (parcs nationaux et réserves fauniques), etc.

Numéro vert en France : 0 800 90 77 77 ; Numéro vert en Belgique : 0 800 78 532.

À voir – À faire

Montréal est la seconde ville francophone du monde après Paris. Elle est la seule ville du Canada à avoir su concilier les influences du Vieux Continent et la modernité nord-américaine, à avoir pu réunir les communautés anglophone et francophone que l'histoire a longtemps opposées, et à avoir réussi à intégrer une mosaïque ethnique issue de l'immigration. C'est aussi un agglomérat de villes et villages jadis distincts et une métropole culturelle d'une grande vitalité.
Pour une première visite, on ne manquera pas les incontournables de la ville tels que la basilique Notre-Dame de Montréal, le musée du château Ramezay, le parc Jean Drapeau, le musée des Beaux-Arts de Montréal, le parc du Mont-Royal, le musée d'Art contemporain, le Biodôme de Montréal, les Jardins botaniques, le musée du château Dufresne ou enfin l'oratoire Saint-Joseph du Mont-Royal.

Langues

La grande majorité des habitants du Québec se déclarant de langue maternelle française, la question linguistique est apparue dans les années 1960, avec la prise de conscience par les francophones de la fragilité de leur langue et de leur culture au sein d'un Canada anglophone.
En effet, deux facteurs nouveaux étaient apparus : une forte poussée d'immigration internationale tendant à rejoindre la communauté anglophone et la baisse du taux de natalité chez les francophones. La question linguistique se posait surtout en matière d'enseignement, à propos du rôle de l'école dans la transmission de la culture. C'est ainsi que le Parti québécois, élu en 1976, fit passer la fameuse loi 101, véritable charte définissant le statut de la langue française et son utilisation dans les domaines de la législation, de la justice, de l'administration, du commerce et de l'enseignement. Depuis les années 1980, l'application de la loi 101 et les accords conclus avec le gouvernement fédéral, permettant au Québec de sélectionner la moitié de ses immigrants, ont infléchi la tendance en faveur de la francophonie. Les anglophones, au nombre de près de 600 000, ne représentent plus aujourd'hui que 8 % de la population du Québec. Reste le problème de l'intégration des nouveaux Québécois.

Quant à l'accent québecois, attention, sujet hautement sensible ! Les Québécois considèrent que ce sont les Français qui ont un accent. Pour découvrir la gentillesse locale, la règle est simple : on laisse ses préjugés sur le parler québécois quand on récupère sa valise à l'aéroport !

Le joual est un sociolecte du français québécois issu de la culture populaire urbaine de la région de Montréal. Son nom illustre la prononciation particulière qui le caractérise, « cheval » se prononçant « joual ». Dans les années 1970, alors qu'on redécouvrait et valorisait une certaine culture populaire, le joual devint pour certains un mode d'affirmation par rapport au français de France. Une quarantaine d'années plus tard, le joual, même encore parlé, a perdu presque toute sa charge symbolique.

QUÉBEC

Le Québec est une province splendide au sein d'un pays moderne et ouvert. Le visiteur ne manquera pas d'être surpris par l'immensité de ce territoire, trois fois plus grand que la France pour neuf fois moins d'habitants. Une fois écartée l'image d'un pays parsemé d'Indiens et d'Esquimaux, on s'ouvre à une réalité complexe et passionnante. Certes, les bûcherons et le sirop d'érable restent présents dans la culture québécoise et l'hiver est aussi impressionnant qu'on le dit. Mais la culture québécoise est avant tout celle du français d'Amérique.

La langue joue un rôle primordial dans l'identité des Québécois, cernés par des millions d'anglophones.

Ainsi, d'un bout à l'autre de ce vaste territoire, on appréciera l'hospitalité légendaire des cousins québécois. Autre plaisir du Québec : la grande nature. Les parcs nationaux et les réserves naturelles invitent le visiteur à s'imprégner de la beauté majestueuse des étendues d'eau qui enlacent la forêt dense et mystérieuse.

La faune et la flore sont diversifiées et les activités pratiquées en toute saison combleront les amoureux du plein air et des grands espaces. Une province haute en couleur, riche de diversités humaines, historiques et territoriales, qui promet à la fois un dépaysement total et une impression de « chez soi » pour les Européens.

Pratique

- **Saisonnalité :** Le territoire est grand, le climat varie d'une région à l'autre. Si l'hiver est légèrement plus doux dans le sud-ouest de la province, un froid redoutable embrasse tout Grand Nord. Il faut également compter avec les grands vents dans l'est du Québec qui influent directement sur la température ressentie. En été, le Centre et l'Est sont relativement plus tempérés, les canicules affectent le Sud-Ouest et les précipitations sont plus fréquentes dans les régions du golfe. L'été dans le Grand Nord est très court mais les températures s'envolent quand même jusqu'à 20 °C. Un conseil, où que vous alliez au Québec, renseignez-vous sur la météo et prévoyez un équipement en conséquence.
- **Événements :** Il se tient environ mille festivals par an au Québec, avec des thématiques aussi variées que le western, la bière ou les montgolfières. Vous avez donc l'embarras du choix. Parmi les principaux et les plus grands au monde, notons en février le carnaval de Québec (dans la ville de Québec) qui est l'un des plus grands carnavals d'hiver. En été, le festival international de jazz de Montréal et le festival d'été de Québec attirent les plus grands musiciens du globe. En effet, Paul McCartney s'est produit sur les plaines à Québec en 2008 et 2013, ainsi que Metallica en 2011 et Lady Gaga en 2014, alors que Stevie Wonder a ouvert en grandes pompes le volet des spectacles extérieurs à Montréal pour les trente ans du festival de jazz en 2009. Notez aussi que la course de Formule 1, se déroulant au circuit Gilles-Villeneuve à Montréal, est l'étape la plus suivie du calendrier avec celle de Monaco.
- **Décalage horaire :** – 6 heures.

À voir – À faire

La culture québécoise est riche et diversifiée. Les festivals sont nombreux et de réputation internationale.

En hiver, le carnaval de Québec, le Grand Prix Ski-Doo de Valcourt et le festival Montréal en Lumière attirent beaucoup de monde.

Le drapeau québécois

Bleu, à fleurs de lys et croix blanches, adopté en 1948 par le Québec, il témoigne de la souche française de la majorité des Québécois. Certains aimeraient bien troquer la fleur de lys (inexistante au Québec) contre l'iris versicolore, beaucoup plus représentatif de la flore locale. La feuille d'érable, qui avait été l'emblème du Canada français au XIXe siècle, est devenue l'élément central du drapeau canadien en 1965.

Château Frontenac, vue du Parc des Gouverneurs et la Terrasse Dufferin.

En été, le festival de la chanson de Tadoussac, le festival international de jazz de Montréal, le Grand Prix de Formule 1 et le festival d'été de Québec réunissent également des milliers de personnes.

Les musées, les économusées (diffusion des métiers artisanaux), les théâtres, les galeries d'art, les centres d'interprétation en région ainsi que les espaces émergents à vocation artistique et musicale offrent une dimension culturelle fortement présente dans tous les coins de la province.

Langues

Au Québec, le français est parlé partout, que ce soit dans les commerces, les institutions publiques, etc. Dans certains restaurants « ethniques », vous devrez parfois parler anglais. (Voir ci-dessus la rubrique « Langue » de Montréal).

VANCOUVER

Depuis une dizaine d'années, Vancouver caracole en tête des classements des villes du monde les plus agréables à vivre. Parfois troisième ou seconde, souvent première, cette grande métropole de l'Ouest canadien est plébiscitée par ses habitants comme par ses visiteurs. Porte ouverte sur l'océan Pacifique et vers l'Asie, elle attire de nombreux immigrants de cette région du monde. Plus de la moitié de sa population est d'origine étrangère et ses communautés se côtoient sans heurts, participant chacune à leur façon à la formation d'une très belle mosaïque multiculturelle. Les multiples identités de la ville se manifestent aussi dans la diversité de ses quartiers, tantôt fourmillants, tantôt calmes, tantôt bohèmes, tantôt bourgeois... Méconnue par les voyageurs venus d'Europe du fait de son éloignement, la capitale économique et culturelle de la Colombie-Britannique fut pendant quelques semaines le centre du monde, à l'occasion des Jeux olympiques d'hiver de 2010 dont elle fut l'hôte et tente de capitaliser sur cette notoriété. Mais ses voisins plus immédiats ont depuis longtemps reconnu ses attraits ! Plus que ses qualités intrinsèques, c'est avant tout l'environnement exceptionnel de Vancouver qui en fait un lieu unique. Son climat, tout d'abord, est beaucoup plus clément que dans le reste du pays. Bien que la pluie soit souvent présente, les hivers y sont plus doux et les étés moins chauds. Les nombreuses plages qui bordent la ville et ses environs immédiats sont un atout supplémentaire, même si, bien évidemment, la température de l'eau n'est pas celle des Caraïbes. Mais surtout, la proximité des montagnes Rocheuses et des îles de la côte, avec en tête l'île de Vancouver, plus grande que la Belgique, en fait un terrain de jeu hors pair pour tous les amoureux des activités nature et sport, avec en tête la randonnée, le kayak, les sports d'hiver, etc.

Pratique

- **Saisonnalité :** Pour profiter pleinement de votre séjour à Vancouver, la période à viser est celle pendant laquelle il pleut le moins, c'est à dire l'été. Les mois de juillet à septembre sont ceux jouissant de la meilleure météo.

Des appellations à connaître

- **Allophone :** résident du pays dont la langue maternelle n'est ni le français ni l'anglais.
- **Canadiens français :** formule générale qui désigne l'ensemble des parties ou enclaves francophones de toutes les provinces canadiennes (Québec, Nouveau-Brunswick, Nouvelle-Écosse, Labrador, Ontario, Manitoba, Saskatchewan, Colombie-Britannique). Le Canada francophone s'étend bien au-delà des frontières de la seule province de Québec : 1 million de Franco-Canadiens vivent à l'extérieur du Québec. Pour des raisons linguistiques et historiques, l'origine géographique du francophone se montre donc très importante : on est montréalais, acadien, originaire de Gaspésie, du Labrador, du Manitoba…
- **Frogs :** traduction du terme français « grenouille » qui désigne les Franco-Canadiens.

Cependant, une visite est envisageable toute l'année, un voyage hors saison présentant l'avantage de voir les prix baisser de 10 à 50 %. La haute saison pour un séjour neige est bien entendu inversée, les mois de décembre à mars étant idéaux pour skier à Whistler.

- **Événements :** Les festivités et autre événements sportifs ne manquent pas à Vancouver. Parmi les immanquables, on citera le Polar Bear Swim (le 1er janvier à 14h30) lorsque des centaines de personnes se jettent dans les eaux glacées de l'English Bay, le Brant Wildlife Festival (en avril) lorsque les amoureux des oiseaux se retrouvent pour admirer le début de la migration de plus de 20 000 oies sauvages en partance pour l'Alaska ou encore le Vancouver Festival of Lights (fin décembre) lorsque des millions d'ampoules éclairent les VanDusen Botanical Gardens.
- **Décalage horaire :** – 9 heures.

VANCOUVER TOURIST INFO CENTRE
200 Burrard Street
VANCOUVER
✆ +1 604 683 2000
www.tourismvancouver.com/visitors
privacyofficer@tourismvancouver.com

À voir – À faire

Les habitants de Vancouver vous le diront, l'intérêt de la ville n'est pas la ville elle-même, mais plutôt son environnement. Vous êtes ici sur une plaque tournante donnant accès à la mer comme à la montagne, d'immenses terrains de jeu à ciel ouvert. Dans cet esprit, un des principaux attraits de la métropole est son ensemble de parcs, à commencer par le parc Stanley, dans lequel se ruent les Vancouvérois dès que le soleil pointe son nez ! Mais la ville est également dynamique en termes de culture et les musées ne manquent pas. Pour une première visite, on ne saurait trop conseiller de se rendre au Vancouver Lookout, tour abritant l'office de tourisme qui offre des vues spectaculaires sur la ville, à Granville Island, pour une balade dans le marché et les galeries d'art, à Canada Place, à l'architecture surprenante donnant sur la rive nord, à Stanley Park, à l'aquarium, pour voir des belugas, sur les plages, tout le long de la presqu'île et jusqu'à l'université, au musée d'Anthropologie (MOA) et ses collections d'art autochtone, au Museum of Vancouver (MOV) pour apprendre l'histoire de la ville, à la Bill Reid Gallery, pour en apprendre plus sur l'art des Amérindiens, et enfin, bien sûr, à la Rogers Arena, pour voir jouer les Canucks.

Langues

Les langues parlées par la population sont révélatrices de la diversité ethnique de la ville et sa région. L'anglais et le français sont les deux langues officielles du Canada, mais à Vancouver seuls 49,4 % de la population utilisent l'anglais en tant que langue maternelle et 1,7 % le français. Le chinois (mandarin et cantonais) est parlé par 26,6 % des Vancouvérois et le punjabi dépasse le français avec 2,7 %.

Plage de Sunset Beach.

Espagne

Surprenant pays que l'Espagne, savoureux métissage de tradition et de modernité, de fierté rigide et d'excentricité ; et bien sûr destination idéale pour tous ceux désireux d'enrichir leur vocabulaire ou de découvrir l'espagnol. L'Espagne ne craint ni les paradoxes ni la controverse. Dans un pays où, à 20 ans comme à 60, chaque habitant fait la noce plus que de raison au moment des *ferias*, célèbre à genoux la passion du Christ et crie comme un seul homme quand le torero achève le taureau dans l'arène, tout devient possible. Cette façon espagnole si particulière d'évoluer, d'intégrer les nouveautés culturelles tout en restant si attachée à ses racines, explique la construction de ce pays qui fut tant de fois traversé, envahi et dominé par des puissances étrangères. Romains, Wisigoths et surtout Arabes ont imprégné l'Espagne de leurs vocabulaires, cultures et savoirs. Les Espagnols, après avoir reconquis leur territoire, ont toutefois préservé puis absorbé ces nouveautés, métissant ainsi leur culture d'influences diverses. Cette pluralité se retrouve également dans la construction politique du pays : 17 régions forment une nation unie, alors que chacune se caractérise par une culture spécifique, parfois une langue propre, et dispose de domaines de compétences étendus. Cette étonnante flexibilité politique rend possible l'épanouissement et la valorisation de coutumes régionales qui ne manquent pas d'attirer les visiteurs. Au final, une voix désordonnée résonne dans cette « peau de taureau » qu'est la péninsule ibérique. C'est pourquoi il convient de parcourir le pays en douceur, en suivant les courbes lumineuses de la Costa Brava, en flânant sur les chemins ocre de l'Estrémadure, en découvrant les villages de pêcheurs de la côte Nord, ou bien encore en s'enfonçant dans la brûlante campagne andalouse. En route pour un voyage inattendu, pluriel, chaleureux et surtout festif !

Pratique

- **Nom officiel :** Royaume d'Espagne
- **Devise nationale :** Encore au-delà
- **Hymne national :** Marcha real
- **Fête nationale :** 12 octobre
- **Capitale :** Madrid
- **Superficie :** 505 911 km²
- **Population :** 47 millions d'habitants
- **Langues :** Castillan, catalan, galicien et basque
- **Religion :** Catholiques
- **Nature de l'État :** Monarchie constitutionnelle parlementaire unitaire

Le drapeau espagnol

C'est en 1785 que le drapeau espagnol apparaît pour la première fois lorsque le roi Charles III adopte un pavillon maritime distinctif. Le rouge et le jaune représentent alors les provinces de Castille et d'Aragon. Dans sa version actuelle, le drapeau est agrémenté de deux colonnes d'Hercule figurant traditionnellement le détroit de Gibraltar. L'une d'elles, marquée du mot « plus », est surmontée de la couronne impériale tandis que l'autre, vierge de toute inscription, porte une couronne royale. Les colonnes entourent un écu divisé en quatre blasons représentant chacun un ancien royaume. Ainsi, le château symbolise la Castille, le lion rampant le León, les quatre bandes rouges verticales sur fond or l'Aragon et une chaîne d'or sur fond rouge la Navarre. Dans la partie inférieure de l'écu, une grenade sur fond bleu représente le royaume de Grenade. Le drapeau bicolore est remplacé de façon éphémère pendant la période républicaine, de 1931 à 1939, puis rétabli sous Franco. Enfin, au centre, on retrouve les armes de l'État qui ne sont autres que celles des Bourbons : trois lys sur fond bleu pour rappeler que l'Espagne est une monarchie constitutionnelle depuis 1975.

- **Nature du régime** : Démocratie parlementaire
- **Possessions, territoires et États associés** : Îles Canaries, îles Baléares
- **Monnaie** : L'euro (€).
- **Téléphone** : Téléphoner de France en Espagne : 00 + 34 + les 9 chiffres du numéro local
- **Décalage horaire** : 0 heure
- **Formalités/visa** : Carte d'identité ou passeport en cours de validité
- **Santé** : RAS
- **Sécurité** : RAS
- **Risques naturels** : RAS
- **Sport national** : Football
- **Plat national** : Tapas (hors-d'œuvres variés), paëlla
- **Boissons nationales** : La *cerveza* (bière) et le vin
- **Que rapporter ?** Jambons, poteries, céramiques, vannerie, vins, cuirs de Cordoue, bijoux de Tolède, dentelles, broderies…

AMBASSADE D'ESPAGNE
22, avenue Marceau
Cedex 08 (8e)
Paris
✆ 01 44 43 18 00
www.exteriores.gob.es
emb.paris@maec.es

Les offres

Il va sans dire que l'Espagne est le pays idéal pour découvrir, pratiquer ou améliorer son niveau en langue espagnole.
Les organismes y proposent d'ailleurs des formules qui ont fait leur preuve et séduisent un large public depuis de longues années. Parmi toutes les destinations, une plus que les autres semble s'imposer : Barcelone. Est-ce l'influence du film de Cédric Klapisch *L'Auberge espagnole* ou la présence de la mer, toujours est-il que la capitale catalane s'adresse à tous les âges et tous les niveaux de langue, lors de séjour avec hébergement chez l'habitant ou en campus international. Pour autant, il ne faudrait pas oublier que Madrid, Séville, Valence ou Málagua offrent les mêmes réjouissances.

BARCELONE

Pour saisir Barcelone, il faut y aller. On aura beau vous raconter l'ambiance, rien ne vaut un vrai voyage. Il faut y être pour en humer l'atmosphère : les Ramblas, cette grande artère bouillonnant de jour comme de nuit, les vieux quartiers et leurs innombrables petites ruelles, les grandes avenues rectilignes de l'Eixample, parsemé d'étranges demeures modernistes, mais également, depuis les Jeux olympiques de 1992, la mer avec de grandes plages qui la longent et l'ambiance estivale qui survit aux saisons. Pour aérer cet urbanisme : Montjuïc, îlot de verdure, belvédère qui surplombe la ville et semble la surveiller, ou Gràcia, ancien petit village à l'esprit bohème. Au loin, d'un côté, le port industriel qui subsiste, parsemé de porte-conteneurs et de grues. De l'autre côté, le Poble Sec et le Raval, qui se modernisent à vive allure mais conservent leur esprit canaille. Les bars branchés y côtoient les bistrots, les cabarets et les trafics en tous genres. Au-delà de ce quartier réhabilité : l'insolite tour Agbar de Jean Nouvel, encore un symbole de cet essor incessant. Ces 142 mètres de lumières rouges et bleues dominent le Poble Nou, nouveau quartier alternatif et ancien siège de la puissance industrielle de Barcelone. Ici, les vieilles usines ont été remplacées par des lofts design et des centres culturels hyperactifs. Barcelone change et évolue sans cesse.

Pratique

- **Saisonnalité** : S'il fait bon vivre toute l'année, l'été reste évidemment la période touristique la plus chargée, la plus chaude… et la plus chère. La période de Semana Santa, autour des mois de mars ou avril, correspond également à la haute saison.
- **Événements** : Le 23 avril a lieu la Sant Jordi, saint patron de la Catalogne. La tradition veut que les hommes offrent une rose aux femmes et que celles-ci leur offrent un livre. Sur la Rambla de Barcelone, les stands de fleurs et de livres (les nouveaux titres sortent à cette période) sont nombreux. Le 11 septembre, c'est le jour de la fête nationale en Catalogne. Attention, tous les commerces sont fermés. Ce jour donne lieu à de grandes manifestations indépendantistes dans toute la région. Il commémore la reddition de Barcelone devant les troupes espagnoles à la fin de la guerre de Succession d'Espagne en 1714.

Parc Güell.

Autour du 24 septembre, se tient la Mercè, la fête patronale de la ville, au cours de laquelle de nombreux quartiers sont en ébullition (concerts gratuits, concours de feux d'artifice, défilés de géants et dragons de feu, bals populaires, sardane et castells).

OFFICE DE TOURISME PLAÇA SANT JAUME
C/ Ciutat, 2
BARCELONE ✆ +34 932 853 834
M° Jaume I
Du lundi au vendredi de 8h30 à 20h30. Samedi de 9h à 19h. Dimanche et jours fériés de 9h à 14h.
Cet office de tourisme occupe le rez-de-chaussée de l'hôtel de ville de Barcelone.

À voir – À faire

Il y a de très nombreuses choses à voir et encore plus à faire à Barcelone. Néanmoins, lors d'un premier séjour, nous ne saurions trop vous recommander d'aller faire un tour dans l'un des sites suivants. La Sagrada Família : la fameuse cathédrale de Gaudí est une expérience architecturale qui ne laisse personne indifférent. Ce chef-d'œuvre inachevé est sans doute le monument le plus impressionnant de Barcelone. La Mercat de La Boquería : passage obligatoire dans cet espace de vie en perpétuelle activité. Couleurs, senteurs et ébullition, plus qu'un marché, c'est presque un monument ! Poble Espanyol : une reconstitution grandeur nature des bâtiments emblématiques de l'architecture régionale espagnole, où plus d'une trentaine d'artisans travaillent tous les jours. Sur place également une collection privée d'art contemporain et de nombreux restaurants, bars et boutiques gourmandes. Une visite incontournable pour les familles, dans un environnement sûr et agréable ! La Casa Batlló : connue sous le nom de la Casa de los huesos (maison des os), elle doit ce surnom à la structure de ses balcons qui ressemblent à des fragments de crânes. Autre héritage du génie de Gaudí.La Pedrera :

Le drapeau de la Catalogne

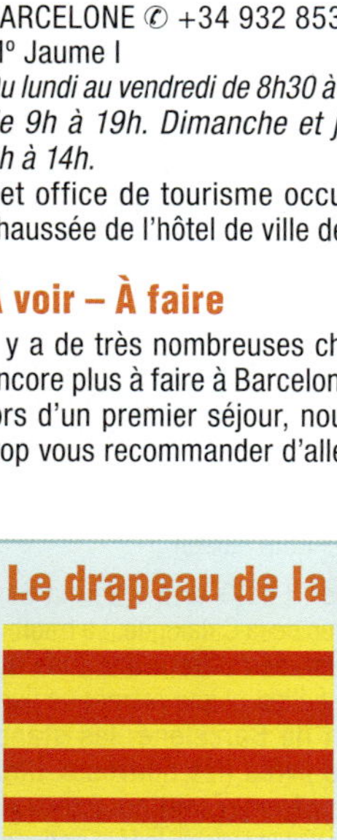

La Senyera, « drapeau » en catalan, est l'un des plus vieux d'Europe. Il est constitué de bandes horizontales jaune et rouge. On raconte qu'au IXe siècle, lors d'une bataille contre les Normands, l'empereur franc Louis le Pieux demande à son vassal, le comte de Barcelone Guifred le Velu, de lui venir en aide avec son armée. Après une bataille sanglante, le comte de Barcelone est gravement blessé : Louis le Pieux, pour immortaliser la bravoure de Guifred, trempe sa main dans le sang de son vassal et marque de ses doigts le bouclier, laissant quatre traces rouges. Ces armes héraldiques deviennent par la suite celles des comtes catalans. Ce drapeau ne sera jamais abandonné et connaîtra un vrai renouveau avec le retour de la démocratie en 1975 et lors de l'établissement de l'autonomie régionale en 1977.

ne vous contentez pas d'un simple coup d'œil sur sa somptueuse façade, le plus beau reste à voir... et il s'agit de sa terrasse aux fameuses cheminées, qui offre en prime un point de vue superbe sur le Passeig de Gràcia. Le musée Picasso : il témoigne de la relation étroite du peintre avec Barcelone pendant sa jeunesse. Le musée national d'art Catalunya (MNAC) : une extraordinaire collection d'art roman catalan qui compte parmi les plus prestigieuses du monde. Son emplacement offre une vue panoramique sur la ville. Le parc Güell : une balade au pays des merveilles de Gaudí, au milieu de jardins et de constructions féeriques. La Fundació Miró : le musée abrite une grande partie des œuvres du peintre catalan. Palau de la Mùsica Catalana : œuvre du Catalan Domènech i Montaner, le Palais de la musique offre un exemple extraordinaire de l'architecture moderniste. Enfin, le musée d'Art contemporain de Barcelone : la place du MACBA est le rendez-vous des skateurs. Ce bâtiment moderne, œuvre de l'Américain Richard Meyer, abrite une excellente collection d'art contemporain.

Langues

Comme dans toute la Catalogne, le catalan et le castillan sont tous deux langues officielles. Le catalan est parlé par 70 % de la population barcelonaise et utilisé par l'administration. Les Catalans sont très attachés à leur langue et elle est devenue la langue officielle de la Catalogne après de longues batailles pacifistes mais tenaces. Sous la dictature de Franco, il était interdit de parler catalan : ceci explique l'acharnement des Catalans à lutter pour le droit de s'exprimer dans leur langue. À l'école, les cours sont donnés en catalan.

MADRID

À chaque époque, la capitale espagnole a su s'adapter à l'évolution de la société tout en conservant son côté conservateur et ses traditions séculaires. Ainsi, les *gatos* (Madrilènes de pure souche) sont fortement attachés à leurs traditions : une messe par-ci, par-là, des chaussures bien cirées, les Madrilènes sont conformistes. L'autre facette de la capitale est cette constante ambiance de *fiesta*. La ville ne dort jamais. À toute heure, on peut trouver un supermarché ouvert, un endroit où s'acheter des vêtements ou un bar plein à craquer. Ce n'est pas pour rien que l'Espagne est le pays leader dans l'échange Erasmus. C'est ce que vous aimerez de Madrid : un contraste continu, une ambiance permanente et tous les jours de nouvelles activités à découvrir. Goûtez, testez, flânez, aventurez-vous : la vraie essence de Madrid est la diversité, c'est ce qui en fait son attrait. « De Madrid, al cielo » aiment dire les habitants de la capitale. Le chauvinisme caractéristique de Madrid est tellement présent que les Madrilènes pensent que le seul endroit où l'on peut être mieux que dans leur ville, c'est le paradis !

Pratique

▸ **Saisonnalité :** Les mois d'avril, mai, juin, septembre et octobre sont les plus confortables en matière de climat pour vous rendre à Madrid. Pendant la semaine sainte (Pâques), les processions de la Vierge se multiplient. C'est un rituel typique en Espagne à ne pas manquer. Néanmoins, si vous ne craignez pas les chaleurs pesantes de l'été madrilène, profitez des bas prix de cette saison pour vous mêler à la population lors des fêtes de quartier de juillet et d'août. D'autre part, l'hiver, saisissant mais supportable, offre au mois de décembre une autre facette de la capitale : la féerie de la Navidad. Les illuminations sont réparties dans toute la ville et lui donnent un air de conte de Noël.

▸ **Événements :** La plupart des festivités espagnoles sont religieuses. Très attaché à la tradition, chaque village, chaque région voue un culte à une vierge ou un saint. À Madrid, trois fêtes sont particulièrement importantes : la semana santa (en avril), les fêtes de San Isidro, patron de Madrid à l'occasion desquelles les Madrilènes s'habillent avec le costume typique, celui de chulapo, et assistent à des événements et autres concerts (les 14, 15 et 16 mai), les fêtes de San Cayetano, San Lorenzo et la Virgen de la Paloma (août).

■ **AMBASSADE DE FRANCE**
Calle Salustiano Olózaga, 9
MADRID
✆ +34 914 238 900
www.ambafrance-es.org
M° Retiro
Ouvert du lundi au vendredi de 9h30 à 13h30 et de 15h30 à 18h30.

Que faire le lundi ?

La plupart des musées et monuments ferment le lundi. Voici pourtant une liste des endroits qui restent ouverts : le musée Reina Sofía, le Palais royal, l'Académie des beaux-arts de San Fernando, le musée de Cire, la mairie, Plaza de la Villa, visite à 17h, la Fabrique royale de tapis, les jardins du Campo del Moro, Casa de Campo, le Retiro, le jardin de Sabatini, le jardin botanique.Notez également que la plupart des magasins sont ouverts le lundi. Et il y a souvent peu de monde... Avis aux amateurs et aux amatrices !

OFFICE DU TOURISME DE LA MUNICIPALITÉ DE MADRID
Casa de la Panadería
Plaza Mayor, 27
MADRID
✆ +34 915 881 636
www.esmadrid.com
turismoptm@munimadrid.es
M° Sol et Ópera
Ouvert tous les jours de 9h30 à 20h30.
Office très central (dans l'édifice de la Plaza Mayor dont les motifs dorés représentent les signes du zodiaque), récent et spacieux. Des ordinateurs avec Internet sont disponibles gratuitement (15 minutes par personne). Quelques brochures sur les attractions sont sur les présentoirs mais mieux vaut demander des compléments au bureau. On vous fournira un plan du centre-ville gratuit. Vous y trouverez une série de cartes des quartiers de Madrid recommandant des itinéraires à suivre, des restaurants et des magasins où aller. On les trouve aussi dans les bars et restaurants. L'office du tourisme organise des visites guidées.

Autres adresses : Aéroport de Madrid Barajas T1 et T4 • Paseo del Arte, C/ Santa Isabel – M° Atocha • Plaza de Callao – M° Callao • Plaza de Cibeles – M° Banco de España • Plaza de Colón – M° Colón.

Édifice Metropolis sur Gran Vía.

À voir – À faire

Madrid est riche de musées grandioses, de galeries novatrices, de places historiques, d'immeubles majestueux ou de recoins intimistes. Néanmoins, nous avons défini certains points que vous ne devriez pas manquer : la place de la Puerta del Sol ornée de « El Oso y el Madroño » est le symbole de la capitale, les petites rues du quartier historique de La Latina, une balade sur la Gran Vía en partant de la Puerta de Alcalá jusqu'à la Plaza España, toujours animée et bordée d'édifices remarquables, une autre sur le Paseo del Arte depuis Cibeles pour choisir un des musées à visiter – le Thyssen, le Prado (abritant le *Dos de Mayo* de Goya, *Las Meninas* de Velázquez et *Le Jardin des Délices* de Bosch) ou celui de la Reina Sofia (accueillant *Guernica* de Picasso) –, le Palais royal et ses jardins qui sont l'une des fiertés des Madrilènes, les arènes de Las Ventas où tous les grands toreros ont fait leurs preuves, le Retiro qui est une oasis de paix en plein centre de la capitale espagnole (visitez le palais de Cristal ou le palais Velázquez et allongez-vous dans l'herbe quelques instants), la Plaza Mayor, où se célébraient anciennement les corridas, qui est la plus emblématique de Madrid, la gare d'Atocha qui est l'une des plus belles gares européennes. Enfin, on dit que l'Espagne compte plus de bars que d'habitants. Ce serait exagérer, mais la culture espagnole se vit beaucoup plus dans la *calle* que dans les maisons. Les bars et cafés sont donc le point de rencontre par excellence des Madrilènes, pour déguster les typiques tapas autour de quelques *cañas*.

Langues

Madrid est la capitale mondiale du castillan. Ici, pas de dialecte, mais plutôt un accent et une prononciation particulière dite de *chulo*, c'est à dire de « crâneur ».
Voici quelques mots d'argot typiquement madrilènes.

- **Guiri :** le *guiri* est un étranger. Ce terme, à l'origine péjoratif, s'emploie aujourd'hui très fréquemment et, de ce fait, perd de sa négativité. Le *yankee* désigne les habitants des États-Unis et les Français sont les *gabachos*.
- **Pasta :** argent.
- **Peña :** à l'origine, la *peña* est une association de jeunes des campagnes qui se chargent d'organiser une partie des activités de la fête du village célébrée une fois par an, généralement en été. Ce terme employé au quotidien, dont la signification varie selon l'intonation, désigne soit un groupe d'amis, un ensemble défini de personnes, soit les gens en général.
- **Sobar :** dormir.
- **Tronco :** s'emploie quand on s'adresse à un pote, par exemple : *¡oye tronco !* (« eh mec ! »). Synonyme de *tío*.

SÉVILLE

Charmante et imprévisible, coquette et parfumée, éblouissante et mystérieuse, Séville ne manque pas d'atouts pour séduire les visiteurs. Pas étonnant non plus qu'elle plaise depuis toujours aux artistes : écrivains, peintres, compositeurs et musiciens. Séville inspire ! Aux portes de l'Afrique et à l'extrémité sud de l'Europe, traversée par le Guadalquivir, le grand fleuve légendaire andalou, on perçoit dans son somptueux Alcázar et ses jardins, et ses nombreux palais, un éclat jamais perdu. Les innombrables coupoles et clochers de ses églises – pas moins de trente rien que dans le centre – s'élevant dans un ciel presque toujours azur et sans nuages, rivalisent de beauté avec ses édifices musulmans, héritages de huit siècles d'occupation. Datant de cette même période musulmane, ses patios verdoyants et fleuris, ses jardins voluptueux, ses places ornées d'orangers et ses fontaines en font l'une des grandes cités les plus agréables d'Europe. Mais Séville est avant tout chrétienne, comme en témoignent sa cathédrale (la 4e plus grande du monde, avec son ancien minaret) et la Semaine sainte, point d'orgue d'une ferveur catholique sans pareille. Car Séville est passionnée. Elle vibre au rythme du flamenco, des danses sévillanes et de la corrida, d'incontournables symboles qui font partie intégrante de la vie culturelle de la cité et de son inénarrable feria. De nombreuses manifestations artistiques se déroulent, aussi, entre ses murs. Séville est aussi gourmande. Ses bars à tapas et restaurants gastronomiques ou d'auteur raviront les plus fins gourmets, tandis que les amateurs de bons nectars ne seront pas en reste tout comme les aficionados de déambulations nocturnes musicales. Séville avec son climat doux toute l'année s'avère généreuse, elle n'attend plus que vous !

Pratique

- **Saisonnalité :** La saison idéale pour découvrir Séville est le printemps (de mars à juin). Mais sachez quand même qu'en avril, l'affluence touristique est à son comble : c'est à cette époque que sont célébrées la Semaine sainte et la Feria ! Il est aussi recommandé de visiter Séville en septembre et en octobre quand les températures sont encore très agréables et que se tient la Bienal del Flamenco (et la saison taurine qui ne se termine que le 12 octobre). En été (juillet-août), il fait une chaleur étouffante, le baromètre explose et l'activité cesse (beaucoup d'établissements sont fermés). L'automne et l'hiver sont des saisons douces et calmes. La période de Noël attire un grand nombre de touristes.
- **Evènement :** Les occasions de faire la fête ne manquent pas à Séville et dans ses environs. Qu'elles soient religieuses ou populaires, les festivités sont aussi nombreuses que conviviales. La plus célèbre d'entre elles est belle et bien la feria (21 au 26 avril 2015). Ce rendez-vous sévillan marque le début de la saison des ferias et fêtes de la région. Période qui s'étale copieusement jusqu'à la San Lucas de Jaén en octobre.

No 8 Do

Ce sigle, qui peut vous interpeller et que vous rencontrerez dans les rues de Séville (bâtiments publics, plaques d'égouts, transports urbains, lampadaires...), a une origine historique amusante. A la fin du XIIIe siècle, le roi Alphonse X, en visite à Séville, a voulu accentuer de manière symbolique l'attachement et la loyauté de la cité aux Rois catholiques. Fervent amateur de jeux de mots, il présenta cet étrange rébus à la population : No 8 Do. Le 8 représentant en fait un écheveau de laine qui se traduit en espagnol par le mot madeja. La solution de cette énigme est donc No Madeja Do, soit No me ha dejado (« Elle ne m'a pas abandonné »), en parlant de Séville !

SERVICE D'INFORMATION TOURISTIQUE DE SÉVILLE
Mercado de triana – SÉVILLE
✆ +34 954 33 22 40 – www.sevilla.org
À la réception du Castillo san jorge
Du lundi au vendredi, de 10h à 14h et de 17h à 20h, samedi et dimanche, de 10h à 14h.

À voir – À faire

La capitale de l'Andalousie figure parmi ces villes qui comptent tellement de monuments et de centres d'intérêt que l'on ne peut tous les visiter, du moins en une seule fois. Séville se vit intensément et sa magie séduit inévitablement les visiteurs. Ville généreuse aux patrimoines historique, culturel et architectural très riches, elle dévoile volontiers ses trésors. Les deux plus importants sont évidemment sa cathédrale (et la Giralda) et l'Alcázar. La 4e ville d'Espagne – en terme de densité – a su préserver sa splendeur du XVIe siècle et demeure une ville complexe, à la fois antique et moderne.Chaque quartier a son intérêt et dévoile des richesses : musées (des beaux-arts, notamment), palais (la Casa de Pilatos ou de la Comtesse de Lebrija), églises, maisons sévillanes typiques, parcs et jardins...Pour une 1ère visite, nous ne saurions trop vous conseiller de visiter la cathédrale et la tour de la Giralda, symbole incontestable de la ville et mélange de la culture juive, arabe et chrétienne ; de visiter les Reales Alcazares, ensemble monumental datant de l'ère musulmane et ses jardins prestigieux de style mauresque et Renaissance ; de déambuler dans le vieux quartier de Santa Cruz avec ses dédales de ruelles pittoresques et ses places ornées d'orangers et d'azuelos ; de vivre la vie nocturne de la capitale andalouse : bouillonnante et trépidante ; de visiter le musée des Beaux-Arts, plus importante pinacothèque d'Andalousie abritant peintures, sculptures, dessins ; d'arpenter les arènes de la plaza de Toros, les plus vastes du pays, où la foule se presse pour assister aux corridas ; de voir la superbe plaza de España, conçue pour l'exposition ibéro-américaine de 1929 par l'architecte Aníbal González ; d'effectuer une visite du quartier flamenco de Triana, véritable ville dans la ville où il fait bon vivre et enfin d'apprécier le spectacle unique de la Semaine sainte suivie de la feria d'avril, attirant chaque année une foule immense.

Langues

A Séville, vous découvrirez un espagnol (castillan) marqué par un débit de paroles très rapide et des finales de mots souvent raccourcies. Ceux qui pensent « baragouiner » l'espagnol ne sont en effet pas au bout de leur peine ! Même les Espagnols non sévillans ont parfois du mal à les comprendre, c'est vous dire...

D'ailleurs, certaines personnalités ont dû suivre des cours de prononciation, à l'instar de l'ancien Premier ministre, Felipe González, afin de se faire comprendre de tout le pays. Il faudra donc quelques jours pour s'accommoder à l'accent sévillan.

MÁLAGA

Capitale de province comptant environ 568 500 habitants, Málaga est contenue dans des replis entre mer et montagne et divisée par l'embouchure du río Guadalmedina. Elle est bien sûr renommée pour ses vins doux qu'apportèrent sans doute les Phéniciens, lors de la création de Malaka, voilà plus de 2 650 ans. Aujourd'hui, son port métamorphosé attire, de plus en plus, les navires des croisières organisées et la grande partie des vols aériens arrivant en Andalousie se pose sur son aéroport international, qui agrandi d'un troisième terminal deviendra prochainement le troisième aéroport d'Espagne, en faisant transiter plus de 20 millions de passager par an. Mais, à Málaga, jusqu'à il y a peu, rien n'était vraiment fait pour retenir le visiteur... Commerçante et portuaire, elle n'est souvent qu'un lieu de passage vers les nombreuses stations balnéaires voisines. Il y a quelques années, elle nous apparaissait surtout laide, crasseuse, délabrée, polluée (à cause de son importante circulation automobile) et plutôt bruyante ! Mais quelle incroyable mutation ! Son cœur de ville et ses petites ruelles, sous l'impulsion de la création du musée Picasso, se sont refaits une beauté : de nouveaux restaurants ouvrent chaque semaine ! De plus, la cité, tournée vers l'extérieur, offre un climat avantageux (en hiver, les températures ne descendent que rarement en dessous de 8 °C !), une impressionnante Alcazaba (citadelle) bien restaurée, des promenades bordées d'arbres, quelques poumons de verdures plaisants et même une plage en ville, la Malagueta...

Pratique

Saisonnalité : On différenciera deux saisons et deux zones. Sur la côte, la haute saison touristique s'étend de juillet et août. La moyenne saison, de mi-mars à juin, septembre et octobre. Et enfin, la basse saison : de novembre à mi-mars. Dans les terres, la haute saison touristique s'étend entre juin et septembre. La moyenne saison, de mi-mars à mai, juillet, août et octobre. Enfin, pour la basse saison, de novembre à mi-mars.

Evènement : La feria d'août à Málaga n'a rien à envier à ses voisines ! Même si dans les arènes de La Malagueta, il y a bon nombre de touristes parmi les 14 000 spectateurs. La Malagueta fonctionne de nos jours comme une plaza classique. Il y a une corrida le jour de Pâques, à l'occasion du Corpus, ensuite, en juillet, et surtout au mois d'août, autour du 15 du mois. On y voit défiler au paseo la plupart des toreros en vue, y compris l'enfant du pays : Javier Conde. La ville mérite une visite approfondie, de la cathédrale au musée Picasso, autre illustre enfant du pays. Les dépliants touristiques vous diront que c'est à Málaga que l'artiste a découvert la tauromachie que l'on retrouve dans une bonne partie de son œuvre. Picasso a bien peint Le Picador, son premier tableau à l'huile en 1889, à Málaga, mais, deux ans plus tard, en 1891 – il a 10 ans –, il s'installe avec sa famille à La Coruña.

OFFICE DU TOURISME MUNICIPAL
Plaza de la Marina, 11
MÁLAGA
✆ + 34 951 926 020
www.malagaturismo.com
Ouvert du lundi au dimanche de 9h à 18h (jusqu'à 20h en saison d'avril à fin octobre). Ainsi que quelques kiosques (port, Alcazaba, Merced) et deux officines dans la casita del jardinero (avenida cervantes, (+ 34 951927205) à la gare. Grâce à un personnel compétent, on pourra obtenir de bons renseignements et notamment s'y procurer des guides gratuits complets ainsi que des agendas culturels.

Le drapeau andalou

Le drapeau de l'Andalousie (appelé bandera blanquiverde en espagnol) est l'un des trois symboles officiels de la communauté autonome d'Andalousie. Il a été adopté par le parlement andalou le 8 novembre 1983 et se compose de deux bandes horizontales vertes encadrant une bande blanche. Le blason de la communauté figure au centre du drapeau. C'est à la période d'Al Andalus (ensemble des terres de la péninsule Ibérique et de la Septimanie, sous domination musulmane entre 711 et 1492) que remontent les origines du drapeau actuel. Le territoire andalou constituait le cœur de l'Islam ibérique, et les dynasties qui se sont succédé à la tête des États musulmans de la péninsule arboraient le blanc et le vert sur leurs étendards. En créant les symboles andalous en 1918, Blas Infante se réfère à ce passé pour justifier son choix. Le blanc serait la couleur de l'étendard des Omeyyades de Damas, des Almohades et de Qusay, ancêtre de Mahomet ; tandis que le vert serait la couleur de Mahomet (son turban était vert), des Omeyyades de Cordoue et des Almoravides. Ces couleurs flottaient côte à côte après la bataille d'Alarcos, quand les troupes almohades ont écrasé les armées chrétiennes emmenées par Alphonse VIII de Castille. La bannière blanche des combattants et la verte des Almohades ondoyaient alors au sommet de la Giralda pour la première fois.

▶ **Une carte de réduction ouvrant les portes** des sites et musées à visiter de Málaga (www.malagacitycard.com) est disponible à l'achat (39,95 €).

À voir – À faire

Capitale économique d'Andalousie, ne s'étant pas trop préoccupée de son patrimoine jusqu'à récemment, Málaga est une ville en pleine transformation qui cherche, avec vigueur, à sortir de la confusion (certains pans de la Judería, son ancien quartier juif, ont cependant disparu sous les plans des urbanistes). La ville natale du peintre Picasso (et, celle qui a vu grandir l'actrice Victoria Abril, même si elle n'y est pas née !), reliée avec Madrid par l'AVE (train à grande vitesse) depuis début 2008, rattrape petit à petit son retard sur le plan culturel en construisant une série d'infrastructures performantes. Après deux inaugurations en 2003, le Centre d'art contemporain (le CAC Málaga) et le musée Picasso, une franche réussite (dès la première année, il était le musée le plus visité d'Andalousie !), la candidate malheureuse au titre de capitale de la culture en 2016 a favorisé, ses dernières années, l'ouverture de nombreux musées, portant son parc à plus de vingt musées avec notamment le splendide musée d'art Thyssen. Pour une 1ère visite, on se rendra en priorité à l'Alcazaba ; au CAC (Centro de Arte Contemporeano de Malaga) ; à la Cathédrale ; à la maison natale de Picasso ; au MUPAM (Musée du patrimoine municipal de Málaga) ; au Musée Carmen Thyssen de Málaga ; au Musée Picasso de Málaga et enfin aux arènes (Plaza de Toros de la Malagueta).

Langues

A Málaga comme toute l'Andalousie, on parle castillan, mais ce dernier est généralement parlé plus lentement, les finales des mots souvent raccourcies.

VALENCE

Longtemps restée dans l'ombre de la brillante Barcelone, la ville de Valence reprend progressivement ses droits sur la Méditerranée. Depuis près de quinze ans, la troisième ville d'Espagne s'est lancée corps et âme dans une politique ambitieuse de renaissance urbaine et culturelle. Symbole de cette vitalité retrouvée, la Cité des Arts et des Sciences est aujourd'hui l'icône d'une ville qui regarde droit vers le futur. L'aménagement d'une coulée verte de 10 km sur l'ancien lit du Turia et l'arrivée de l'America's Cup ont complété les transformations du paysage urbain. Mais ce territoire en mouvance a également su conserver son riche patrimoine, héritage d'un Siècle d'or qui fit de Valence une puissante cité méditerranéenne au XVe siècle. En témoigne la somptueuse Lonja de la Seda, classée au patrimoine mondial de l'Unesco, où les marchands de toute l'Europe venaient négocier le prix de la soie. Fidèle à ses traditions, Valence abrite l'un des plus anciens tribunaux civils au monde – le Tribunal des Eaux – dont les membres se réunissent tous les jeudis, depuis plus d'un millénaire, face à l'imposante cathédrale de Valence. La vitalité culturelle de Valence se reflète également dans l'émergence de nouveaux quartiers branchés, en particulier Russafa, devenu le territoire des bobos valenciens. En parallèle, l'avant-garde s'est introduite dans les assiettes et le design dans les établissements de la ville.

Pratique

▶ **Saisonnalité :** L'été est évidemment la période la plus chère, mais la haute saison inclut également la période de la Semaine sainte (mars ou avril) et des Fallas (en mars). La moyenne saison comprend les mois de mai, juin, septembre et octobre. La basse saison s'étend de novembre à février.

▶ **Evénement :** Des grandes compétitions sportives internationales aux rendez-vous culturels, en passant par les fêtes traditionnelles populaires et les événements professionnels, l'agenda de Valence ne connaît pas de répit. Grâce à un climat propice à la fête et un tempérament ibérique amateur de fiesta, les terrasses et les bars de la ville sont souvent bondés dès le jeudi soir. Et même si faire la tournée des bars à tapas est une activité passionnante, vous pourrez élargir votre champ de découvertes grâce à l'intéressante programmation de festivals culturels. Musique, danse, mode, cinéma... l'agenda de Valence réserve également de bonnes surprises dans le circuit alternatif de la ville.

OFFICE DU TOURISME VALENCIA REINA
Plaza de la Reina, 19
VALENCE – VALENCIA
✆ +34 963 153 931
www.turisvalencia.es
Mº Colón

Du lundi au samedi de 9h à 19h. Dimanche et jours fériés de 10h à 14h. Informations touristiques, vente de la VLC Tourist Card, vente de services touristiques et réservations de logements online.

- **Autres adresses :** aéroport, station Joaquin Sorolla, ayuntamiento. Eté : Paseo de Neptuno (face à hôtel Neptuno).

À voir – À faire

Avec près de 800 000 habitants, c'est la troisième ville d'Espagne. Moins grande que Madrid ou Barcelone, elle n'en dispose pas moins d'atouts qui en font son charme : celui de promenades tranquilles au sein des quartiers anciens comme Ciudad Vella ou Barrio del Carmen permettant de découvrir de magnifiques bâtiments historiques et des vestiges de près de 2000 ans d'histoire. Celui de la découverte de monuments plus emblématiques du cap mis sur la modernité et l'avant-guardisme depuis la décennie 2000, comme la Cité des Arts et des Sciences ou l'Institut valencien d'art moderne. Et bien sûr, celui d'une façade maritime, à parcourir au rythme du vélo. Plus calme que Madrid ou Barcelone, la ville n'en est pas moins très festive. L'art de la fête étant pratiqué toute l'année, avec un « climax » au moment des Fallas, la période idéale pour aborder la ville. Pour une 1re visite, on privilègiera une visite de la Cité des Arts et des Sciences (Turia) un immense complexe futuriste, dédié aux sciences, aux arts et à la nature, devenu le symbole de la Valence du XXIe siècle ; de la Lonja de la Seda (Ciutat Vella) l'ancienne halle de la soie est un chef-d'œuvre gothique classé au patrimoine mondial de l'Unesco ; de l'Institut Valencien d'Art Moderne IVAM (El Carmen) un musée pionnier de l'art contemporain en Espagne qui abrite des chefs-d'œuvre du genre ; du Mercado Central (Ciutat Vella) étape obligatoire de la visite de Valence, cet immense marché est un chef-d'œuvre du modernisme avec ses coupoles, verrières et céramiques ; de la Cathédrale (Ciutat Vella) superbe construction gothique dont les façades présentent différents styles. On dit que c'est ici que repose le Saint Graal ; du musée des Beaux-Arts (Turia) consacré aux grands artistes espagnols et valenciens, dont Sorolla, El Greco, Goya, Ribalta et Ribera ; du Mercado Colón (Eixample) cet ancien marché transformé en galerie marchande est un petit bijou du modernisme avec sa façade couverte de trencadis ; du musée national de la Céramique (Ciutat Vella) chef-d'œuvre du baroque valencien avec sa façade rococo, l'édifice du marquis de Dos Aguas abrite les riches collections du musée de la Céramique ; de l'Estación del Norte (Eixample) une superbe gare moderniste qui conserve des boiseries délicates et des panneaux de céramique dans son hall principal et enfin du Bioparc (Turia) plus qu'un zoo, c'est un concept : la « zoo immersion ».

Langues

Deux langues cohabitent officiellement dans l'administration et dans les foyers de la région de Valence : le castillan et le valencien. La langue valencienne est une variante dialectale du catalan dont l'appellation a provoqué de nombreuses polémiques en raison de sa similitude au catalan. Si environ 50 % des Catalans déclarent parler habituellement en catalan, les Valenciens ne sont que 36 % (contre 45 % il y a 20 ans). Dans les villages et terres de l'intérieur, le valencien demeure la langue la plus utilisée.

LES DESTINATIONS

Le drapeau de la région de Valence

La señera (ou senyera en valencien) est le nom du drapeau de la couronne d'Aragon, toujours utilisé dans les anciens territoires du royaume : la Catalogne, la région de Valence, l'Aragon et les Iles Baléares. Le drapeau de Valence reprend les couleurs traditionnelles de la señera : quatre bandes rouges sur fond or. Il est appelé señera coronada (drapeau couronné) en raison des motifs qui apparaissent sur son côté gauche : un couronne sur fond bleu. L'origine de ce motif remonte au XIVe siècle lorsque Pierre le Cérémonieux « couronne » la señera valencienne en hommage à la bravoure et la loyauté de Valence dans la lutte contre Pierre Ier de Castille. La señera coronada est le drapeau officiel de la Communauté valencienne depuis l'approbation du statut d'autonomie de 1982, qui marque la création de la Communauté Autonome de Valence.

Australie

Qui n'a pas rêvé de s'évader, ne serait-ce qu'un instant, dans un monde au sein duquel la nature est restée identique au premier jour, un endroit où le sentiment de liberté demeure omniprésent, un lieu à la fois magique, merveilleux et pourtant bien réel ? L'Australie, c'est cela… et plus encore. C'est tout ceci que vous pourrez approcher lors d'un séjour linguistique ou itinérant dans ce pays-continent. Les étendues y sont infinies et les paysages connaissent mille couleurs, mille formes, qui surprennent sans cesse par leur beauté. L'île-continent est peuplée d'animaux aux noms étranges comme quokka, wombat ou casoar. Si certains nous semblent connus, tels l'émeu, le kangourou et le koala, on réalise rapidement que l'on ne sait d'eux que peu de choses et qu'il en est de même pour d'autres dont l'appellation nous est pourtant plus familière. Que sait-on en effet des dromadaires sauvages des déserts du Centre ou des crocodiles marins et d'eau douce du Nord ? Quant à l'épopée des hommes, elle se raconte en deux histoires. Deux histoires qui se succèdent, se superposent puis s'enchevêtrent pour n'en former plus qu'une. Il y a celle des Aborigènes, qui remonte à plusieurs dizaines de milliers d'années et qui s'étire des premières peintures rupestres, de l'invention du boomerang et du didgeridoo aux premières luttes de revendication des terres, et puis celle, plus récente, de l'homme blanc et de ses conquêtes, de tout ce qu'il a dû faire et endurer pour relier par la route, puis par le rail, les extrémités d'une terre aride, séparées par plus de 4 000 kilomètres d'une côte à l'autre, celle du temps des ruées vers l'or et des mines fantômes, des nouveaux émigrants et de leurs rêves de liberté, de richesse et de réussite.L'Australien d'aujourd'hui vit majoritairement dans des cités modernes. Mais ces villes ne sont que quelques-unes dans l'immensité d'un continent en grande partie désertique. Le cow-boy de l'Outback connaît un mode de vie bien différent de celui de l'Aussie de Sydney ou de Melbourne. Les rodéos, la country music et les pubs poussiéreux de ces contrées reculées sont là pour nous le rappeler.Oui, l'Australie est sans nul doute le pays de tous les rêves et de tous les espoirs. Un pays où les traditions ancestrales et la rusticité de l'Outback ont toujours leur place à côté du modernisme des grandes villes. En route donc pour un voyage passionnant, un périple fait de rencontres improbables, de découvertes étonnantes et au perpétuel goût d'aventure.

Pratique

- **Nom officiel :** Commonwealth d'Australie.
- **Devise nationale :** Avance, belle et juste Australie.
- **Hymne national :** Advance Australia Fair.
- **Fête nationale :** 26 janvier.
- **Capitale :** Canberra.
- **Superficie :** 7 669 551 km², hors territoires extérieurs.
- **Population :** 23,1 millions d'habitants.
- **Langues :** Anglais.
- **Religion :** Chrétiens, athées, bouddhistes.
- **Nature de l'État :** Monarchie parlementaire.

Le drapeau australien

Sa version actuelle fut adoptée officiellement en 1953, mais il présentait déjà une forme similaire le 1er janvier 1901, à la proclamation du Commonwealth australien. Constitué de l'Union Jack (le drapeau britannique), le drapeau australien possède en bas à gauche l'étoile de la Fédération (Commonwealth), une étoile à sept branches qui représente les six États et le territoire de l'Australie. Dans sa partie droite, cinq étoiles représentent la constellation de la Croix du Sud, qui symbolise la place de l'Australie dans l'univers.

Le drapeau aborigène

Reconnu officiellement par le gouvernement le 14 juillet 1995, il a été créé en 1971 par l'artiste aborigène Harold Thomas.
Il est constitué d'un cercle jaune sur fond bicolore rouge et noir. Le fond noir représente les Aborigènes, le fond rouge la terre et le cercle jaune le soleil.
À l'origine, ce drapeau était utilisé comme un symbole par les Aborigènes lors de leur lutte pour la reconnaissance de leurs droits. Depuis sa reconnaissance officielle, il est devenu l'un des drapeaux de l'Australie.

- **Possessions, territoires et États associés :** Jervis Bay Territory, île Norfolk, île Christmas, îles Cocos (ou Keeling), Territoire des îles de la mer de Corail, île Heard et îles McDonald, îles Ashmore-et-Cartier, Territoire antarctique australien (revendiqué par l'Australie depuis 1936 mais non reconnu comme tel par d'autres nations, notamment le Japon).
- **Monnaie :** Le dollar australien (AU$ ou AUD). Aujourd'hui, 1 AU$ = 0,69 € et 1 € = 1,44 AU$.
- **Téléphone :** Pour téléphoner en Australie depuis la France, composer avant le numéro de votre correspondant le 00 + 61, puis : 2 pour la Nouvelle-Galles du Sud et Canberra, 3 pour Victoria et Tasmanie, 7 pour le Queensland, 8 pour l'Australie-Méridionale, l'Australie-Occidentale et le Territoire du Nord.
- **Décalage horaire :** L'Australie est divisée en 3 fuseaux horaires. + 6 heures à + 10 heures.
- **Formalités/visa :** Pour entrer en Australie, il vous faudra être en possession soit d'un visa e-Visitor, soit d'un Electronic Travel Authority (ETA), soit d'un visa spécifique.
- **Santé :** Dans les zones desertiques, vous trouverez des araignées, des serpents et des scorpions. Dans le centre, les températures de l'été austral dépassent fréquemment les 35 °C : il est donc nécessaire de se protéger contre les méfaits du soleil. Le long des côtes, attention aux requins.
- **Sécurité :** RAS.
- **Risques naturels :** RAS.
- **Sport national :** Rugby et rugby à XIII, cricket et surf.
- **Plat national :** Le meat pie (tourte à la viande) et le vegemite (pâté à base d'extrait de levure).
- **Boissons nationales :** Bière et vin.
- **Que rapporter ?** Pierres précieuses, art aborigène (didgeridoo, boomerang, vannerie), accessoires des cowboys de l'Outback, peinture sur bois.

AMBASSADE D'AUSTRALIE
4, rue Jean-Rey (15e)
Paris ✆ 01 40 59 33 00
www.france.embassy.gov.au
Les demandes de visa ne sont plus traitées à l'Ambassade d'Australie à Paris. Il existe néanmoins un centre de service européen (CSE) situé à Londres. Ce dernier fournit des informations sur les visas. Son numéro à partir de la France est le +33 17 215 0067. Il est accessible du lundi au vendredi de 9h à 16h. Les demandes en français sont reçues de 9h à midi. Pour ceux qui résident en France, les demandes de visa doivent se faire électroniquement en ligne à travers le service « e-visa » ou à travers les bureaux de visa en Australie ou par le bureau d'immigration de l'Ambassade d'Australie à Madrid, en Espagne.
Les deux adresses web pour aboutir directement sur la page de demande du visa électronique choisi sont :

- **E-Visitor :** www.immi.gov.au/e_visa/evisitor.htm
- **ETA :** www.eta.immi.gov.au (ne concerne pas les résidents en France)

Les offres

En Australie, on parle anglais et le temps est très souvent au beau fixe par rapport à nos contrées souvent pluvieuses. Ces deux facteurs mis en commun, on comprend le relatif succès de la destination auprès de tous les publics désireux de parfaire leur connaissance de la langue anglaise.

Cela d'autant plus que les équipements scolaires sont réputés et donc que le logement en campus universitaire est de bonne qualité comme à Sydney, où on pourra entre autres associer des séjours sportifs à des cours de langue intensifs. La gentillesse des Australiens est également un atout de plus pour ceux qui choisiront l'option en immersion, à tenter à Brisbane, Melbourne ou Perth par exemple, histoire de découvrir ce pays-continent de l'intérieur. Des séjours itinérants à la découverte de la culture sont également proposés.

SYDNEY

Remarquable par ses paysages et l'harmonie qui s'en dégage, cette ville jeune, née il y a un peu plus de deux cents ans du labeur des premiers colons, est également riche par sa diversité humaine. Dans cette métropole qui s'étend de l'océan Indien aux pieds des Blue Mountains, ce sont plus de 4,6 millions d'hommes et de femmes de toutes les nationalités qui se croisent et se pressent quotidiennement. Outre l'Opera House, ce sont les rues escarpées de The Rocks et le majestueux Harbour Bridge qui ouvrent le bal pour nombre de visiteurs. C'est ensuite une balade dans la baie qui gagne les faveurs de la plupart. Les autres s'éparpillent dans la ville, à Martin Place ou sur George Street, vont visiter l'Australian Museum, The Mint, The Parliament House, découvrir Darling Harbour ou arpenter les allées de Paddys Market. Quels que soient les chemins que l'on ait suivis au cours de cette journée, alors que le soleil se couche et que d'innombrables chauves-souris arboricoles piaillent déjà dans les arbres, on se retrouve à flâner sur les quais à humer la brise marine. On rêve alors devant les inlassables allers et retours des ferries qui parcourent les eaux limpides de la baie tandis que les buildings s'illuminent.

Circular Quay.

Sydney se découvre et se redécouvre encore au fil des jours. De Circular Quay aux plages de Bondi ou de Manly, des hauteurs de l'observatoire à la fraîcheur de Centennial park, de l'exotisme de Chinatown aux quartiers bigarrés de Kings Cross ou de Paddington, il est facile d'étendre son séjour aux parcs nationaux qui ceinturent la ville. Sydney est merveilleux, à toute heure, en tout lieu. Profitez dès à présent des mille choses que cette fascinante ville est prête à vous livrer.

Pratique

- **Saisonnalité :** Sydney jouit d'un climat tempéré avec des étés chauds et des hivers doux. Les pluies se répartissent tout au long de l'année. Le temps est modéré par la proximité de l'océan. Le mois le plus chaud est janvier, avec une température moyenne de 18 à 26 °C. En hiver, il peut faire particulèrement froid mais les températures descendent rarement en dessous de 5 °C. Les maisons de Sydney sont généralement sous-équipées pour l'hiver et le chauffage est rare. Prévoir écharpe, pulls et manteau entre juin et septembre. Le mois le plus froid est juillet (entre 8 °C et 16 °C).
- **Événement :** À Sydney, vous aurez l'embarras du choix selon les saisons. En janvier, on se presse au Sydney Festival qui est l'un des événements les plus attendus de l'année ; en mars les artistes se donnent rendez-vous à la Biennale ou au Sydney Royal Flower & Garden Show, en mai au Vivid Festival lorsque les sites et bâtiments du centre de Sydney sont à l'honneur et les façades transformées en de gigantesques toiles lumineuses. Les amoureux des cerfs-volants se donnent rendez-vous au mois de septembre pour le Festival of Wind.
- **Décalage horaire :** + 8 ou 10 heures selon les saisons.

CITY HOST INFORMATION KIOSKS

SYDNEY

Plusieurs kiosques d'information sont à même de fournir des renseignements sur la ville et ses environs (cartes, brochures, informations générales, moyens de transport...).

Town Hall (George Street), ouvert tous les jours de 9h à 17h.

Circular Quay angle Pitt Street et Alfred Street), ouvert tous les jours de 9h à 17h.

Haymarket (angle Dixon Street et Goulburn Street) ouvert tous les jours de 11h à 19h.

Kings Cross (angle Darlinghurst Road et Springfield Avenue), ouvert tous les jours de 9h à 17h.

À voir – À faire

Les temps où un voyage à Sydney était synonyme de bagne ne sont pas si loin. Il y a à peine plus de deux cents ans, il suffisait de voler un mouchoir à Londres pour que la mère patrie expédie ses sujets aux antipodes, espérant peupler ainsi cette partie inconnue du monde mais aussi dans le but d'empêcher les Français d'y prendre pied. Devenue capitale de la Nouvelle-Galles du Sud, la ville s'est bien agrandie depuis les débuts de la colonisation. Sydney se place aujourd'hui parmi les métropoles les plus agréables à visiter mais aussi à vivre. Lors d'une première visite, on essayera de vivre au maximum la ville en faisant une balade en bateau dans la baie de Sydney, l'une des plus belles du monde, en flânant dans The Rocks, le premier quartier habité par les colons et les forçats, en traversant le Harbour Bridge pour rejoindre Milsons Point et Kirribilli pour d'autres points de vue sur Sydney, en admirant la vue à 360 degrés du haut de la Sydney Tower et chercher du regard les Blue Mountains, en prenant un cocktail sur les quais, à Darling Harbour, Circular Quay ou Woolloomooloo Bay, en contemplant le coucher de soleil depuis les Royal Botanic Gardens sur l'Opera House et ses magnifiques toits en forme de voiles, en dégustant un plateau de fruits de mer dans un des nombreux restaurants du Sydney Fish Market, en rejoignant Kings Cross pour s'encanailler dans un de ses nombreux bars ou cabarets, en découvrant Manly, à pied ou à vélo, pour contempler la vue offerte sur Sydney depuis North Head Scenic Drive ou en goûtant à l'océan et au surf sur les plages de Bondi Beach.

Langues

Bien que la langue officielle soit l'anglais, le *strine* ou *aussie slang*, qui est un ensemble de mots et d'expressions purement australiens (parfois dérivés de mots aborigènes), ponctuera inévitablement toutes les discussions. À cette difficulté de compréhension pour qui ne connaît que l'anglais, pourra s'ajouter celle de l'accent. Ce dernier varie beaucoup d'une région à une autre. Il est plus fortement marqué dans le *bush*.

Sydney Opera House

L'opéra de Sydney est aisément reconnaissable à la forme de sa toiture qui fait penser aux voiles d'un navire ou à un coquillage. C'est l'un des symboles de l'Australie moderne, œuvre de l'architecte danois Jørn Utzon, qui quitta néanmoins le projet avant l'achèvement de sa construction, pour cause de désaccord avec l'État. L'Opera House a été inauguré le 30 octobre 1973.

En ce qui concerne les Aborigènes, le nombre de langues parlées à ce jour, environ 145, est encore impressionnant malgré la perte de plus de cent d'entre elles depuis le début de la colonisation. Seule une petite partie de la population aborigène, parmi ses plus anciens représentants, utilise encore ces langues.

Quelques mots d'*aussie slang*

The Great Australian Salute : chasser les mouches (l'Outback est souvent infesté de mouches pendant la saison chaude).

Give someone a bell : téléphoner à quelqu'un.

Good on yer : bien, bien fait.

Beg yours : (pour « I beg you pardon ») pardon, désolé.

To be interstate : être dans un autre État.

Fair dinkum : honnête, vrai (aussi « dinki di » ou « true blue »).

Fill the hole in : manger de bon cœur.

Full as a goog : repu.

Hoo roo (kangourou = *roo*) : au revoir, salut, dans le style « see you later alligator ».

Mousetrap : piège à souris, donc fromage.

U-ey : (pour « make a U-turn ») demi-tour.

U-right : (pour « are you allright ») puis-je vous aider ou puis-je prendre votre commande (dans un restaurant) ?

Have a Captain Cook : (rime argotique pour « to have a look ») regarder.

Brisbane, capitale du Queensland

Le Queensland est l'une des destinations touristiques les plus populaires d'Australie. Les visiteurs y sont attirés tant par la diversité de l'environnement que par le climat ensoleillé qui y règne. On peut à la fois profiter des plages, de la forêt tropicale, de la Grande Barrière de corail et de l'Outback.

BRISBANE

Avec plus de 2 millions d'habitants, Brisbane est désormais une destination agréable qui conjugue le mode de vie décontracté caractéristique du Queensland et l'animation propre aux centres urbains. Moderne, dynamique et hétéroclite, Brisbane se prête à toutes les expériences, à toutes les découvertes, à toutes les sensations.
Partez à la découverte des arts, de l'artisanat et de la gastronomie locale, du shopping ou de la détente, avant de partager l'euphorie des événements sportifs ou de la vie nocturne.

Pratique

- **Saisonnalité :** Il n'y a que deux saisons ; une saison sèche, *dry season* (de mai à novembre) et une saison humide, *wet season* (de décembre à avril). L'ouest se distingue par de faibles précipitations pendant l'hiver et des étés chauds et secs. Influencé par la proximité de l'océan, le climat de la côte est beaucoup plus humide et tempéré. La saison sèche est alors la période la plus agréable. Les hivers ensoleillés, secs et chauds attirent des visiteurs du monde entier. Les étés humides sont en revanche moins propices au tourisme, tout particulièrement dans le Nord.
- **Événement :** Le festival de Brisbane (en septembre) est l'événement majeur de la ville. C'est une série de manifestations artistiques (avec notamment des concerts, des spectacles de théâtre et de danse), sportives, scientifiques et environnementales, ainsi que des festivités organisées sur les rives du fleuve Brisbane. Dans une ambiance de fête, on célèbre la gastronomie régionale, toujours sous le soleil de Brisbane. Le feu d'artifice se reflétant dans le fleuve est le point d'orgue de ce qu'on appelle aussi le Riverfestival.
- **Décalage horaire :** + 10 heures.

BRISBANE INFORMATION CENTRE
Queen Street Mall
BRISBANE
✆ +61 7 3006 6290
www.visitbrisbane.com.au
Ouvert du lundi au jeudi de 9h à 17h30, le vendredi jusque 19h et le samedi jusque 17h. Les dimanches et jours fériés de 10h à 17h.

À voir – À faire

L'un des plus grands charmes de Brisbane et du Queensland réside dans ses maisons anciennes, les *queenslanders*. Construites en bois et aux toits de tôle, elles sont pensées afin d'assurer la meilleure ventilation possible. De vastes ouvertures, des pièces haut de plafond ainsi qu'une véranda protégée par un auvent permettent à l'air de circuler à l'intérieur de la maison.
Elles sont élevées sur pilotis afin de faciliter la même aération mais également afin de se

Koala du Lone Pine Koala Sanctuary, près de Brisbane.

Cottesloe Beach, Perth.

protéger des inondations et des insectes. Pour une première visite, on se rendra sans hésiter au City Hall, au City Botanic Gardens ou au Museum of Brisbane.

On poursuivra un peu hors du centre-ville également pour découvrir le Lone Pine Koala Sanctuary, le Queensland Museum ou encore le South Bank Parkland.

PERTH

Avec une population de plus de 1,8 million d'habitants, Perth, capitale de l'Australie-Occidentale et quatrième ville du pays, est à 4 000 kilomètres de Sydney. Traversée par la Swan River (qui abrite une colonie d'une vingtaine de dauphins qu'il n'est pas rare d'apercevoir), l'agglomération s'étend sur environ 80 kilomètres du nord au sud. Elle est formée de plus de 350 *suburbs* dotées pour la plupart de parcs, d'écoles, de centres commerciaux... Chaque banlieue a son caractère. Perth est bordé par l'océan Indien et la chaîne des Darling Ranges. Il fut fondé en 1829 par James Stirling afin de dissuader les Français de s'installer dans la région. Les premiers colons s'établirent un peu plus au nord, à Guildford. Perth ne fut longtemps qu'un centre administratif. Il s'est ensuite développé avec la ruée vers l'or des années 1890 autour de Kalgoorlie. Dans les années 1960, les découvertes successives d'immenses gisements de divers minerais dans le nord de l'État ont donné lieu à un véritable boom minier qui a donné à l'État toute sa richesse. Aujourd'hui, Perth est devenu une cité moderne dont les gratte-ciel de la City reflètent un ciel toujours bleu et où l'on peut ressentir une sérénité quotidienne. Si la ville est réputée pour être la plus ensoleillée du continent, elle est également la plus isolée du monde, avec 80 % de la population de l'État habitant dans Perth et sa périphérie.

Les plus belles plages de Perth

Perth se targue d'avoir des plages de surf plus belles qu'aucune autre ville d'Australie. De fait, il y a tout un chapelet de plages surveillées sur l'océan Indien (la Sunset Coast), et aussi des plages plus calmes sur les rives de la Swan River. La plupart des plages sont dotées d'un parc avec des barbecues gratuits à disposition. En fin d'après-midi, amenez vos saucisses à griller, une bonne bouteille, et admirez le soleil se coucher sur la mer. Parmi les plus connues : Cottesloe Beach et Swanbourne Beach.

Pratique

Saisonnalité : La côte du sud-ouest, Perth compris, possède un climat méditerranéen, marqué par une sécheresse estivale et des hivers doux et humides. Elle comprend de nombreuses forêts, essentiellement de karri, qui est l'un des arbres les plus hauts du monde, et bénéficie de très belles côtes. Durant les chauds mois d'été, une légère brise appelée « Freemantle Doctor » rafraîchit Perth et sa région. La moyenne des températures à Perth est de 20 °C et la moyenne des précipitations de 100 mm.

Evénement : Perth accueille de nombreux événements tels que le Supafest (avril) un gigantesque concert en plein air rassemblant des milliers de personnes ; ou encore le Kings Park Festival (en septembre) où les habitants se retrouvent pour célébrer le printemps au milieu des parterres de fleurs magnifiques et impressionnantes de Kings Park.

Décalage horaire : + 6 heures.

WESTERN AUSTRALIAN VISITOR CENTRE
55 William Street – PERTH
✆ 1800 812 808 / +61 8 9483 1111
www.bestofwa.com.au
Ouvert du lundi au vendredi de 9h à 17h30, le samedi de 9h30 à 16h30, le dimanche de 11h à 16h30. Fermé pour Christmas Day et Good Friday.

À voir – À faire

Pour vivre pleinement un premier beau séjour à Perth, rien ne vaut une promenade dans Kings Park pour profiter de la vue imprenable sur la baie et la ville, une baignade sur l'une des superbes plages de City Beach, Cottesloe Beach ou Scarborough Beach pour admirer le soleil se coucher sur l'océan Indien, un brunch le samedi ou le dimanche matin dans l'un des cafés branchés de l'ouest du centre-ville, une visite dans l'Outback (région intérieure du sud-est, de l'est et du nord-est de Perth), une découverte des champs de fleurs sauvages qui recouvrent les vastes étendues six mois de l'année (juin à novembre).

MELBOURNE

Melbourne, ancienne capitale d'État et deuxième agglomération urbaine d'Australie, compte plus de 4,2 millions d'habitants. Fondée en 1835 au bord de la baie de Port Phillip, la ville s'est peu à peu étendue vers l'est en longeant le fleuve Yarra. Son nom lui a été donné en l'honneur du Premier ministre britannique William Lamb Melbourne (1779-1848). De la création de la Fédération en 1901 jusqu'à la construction de Canberra – capitale de l'Australie – en 1927, Melbourne servit de siège fédéral au gouvernement. Lors de la ruée vers l'or dans les années 1850, les activités portuaires s'amplifièrent très rapidement et l'effervescence de la ville de Melbourne devint alors indéniable. Dans les années qui suivirent, la ville devint la deuxième ville de l'Empire britannique et fut surnommée « Melbourne la Magnifique ». Après avoir été en 1880 le siège de l'Exposition universelle, elle fut dès 1885 l'une des premières villes au monde à se doter d'un tramway. La ville continua son expansion au XXe siècle avec l'arrivée de nombreux immigrants après la Seconde Guerre mondiale (Melbourne compte aujourd'hui la communauté grecque la plus importante d'Australie) ainsi que par le prestige apporté par l'organisation des Jeux olympiques de 1956. La ville conserve de sa grande époque de nombreux bâtiments victoriens auxquels se sont mêlés d'autres bâtiments de style gothique et de remarquables tours de verre et d'acier issues de l'architecture nouvelle.En dépit d'une importante croissance, Melbourne

Vue de Melbourne.

Le Street Art à Melbourne

Capitale culturelle de l'Australie, Melbourne est incontestablement la ville où l'art de rue est largement représenté. C'est au début du XXIe siècle que de nombreux artistes ont développé l'art du graffiti sous toutes ses formes dans les rues de Melbourne. Que vous soyez amateurs, passionnés ou juste curieux, ne tardez pas à découvrir de très belles fresques artistiques en plein cœur de la ville, à travers des ruelles devenues aujourd'hui emblématiques.À la périphérie du centre-ville, un quartier symbolise lui aussi le côté branché de la ville. Se balader à Fitzroy, c'est être un brin bohème. Les façades des maisons victoriennes peintes de jaune, de rouge ou de bleu dégagent une atmosphère décontractée et une ambiance atypique.

a dû faire face à la concurrence livrée par Sydney, sa grande rivale. Dans les années 1990, le gouvernement a entrepris de revitaliser la ville en perte de vitesse, notamment par la construction de nouveaux bâtiments, dont le Crown Casino, le Melbourne Museum et le Melbourne Exposition Centre. L'un des derniers projets d'importance en cours de développement est le Melbourne Docklands. La ville accueille également plusieurs universités renommées telles que l'University of Melbourne, classée 28e dans le monde, la Monash University ou la Victoria University of Technology.

Pratique

- **Saisonnalité :** Melbourne a un climat subtropical humide, remarquable par ses brusques changements dus à la proximité, à l'est, de la chaîne Dandenong. La phrase « les quatre saisons en un jour » fait ici partie du langage populaire. On distingue donc plusieurs saisons. Pendant le printemps, Melbourne profite de longues périodes de ciel bleu et de températures douces. La ville est aussi célèbre pour ses étés chauds et secs, avec des températures dépassant les 40 °C pour quelques jours avant une retombée vers des températures plus vivables (22 °C-25 °C). En automne et en hiver, Melbourne est la capitale la plus froide du Commonwealth australien (Hobart excepté). Si les chutes de neige y sont très rares, la ville fait assez fréquemment l'expérience de gelées et de brouillard.
- **Événements :** La ville organise chaque année une grande variété d'événements culturels et de spectacles. Elle est en effet considérée comme la capitale australienne de la musique live avec une forte proportion d'artistes émergents. Elle est connue pour ses arts de la rue classés comme attraction majeure. Elle est également appréciée comme une des grandes villes de l'époque victorienne avec ses bâtiments historiques mais est aussi reconnue pour son centre urbain et dynamique. Au cours des dernières années, Melbourne a réclamé le titre de capitale mondiale des principaux sports. En effet, elle abrite tous les ans trois les principales compétitions internationales mondialement connues : l'Open d'Australie (en tennis) au mois de janvier, la Melbourne Cup (course de chevaux qui se déroule au gigantesque centre hippique de Flemington) en novembre et le Grand Prix automobile d'Australie en mars.
- **Décalage horaire :** + 8 heures.

MELBOURNE VISITOR CENTRE
Federation Square
Cnr Flinders et Swanston Street
MELBOURNE © +61 3 9658 9658
Ouvert 7j/7 de 9h à 18h.

À voir – À faire

Melbourne est connu comme une ville où il fait bon vivre. En 2011, elle a d'ailleurs été sélectionnée comme ayant la qualité de vie la plus élevée du monde. Elle s'impose finalement comme l'une des villes les plus créatives du pays et est reconnue pour sa cuisine variée. C'est indiscutablement l'un des meilleurs lieux d'Australie pour découvrir l'art sous toutes ses formes.

Ainsi, lors d'une première visite de la ville, on ne manquera pas de se rendre à l'Australian Centre for the Moving Image, à la National Gallery of Victoria, à l'Immigration Museum, à l'Australia Centre for Contemporary Art, au Royal Botanic Gardens ou encore au Melbourne Museum, sans oublier l'une des meilleures localisations de l'art urbain de Melbourne au centre-ville : Hosier and Rutledge Lane, 21 Degraves Street, à l'angle de Flinders Lane et Cocker Alley ou Centre Place.

Malte

La proximité avec la Sicile, les beaux palais et les imposantes églises, ainsi que les plats écrits en italien sur les cartes des restaurants nous rappellent le pays voisin, mais ici, en plus de l'anglais, les gens parlent leur propre langue, le maltais, assez différent pour nos oreilles latines et qui nous fait découvrir une nouvelle culture, marquée par diverses influences. C'est ce métissage constant, ce melting-pot de langues et de cultures que vous pourrez toucher du doigt lors de votre séjour linguistique, en campus international (Malte est réputé pour ça) ou en immersion pour découvrir la force de caractère de ces iliens. En effet, l'indépendance d'esprit des Maltais est l'un de leurs traits majeurs de caractère. Ils la tiennent de la mer qui les entoure, qui a fait d'eux de grands marins, de formidables pêcheurs, des bâtisseurs de fortifications contre les nombreux envahisseurs, mais aussi des terriens, paradoxalement, attachés à leur sol, aux bienfaits de l'agriculture. Pour tous ces bonheurs de la vie, les Maltais sont croyants sincèrement et leur vie sociale en est profondément marquée.La surprise vient encore d'ailleurs. Malte et Gozo ont, dans le développement de l'histoire de l'homme en Méditerranée, une place importante. Les temples préhistoriques qui y furent érigés, dès le IVe millénaire av. J.-C., sont étonnants. Les objets d'art de cette période sont incroyables de finesse et de modernité, d'intemporalité donc, comme cette emblématique « Vénus de Malte ». La déesse grecque a pris part au déchirement qu'immortels, demi-dieux, héros et simples soldats ont vécu durant les dix années de la guerre de Troie. Après quoi, pendant sept ans, Ulysse fut retenu sur l'île de Gozo par la nymphe Calypso. Pieds nus sur le sable rouge de la grève de Ramla, mettez vos pas dans ceux des héros multiples de Malte et de Gozo.

Pratique

- **Nom officiel :** Repubblika Ta'Malta (République de Malte)
- **Devise nationale :** Par le courage et la constance
- **Hymne national :** L-Innu Malti (Hymne maltais)
- **Fête nationale :** 31 mars
- **Capitale :** La Valette
- **Superficie :** 316 km^2 (Malte : 246 km^2, Gozo : 67 km^2, Comino : 2,7 km^2)
- **Langues :** Malti (ou maltais) et anglais
- **Population :** 446 547 habitants
- **Religion :** Catholiques romains
- **Nature de l'État :** République
- **Monnaie :** L'euro (€)
- **Téléphone :** Pour appeler de la France vers Malte, composez le 00356 + numéro à 8 chiffres
- **Décalage horaire :** L'heure à Malte est la même qu'en France
- **Formalités :** Les ressortissants français ou des pays membres de l'Union européenne n'ont besoin que d'une carte d'identité ou d'un passeport en cours de validité pour un séjour touristique à Malte. Les formalités sont les mêmes pour les visiteurs suisses. Les Canadiens doivent présenter un passeport valide
- **Santé :** RAS
- **Sport national :** Football
- **Plat national :** La torta tal fenek est un plat de lapin mariné et cuit dans une sauce au vin rouge, servi en croûte
- **Boisson nationale :** Kinnie (boisson à base de quinquina et d'orange amères), vin et thé
- **Que rapporter ?** Objets en verre soufflé, dentelle, nougat, bijoux en or ou en argent, des heurtoirs de porte en cuivre, une armure de chevalier…
- **Événements :** Carnaval de Malte (février), festival de La Valette (avril), semaine sainte (avril), festival national des chants folkloriques à Floriana (mai), fête nationale (7 juin), festival de jazz de Malte (juin), Maltafest (juillet-août), Notre-Dame-des-Victoires à La Valette (septembre)
- **Période idéale :** D'avril à octobre

AMBASSADE DE LA RÉPUBLIQUE DE MALTE
23 rue d'Artois – 2e étage (8e)
Paris ✆ 01 56 59 75 90
maltaembassy.paris@gov.mt
Ouvert du lundi au vendredi de 10h à 12h et 14h à 16h (saufs les jours fériés).

Le drapeau maltais

Selon le texte de l'indépendance, le drapeau national est composé de deux bandes verticales : celle de gauche est blanche et celle de droite, rouge. En haut à gauche du drapeau, est reproduite la croix de George, une croix offerte aux Maltais par le roi George VI, le 15 avril 1942, pour les récompenser de leur héroïsme pendant la guerre. Cette croix est bordée de rouge. Selon la tradition, les couleurs du drapeau national ont été offertes aux Maltais en 1090 par le comte de Sicile Roger Ier, après qu'il se fut approprié l'île voisine (une légende qui n'a pas été confirmée). À l'époque, il chassa les Arabes qui occupaient Malte depuis 870. Pour remercier les Maltais de leur hospitalité, le comte leur offrit les couleurs de la flamme (banderole) des Hauteville (on raconte qu'il a déchiré son drapeau en deux et en a offert la moitié aux Maltais).

À voir – À faire

Lors d'un premier séjour, on ne manquera pas les merveilleux sites et autres visites de villes comme la capitale La Valette, Mdina, Rabat et Victoria, le temple de Gjantija sur l'île de Gozo, le temple de Tarxien, les grottes de Ghar Dalam ou encore Hagar Qim. La capitale La Valette mérite à elle seule plusieurs jours de visite. En effet, les chevaliers, au faîte de leur puissance, de leur fortune et de leur renommée, après avoir battu les Turcs, ont vite eu l'ambition de créer une ville magnifique. Espagnols, Français, Italiens et Allemands ont fait venir leurs architectes, leurs peintres et leurs sculpteurs à La Valette, ce qui explique la richesse artistique de la ville, bien préservée au cours des siècles suivants par les Anglais et les Maltais eux-mêmes. Toutes les maisons sont en pierre calcaire, avec des volets et des terrasses vert foncé. Les terrasses fermées – qui s'avancent par rapport à la façade – rappellent à la fois les maisons anglaises et les balcons fermés arabes, les moucharabiehs. À chaque angle de rue sont nichées des statuettes de saints ; elles protègent les maisons. Les rues de la capitale ont été tracées par Francesco Laparelli, ingénieur italien du XVIe siècle. Le plan est rectiligne et le réseau de parallèles et de perpendiculaires relativement dense. Ces rues et ruelles, plongeant vers la mer, ont beaucoup de charme ; la teinte ocre de la pierre mêlée à la luminosité d'un soleil presque permanent ajoute au plaisir d'y déambuler.

La Valette surprend toujours. C'est parfois Naples et quelquefois San Francisco, c'est un peu Florence, mais aussi Brighton : une identité multiple, dont les Maltais, amoureux de leur île, tirent une fierté supplémentaire.

La balade la plus classique est celle qui suit les remparts. Elle permet de prendre conscience de cette formidable architecture

© DCOOKD - ISTOCKPHOTO

L'archipel de Malte.

militaire et de faire un tour de la ville avec toujours la mer à proximité. Vous passerez des jardins d'Upper Barakka à ceux de Lower Barrakka, longerez le fort Saint-Elme avant de dominer Marsamxett. Mais surtout ne vous en contentez pas et enfoncez-vous dans les rues et ruelles fraîches durant l'après-midi et sombres le soir, en particulier dans la partie basse de la ville. Elles sont toujours animées naturellement par leurs habitants, même quand la chaleur pousse à la sieste. Il y a toujours des discussions sur le palier ou à l'épicerie, le lavage de la voiture… Bref, une succession de scènes anodines qui font tout le charme de cette ville à angles droits.

Langues

Malte est l'un des rares pays du monde parfaitement bilingue, ce qui est presque unique. Si bien que le visiteur avec qui les Maltais parlent anglais pourra, s'il ne fait pas attention, à peine s'apercevoir que les Maltais parlent malti entre eux.

Pourtant, le malti est l'une des composantes les plus importantes de l'identité maltaise. Langue unique qui reflète si bien l'histoire du pays, elle est une vraie richesse et doit à tout prix être préservée.

Le malti est l'unique langue partiellement sémitique écrite avec l'alphabet latin, enrichi d'accents. Beaucoup reprochent aux médias locaux d'utiliser trop facilement l'anglais et demandent des mesures radicales pour protéger le malti. Malte est devenue LA destination de ceux, jeunes ou cadres, qui désirent apprendre l'anglais au soleil. Après cent soixante ans de présence britannique, Malte a acquis son indépendance en 1964. L'anglais fut déclaré langue officielle dès la fin du XIXe siècle ; le maltais n'obtint ce statut qu'en 1934. Le maltais est aujourd'hui la langue maternelle, mais l'anglais est enseigné dans toutes les écoles dès l'âge de 4 ans. Sachant que la télévision italienne (et ses dessins animés japonais) est très suivie par les enfants, on peut être trilingue dès le plus jeune âge.

Les offres

Les possibilités de séjours linguistiques sont nombreuses à Malte. D'autant que l'île est mondialement connue pour ses cours d'anglais alliés au climat agréable. Ici, vous trouverez un catalogue d'offres impressionnant adapté à tous et à tous les niveaux. Les activités proposées seront liées avec les sports nautiques ou encore des visites culturelles.

Allemagne

L'Allemagne est un pays d'une incroyable richesse. Son patrimoine, sa nature, sa culture, son artisanat et son industrie en font l'un des pays européens les plus influents. Forte de tradition et de modernité, l'Allemagne est un peu le cœur du continent européen. Elle est son moteur économique, la synthèse de son histoire et le centre de tous les enjeux continentaux. Pour entrer à votre tour dans le XXIe siècle, n'hésitez pas à passer par l'apprentissage de l'allemand au cours d'un séjour linguistique dans l'une de ses nombreuses et attrayantes villes. Car l'Allemagne, mère de tellement de femmes et d'hommes de lettres, d'art et de sciences, est parsemée de cités qui rivalisent de traditions, de beautés architecturales et de vie. La contrée est parcourue par de superbes fleuves et ponctuée de merveilleux châteaux. Un peu partout, petites villes et villages séduisent, l'un par ses plantureuses maisons à colombages, l'autre par ses façades baroque ou Art nouveau, l'un et l'autre par ses églises en pierre ou en brique rouge, romanes ou gothiques…

Les Allemands ont su se construire un cadre de vie agréable, avec un urbanisme décent, rythmé par une culture populaire décontractée et débonnaire : détente autour d'une chope de bière, d'un stand à saucisses, cafés et bistrots, parcs investis par tous, loisirs verts… Aujourd'hui, les Allemands ont réinventé l'une des formes les plus séduisantes d'établissements de sortie, le « café-concept », à la fois personnalisé, esthétique, décontracté et abordable. Le pays a encore pour lui une offre culturelle exceptionnelle avec une grande qualité muséale, musicale et iconographique, une gastronomie généreuse, moderne et ouverte aux influences extérieures, une grande diversité, si l'on acte le contraste entre la conservatrice campagne bavaroise et les milieux alternatifs de Hambourg ou de Berlin. On y trouvera les orchestres philharmoniques les plus rigoureux côtoyant les expérimentateurs sonores les plus avant-gardistes. Cette tendance se retrouve dans tous les domaines, car l'Allemagne évolue entre une identité bien solide et une perpétuelle curiosité. Tellement connue pour son efficacité économique, ses voitures et ses exportations, l'Allemagne est moins connue pour le tourisme. C'est pourtant une destination de premier choix qui a plus d'un trésor dans son sac.

Pratique

- **Nom officiel :** République fédérale d'Allemagne
- **Devise nationale :** Unité, Droit et Liberté
- **Hymne national :** Deutschlandlied
- **Fête nationale :** 3 octobre
- **Capitale :** Berlin
- **Superficie :** 351 021 km^2
- **Population :** 80 millions d'habitants
- **Langues :** Allemand
- **Religion :** Catholiques, protestants, musulmans

Le drapeau allemand

Le drapeau tricolore allemand fut adopté en 1949. Il évoque, selon certains, l'uniforme porté par les corps francs de Lützow, en guerre contre Napoléon en 1813. Pour d'autres, ce furent les fondateurs de la corporation d'étudiants de Iena, ayant pour bannière le noir, le rouge et l'or, qui servirent d'exemple pour le drapeau actuel. Les couleurs de la corporation devinrent rapidement le symbole de la quête d'une unité nationale et d'une liberté politique. Mais le drapeau mit du temps à s'imposer. À l'époque des nazis, on lui substitua la croix gammée, puis la République démocratique allemande lui ajouta un blason communiste. Il faut attendre la réunification des deux États pour que le noir, rouge, or symbolisent de nouveau l'unité.

- **Nature de l'État :** République constitutionnelle parlementaire fédérale
- **Monnaie :** L'euro (€)
- **Téléphone :** Téléphoner de France en Allemagne : 00 + 49 + indicatif de la ville sans le zéro + numéro de correspondant
- **Décalage horaire :** 0 heure
- **Formalités/visa :** Carte d'identité ou passeport en cours de validité
- **Santé :** RAS
- **Sécurité :** RAS
- **Risques naturels :** RAS
- **Sport national :** Football
- **Plat national :** Le schnitzel, le schweinebraten (rôti de porc), la charcuterie et l'apfelstrudel (gâteau aux pommes)
- **Boisson nationale :** La bière
- **Que rapporter ?** Des bières, des chopes, des vêtements traditionnels, des verres à vin ou de nombreuses décorations de Noël en bois typiques

AMBASSADE D'ALLEMAGNE
13-15, avenue Franklin-Roosevelt (8e)
Paris
✆ 01 53 83 45 00
www.paris.diplo.de
Ambassade ouverte sur rendez-vous uniquement, Cidal (Centre d'information sur l'Allemagne), tous les jours de 10h à 17h.

Les offres

Cœur de l'Europe et voisine de la France, l'Allemagne est traditionnellement un pays où l'on se rend pour perfectionner son allemand. Aujourd'hui, on est loin de l'imagerie traditionnelle des programmes d'échanges car les organismes concernés proposent tous des séjours attrayants, en immersion bien sûr ou sur des campus alliant activités diverses et pratique intensive de l'allemand pour découvrir Berlin ou Munich sous un autre jour et vivre le *deutsche Lebensart* !

BERLIN

Créative, hétérogène, vivante, Berlin est une ville en mutation permanente. D'un côté, l'euphorie d'une économie de marché active (malgré la crise), de l'autre des communautés de vie qui s'improvisent autour des grands idéaux libertaires et qui oscillent entre revendications, créations et plaisirs éphémères. Capitale d'une Allemagne réunifiée, la ville donne une impression d'inachevé avec son immense diversité architecturale et son urbanisme désordonné. C'est une métropole moderne et multiculturelle, qui est résolument tournée vers le futur ; ce qui ne l'empêche pas de préserver avec ardeur son histoire. Depuis l'île des Musées qui recèle quelques-uns des plus impressionnants trésors de l'Antiquité en passant par les palais baroques de Charlottenburg et Sanssouci jusqu'aux lieux de mémoire du XXe siècle, vous verrez toute la beauté, l'extravagance et la cruauté du passé. Un passé lourd, marqué par deux conflits mondiaux, l'horreur des camps, la partition de la ville et une lente et laborieuse réunification. Berlin se visite aussi à travers ses cafés, ses monuments, ses grandes avenues commerçantes et sa vie nocturne. N'oubliez pas, Berlin se vit de jour, grâce à son prodigieux patrimoine culturel et historique, mais aussi de nuit, dans ses squats, ses clubs improbables et ses cabarets déjantés.

Pratique

- **Saisonnalité :** L'été est la saison la plus agréable pour visiter Berlin qui prend alors un tout autre visage. Bénéficiant des hautes températures d'un climat continental, les parcs, lacs, terrasses des cafés sont pris d'assaut et la bonne humeur réapparaît avec le retour du soleil. Les piscines (*freibad*) et cinémas en plein air (*freiluftkino*) ouvrent leurs portes et tout le monde se réunit dans les *strandbar* (bars en extérieur, aménagés avec du sable). Si l'hiver peut être très rude à Berlin, quand le vent venu tout droit de Sibérie s'engouffre dans les grandes avenues, c'est aussi la période des marchés de Noël féeriques, des descentes de luge au Teufelsberg.
- **Événements :** Il se passe toujours quelque chose dans les rues berlinoises, que ce soit une manifestation, un défilé, des festivités et autres. Ceux qui viendront au printemps et en été rapporteront des souvenirs chaleureux. Ceux qui feront le déplacement en hiver pourront bien sûr assister aux fameux marchés de Nöel. C'est une tradition dans toute l'Allemagne.

Ce sont de véritables marchés, plus ou moins grands, qui restent installés en général deux à trois semaines et sur lesquels on peut trouver toutes sortes de souvenirs, souvent artisanaux, ainsi que de la nourriture allemande : *wurst*, galettes de pommes de terre, *glühwein* (vin chaud), pain d'épice, *stollen*... À Berlin, on trouve surtout des objets en bois en provenance de l'Erzgebirge (massif montagneux à l'est).

OFFICE DE TOURISME – HAUPTBAHNHOF
Europaplatz – BERLIN
✆ +49 30 25 00 25
S-Bahn : Hauptbahnhof.
Ouvert tous les jours de 8h à 22h.
L'office de tourisme est situé à la sortie de la gare centrale Hauptbahnof. Très pratique pour obtenir une carte dès la descente du train !

AMBASSADE ET CONSULAT DE FRANCE
Pariser Platz 5 – BERLIN
✆ +49 30 590 039 000
www.ambafrance-de.org
S-Bahn : Berlin Brandenburger Tor.
Entrée publique Wilhelmstrasse 69. Section consulaire ouverte tous les jours de 9h à midi et aussi de 14h à 17h le mercredi.

À voir – À faire

Entre les grands monuments de la ville (porte de Brandenburg, Reichstag, Berliner Dom, vestiges du Mur...), les incontournables musées d'art classique et d'antiquités (Pergamon Museum, Gemäldegalerie...), les musées historiques, les galeries d'avant-garde et les lieux dédiés à l'art contemporain, on peut facilement occuper une semaine berlinoise sans s'éloigner du centre historique et du quartier de Mitte, qui concentre les attractions les plus connues de la ville. Mais pour découvrir d'autres facettes de Berlin, il faut aussi prendre le temps de flâner sur les marchés aux puces à Prenzlauerberg ou Friedrichshain, arpenter le Kurfürstendamm, l'avenue commerçante de l'Ouest, admirer l'architecture moderne de la Potsdamer Platz, découvrir les lieux alternatifs le long du canal de Kreuzberg et se promener dans les nombreux parcs. Pour une première visite, on conseillera les incontournables de la capitale : Kaiser Wilhelm Gedächtniskirche, métaphore pétrifiée des atrocités de la guerre, qui émeut dès le premier abord, la Gemäldegalerie, panthéon de la peinture européenne renfermant des chefs-d'œuvre du XIIIe au XVIIIe siècle, la Neue Nationalgalerie, pour découvrir l'expressionnisme allemand et les plus grands artistes internationaux au sein de ce bâtiment fonctionnaliste, le Reichstag pour monter dans la nouvelle coupole du Parlement, symbole de l'histoire moderne allemande, la Gendarmenmarkt, la plus belle place de Berlin, avec ses églises jumelles et ses terrasses ensoleillées en été, le Pergamonmuseum, musée spectaculaire consacré aux antiquités grecques, romaines, babyloniennes et arabes, Alexanderplatz, vitrine du régime communiste de la RDA, l'Alex étant redevenue le centre névralgique du tout-Berlin, la Gedänkstätte Bernauerstrasse, mémorial consacré à l'histoire du mur de Berlin qui rend hommage à ceux qui y ont laissé leur vie, l'Eastside Galerie, le plus long segment du mur encore debout, recouvert de street art, et enfin Hohenhauser (prison de la Stasi), un bâtiment fascinant qui retrace la période sombre de l'histoire communiste.

Berlin futé

Voici quelques astuces pour visiter futé les musées de Berlin.

▶ **Le jeudi soir,** les musées nationaux ferment à 22h et, comble de bonheur, sont gratuits de 18h à 22h. Les musées participant à cette action sont le Berggruen, le musée de la Préhistoire et du Moyen ÂAge ainsi que le musée de la Photographie (Charlottenburg), le musée d'Art contemporain de la Hamburger Bahnhof, les musées de la Museumsinsel (Mitte), les musées de Dahlem ainsi que ceux du Kulturforum.

▶ **La Welcome Card Berlin** offre des réductions pour l'entrée des principaux musées : 37,50 € pour 5 jours et une carte de métro incluse. Possibilité de pass pour 2, 3 ou 4 jours.

Le Museumspass donne accès à plus de 50 musées ou collections de Berlin pendant trois jours consécutifs (24 €).

▶ **La Lange Nacht der Museum** (équivalent de la Nuit blanche) a lieu fin août, une session de rattrapage est organisée fin janvier. La majorité des musées de Berlin sont alors ouverts de 18h à 2h du matin aux personnes munies d'un ticket spécifique (18 € pour deux jours).

Langues

La langue parlée est l'allemand, majoritairement le *Hochdeutsch* (celui que l'on apprend à l'école et qui vient du nord de l'Allemagne, la ville de Hambourg en revendiquant la paternité).

En général, les Allemands parlent bien l'anglais et parfois le français (plus rare). Certains parlent aussi en plus le berlinois (*berlinerisch*), un dialecte dont on ne comprend pas tous les mots, même après plusieurs mois.

C'est relativement rare d'entendre parler *berlinerisch* à Berlin dans la mesure où peu de gens que vous y rencontrez viennent réellement de Berlin. Cependant, le vrai Berlinois a un accent reconnaissable. Les *g* sont transformés en [j], les *s* en [t], les *ei* en [ee]. « Je t'aime » (*Ich liebe dich*) deviendra [ick liebe dir] et on entend ainsi souvent *jut* (prononcez *yout*) pour *gut*. Ce dialecte est fortement influencé par le *sudmärkisch*, dialecte du Brandebourg, mais comporte aussi des éléments du néerlandais, du slave, de l'hébreu et du français. Parmi les mots d'origine française, les *bouletten* (boulettes de viande) bien sûr mais aussi *die bredullje* (bredouille), *aus der lameng* (à la main), *fisimatenten* (visite ma tente – c'est ce que murmuraient les soldats de Napoléon à l'oreille des Berlinoises – signifie les ennuis). Ce mélange à la grammaire toute relative (le génitif a tendance à disparaître et le datif et l'accusatif s'inversent souvent) peut être parfois perçu comme très direct, voire impoli.

- **À Berlin, outre l'allemand,** il n'est pas rare d'entendre parler turc, français ou anglais, la ville étant multiculturelle et les Berlinois polyglottes. Plus de 13 % de la population est d'origine étrangère, en provenance de plus de 180 pays différents ! L'anglais est utilisé dans le monde du travail et de nombreux Allemands, surtout des jeunes, le parlent couramment. Le français est la seconde langue étrangère parlée, grâce à la francophilie légendaire des Allemands.

MUNICH

Depuis longtemps l'Allemagne vous intrigue mais, curieusement, chaque année, vous trouvez toujours de bonnes raisons pour reporter ce voyage.... Vaguement confus mais soulagé, vous faites vos valises pour Barcelone, Naples ou bien Florence. Et pourtant... Il y a, assise par-delà les Alpes, une grande cité radieuse, une capitale européenne nommée Munich. Elle ne demande qu'à vous éblouir. Le ciel y est souvent bien plus bleu qu'à Milan, Turin ou Bergame, ses sœurs du Sud. Le fœhn souffle sur les clochers de la ville, chasse les nuages venus des montagnes pour se fixer sur les belles couleurs ocre et pastel des façades. La capitale secrète de l'Allemagne prend alors des airs méridionaux avec ses cafés bondés, ses terrasses où la jeunesse munichoise sirote un *latte machiatto* en se dorant au soleil. Le soir venu, les brasseries traditionnelles se remplissent en hiver alors que les *Biergarten* ouvrent leurs portes avec l'arrivée des beaux jours. Ville de fête, de football et de bière, Mecque des artistes et des mécènes, ville contraste, à la fois bourgeoise et avant-gardiste, cosmopolite et traditionnelle, rigoureuse et fantaisiste, vous serez frappé derechef par sa beauté classique et l'équilibre de ses monuments. Sans parler de l'hospitalité et de la gentillesse des Munichois qui relèvent de tout sauf de la légende. Ni complètement allemande, ni vraiment italienne, la Milan du Nord sera une introduction magnifique à votre immersion en terre allemande.

Pratique

- **Saisonnalité :** Pour profiter au maximum des atouts de Munich et de sa région, il est préférable de s'y rendre durant les beaux jours, entre les mois de mai et septembre : joies de la baignade sur les lacs, randonnées à Berchtesgaden, camping, *Biergarten*, visite des jardins et des parcs, etc. Mais les fêtes de Noël et l'hiver invitent également aux plaisirs des sports d'hiver.
- **Événement :** De la mi-septembre au premier dimanche d'octobre a lieu tous les ans depuis 1810 la célèbre Oktoberfest (fête de la bière) sur le champ de foire de la Theresienwiese.

OFFICE DU TOURISME MUNICH (HAUPTBAHNHOF)
Bahnhofplatz 2
MUNICH ✆ +49 89 233965 00
www.muenchen-tourist.de
tourismus@muenchen.de
S-Bahn/U-Bahn : Hauptbahnhof
Centre d'information Gare Centrale. Ouvert d'avril à octobre, du lundi au samedi de 9h à

Munich, capitale de la bière

La bière a fait la réputation de Munich : les noms Augustiner, Spaten-Franziskaner, Löwenbräu, Paulaner ont séduit les consommateurs du monde entier. Ces maisons de tradition sont désormais associées aux plus grosses brasseries internationales, américaines, belges et néerlandaises. Les brasseries munichoises produisent plus de 6 millions d'hectolitres de bière par an ! Un Bavarois « moyen » boit 160 litres de bière par an, l'Allemand 111,7 litres et le Français 35 litres. À Freising, vous pourrez visiter la brasserie Weihenstephan, la plus vieille brasserie du monde encore en activité.

20h, le dimanche et pendant les périodes de vacances de 10h à 18h. Centre d'information également sur la Marienplatz, Neues Rathaus, ouvert du lundi au vendredi de 9h à 19h, le samedi jusqu'à 16h. Possibles changements d'horaires en fonction des saisons.

À voir – À faire

Une visite en bonne et due forme de Munich, comme toute autre grande métropole, obéit à la règle des dix incontournables. Les incontournables ne sont pas des « appâts pour touristes » mais bel et bien des sites, des monuments ou des musées d'exception qui appartiennent au patrimoine de la ville et bien souvent du pays. Les oublier serait presque un affront pour la grande cité qui vous accueille et vous passeriez à côté de véritables trésors. Ainsi, pour une première visite, ces dix incontournables-là ne vous décevront pas ! On pourra donc voir successivement les joyaux du musée de la Résidence et sa chambre du trésor, les merveilles antiques de la Glyptothek, les collections exceptionnelles de l'ancienne Pinacothèque qui méritent qu'on leur consacre quelques heures, la splendide église des frères Asam, la Frauenkirche, la belle église des Théatins (Theatinekirche) tout d'ocre vêtue, le jardin Anglais où il fait bon flâner autour de la tour chinoise et siroter une bière à l'ombre de son jardin de bière, une escapade au séduisant château de Nymphenburg et ses jardins enchanteurs, la place du Marché (Viktualienmarkt) et son marché tout en couleur, bruissant de vie, une merveille pour les yeux et les papilles, et enfin, à l'automne, personne ne vous pardonnera d'avoir manqué d'entrer sous une des tentes de l'Oktoberfest.

Langues

La langue officielle est l'allemand mais le bavarois est également parlé. Voilà un dialecte germanique qui peut poser de sérieux soucis non seulement à tout étranger germanophone mais aussi aux visiteurs d'autres régions allemandes. Le *Bairisch* a fortement reculé depuis la Seconde Guerre mondiale avec les déplacements de populations ainsi qu'une certaine modernité à travers les nouveaux moyens de communiquer, uniformisant le parler national. Il n'en demeure pas moins très parlé en Bavière bien entendu, mais aussi dans quelques circonscriptions de Suisse, dans la majeure partie de l'Autriche et même au Sud-Tyrol en Italie.

Panorama de la ville de Munich.

France

La France est une des destinations touristiques les plus prisées dans le monde. En effet, rares sont les « petits pays » qui proposent une si grande diversité de traditions et de paysages. De la côte atlantique au bord de la Méditerranée, d'un séjour à la montagne dans les Alpes ou dans les Pyrénées, ou bien encore de la découverte de la campagne quelle que soit la région (les parcs naturels et les forêts occupent une grande partie du territoire), la France a beaucoup de belles choses à vous offrir. Sachez que les séjours linguistiques *anglais en France* se sont développés lors de ces dernières années. Il est désormais possible de pratiquer l'anglais en *summer camp*, en famille d'accueil anglophone (de nombreux Britanniques, Irlandais ou encore Canadiens se sont installés dans l'Hexagone). Les séjours linguistiques dans les lieux privilégiés et en pleine nature vous permettront de vous perfectionner en langue pas loin de chez vous. Sans oublier, bien sûr, les stages de français langue étrangère, proposés dans les différentes régions de France pour les non-francophones désirant parler la langue de Molière.
Outre les séjours linguistiques, des circuits intéressants sont organisés pour les jeunes, pour qu'ils découvrent la beauté de leur pays et de nombreuses activités hors du commun.

Pratique

- **Nom officiel :** République française
- **Devise nationale :** Liberté, Égalité, Fraternité
- **Hymne national :** La Marseillaise
- **Fête nationale :** 14 juillet
- **Capitale :** Paris
- **Superficie :** 641 185 km²
- **Population :** 66 600 habitants
- **Langues :** Français
- **Religion :** Catholiques, protestants, musulmans, juifs
- **Nature de l'État :** République constitutionnelle
- **Possessions, territoires et États associés :** Guyane, Saint-Pierre-et-Miquelon, Guadeloupe, Martinique, Saint-Martin et Saint-Barthélemy, Polynésie française, Nouvelle-Calédonie, Wallis-et-Futuna, Clipperton, Réunion, Mayotte, îles Éparses, îles Crozet, îles Kerguelen, Saint-Paul et Nouvelle-Amsterdam, terre Adélie
- **Monnaie :** L'euro (€)
- **Téléphone :** Pour téléphoner de l'étranger vers la France, composez le 0033 + indicatif de la ville sans le 0, puis le numéro de votre correspondant
- **Santé :** RAS
- **Sécurité :** RAS
- **Risques naturels :** RAS

Le drapeau français

Le drapeau de la France, drapeau tricolore bleu, blanc, rouge, également appelé « drapeau ou pavillon tricolore », est l'emblème national de la République française. Il est mentionné dans l'article 2 de la Constitution française de 1958. Ce drapeau de proportions « 2 : 3 » est composé de trois bandes verticales de largeur égale.Il date de 1794 – dessiné par Jacques-Louis David (1748-1825) à la demande de la Convention – mais ses origines sont plus anciennes et remontent aux trois couleurs de la liberté (14 juillet 1789), le bleu et le rouge pour les couleurs de Paris qui entourent le blanc de la royauté, identiques aux trois couleurs utilisées par les différents pavillons français d'Ancien Régime. Le drapeau tricolore est le pavillon officiel de la France depuis 1794 et le drapeau officiel des armées depuis 1812, à l'exception des périodes de Restauration (1814-1815 et 1815-1830).

© SYLVAIN SONNET

La chimère d'Eugène Viollet-le-Duc perchée tout en haut de la cathédrale Notre-Dame de Paris.

- **Sport national :** Football, rugby, pétanque, escrime
- **Plat national :** Les escargots de Bourgogne, le bœuf bourguignon, la choucroute alsacienne, la bouillabaisse, le coq au vin, le cassoulet, la quiche lorraine, la raclette, la fondue savoyarde, le pot-au-feu, le foie gras, les truffes, les huîtres et une incroyable diversité de fromages
- **Boissons nationales :** Vins (bordeaux, bourgogne, alsace), champagne, cidre, bière, pastis, liqueur
- **Que rapporter ?** Vins, spécialités culinaires, produits bio, sculptures, peintures, broderies, santons, savons, céramiques, herbes de Provence, pots-pourris, vêtements, bijoux, couteaux, parfums, porcelaines, vannerie
- **Événements :** Festival de la bande dessinée à Angoulême (janvier), carnaval de Dunkerque (février), carnaval de Nice (février), festival de Cannes (mai), fête de la Musique (21 juin), fête nationale (14 juillet), festival de théâtre d'Avignon (juillet), Francofolies de La Rochelle (juillet), festival interceltique de Lorient (août), grande braderie de Lille (septembre), festival du film américain de Deauville (septembre), foire internationale de Caen (septembre)
- **Période idéale :** Toute l'année

Les offres

Les séjours linguistiques sont nombreux en France, autant pour les enfants que pour les adultes, autant en formation continue que lors de séjours « où l'on fait comme si on était à l'étranger », c'est-à-dire des séjours en immersion. En effet, pourquoi ne pas profiter d'un séjour linguistique en immersion pour redécouvrir notre beau pays ? Car oui, vous pouvez tout à fait consolider ou reprendre de zéro l'apprentissage d'une langue étrangère grâce à un séjour dans un univers « clos », en *summer camp* ou même dans un château ! Ici, il est question d'un environnement où les accompagnateurs et les professeurs parlent une langue étrangère et donc, dans ce cadre aussi rigoureux qu'agréable, vous ou vos enfants pourrez vous concentrer sur les bases de la langue étudiée et la pratiquer avec des exercices pensés pour appréhender ce nouveau savoir. Le tout à quelques centaines de kilomètres de la maison seulement !

© HLI

Italie

Il est certain que pour apprendre ou se perfectionner en italien rien ne vaut un séjour linguistique sur place, en contact permanent avec toutes les richesses de cette culture multiple. Mais quel exercice de style que de présenter un pays comme l'Italie ! Il va falloir jongler avec les hauteurs alpines, les plaines verdoyantes et l'eau transparente, évoquer la *dolce vita*, bien sûr, et le rythme méditerranéen, composer avec l'histoire d'un peuple qui est l'une des plus impressionnantes qui soit, sans oublier l'incomparable gastronomie nationale et ses *pasta* : en un mot, l'Italie est plurielle et il peut paraître quelque peu singulier de vouloir la présenter brièvement. Des Alpes jusqu'à la Sicile, des canaux vénitiens jusqu'à l'Etna, l'Italie est une véritable cité bouillonnante qui se présente avant tout comme un mode de vie : tout, ici, s'articule autour de l'art et de l'architecture, bien sûr, mais aussi du *farniente*, du football, de la religion, de la mer, de la gestuelle ou encore du caractère latin et même des *gelati* (les fameuses glaces) ! Miroir du passé ouvert sur le monde, force d'un peuple et de sa jeunesse, l'Italie nous surprend jour après jour. La *commedia dell'arte* a de beaux jours devant elle : cette disposition italienne à forcer toujours un peu plus ses traits de caractère n'est pas née ici par hasard. À la pointe de son temps, accumulant la richesse historique du passé et souhaitant modeler l'avenir à son image – diversité, simplicité et liberté, entre autres –, l'Italie vous ouvre ses portes et saura vous accueillir comme il se doit.

À travers les plus grandes villes italiennes comme Turin, Milan, Florence, Rome, Venise, Naples ou encore Palerme, c'est une incroyable palette picturale que vous allez découvrir, agrémentée çà et là d'un zeste de parfum méditerranéen et de saveurs locales.

Pratique

- **Nom officiel :** Repubblica italiana.
- **Hymne national :** Fratelli d'Italia.
- **Fête nationale :** 2 juin.
- **Capitale :** Rome.
- **Superficie :** 301 336 km^2.
- **Population :** 60 6626 442 habitants.
- **Langues :** Italien, allemand (Trentin-Haut-Adige), anglais et français (lieux touristiques).
- **Religion :** Catholiques en majorité, minorités de protestants, de musulmans et de juifs, athées.
- **Nature de l'État :** République parlementaire.
- **Monnaie :** L'euro (€).
- **Téléphone :** Pour téléphoner de la France vers l'Italie, composez le 00+ 39 + indicatif de la ville et le 0 initial, suivi du numéro de votre correspondant, à nombre variable.
- **Décalage horaire :** 0 heure.
- **Formalités/visa :** Carte nationale d'identité ou passeport en cours de validité.
- **Santé :** RAS.
- **Sécurité :** RAS.
- **Risques naturels :** Risques sismiques.
- **Sport national :** Football.
- **Plat national :** Les pâtes, les pizzas, le risotto, la charcuterie, les glaces…
- **Boissons nationales :** Vin et café.

Le drapeau italien

Pour créer leur emblème national, les Italiens se seraient inspirés du drapeau français suite à la campagne napoléonienne menée dans la péninsule. Le blanc et le rouge figureraient les couleurs de Milan et le vert celle des uniformes de la garde civique milanaise ralliée à Napoléon. La bannière tricolore est adoptée officiellement par la République cispadane en 1797 ; suivront la République cisalpine ainsi que les autres républiques jacobines de l'époque. Abandonnée en 1815, elle est reprise en 1861 et devient le drapeau du royaume d'Italie. Elle est alors enrichie des armes de la maison de Savoie qui disparaîtront avec la chute de la monarchie. L'étendard tel qu'on le connaît sous sa forme actuelle naît lorsque l'Italie devient une république, le 1er janvier 1948.

- **Que ramener ?** Chaussures, vêtements, bijoux en or de Florence, verreries de Murano, vins, fromages, pâtes, masques de Venise, café.
- **Événements :** Foire de l'Épiphanie à Rome (janvier), carnaval de Venise (fin février-début mars), Scoppio del Carro à Florence (avril), Vogalonga à Venise (mai), Palio de Sienne (juillet), courses de chevaux montés à cru (juillet-août), Verona Opera (juillet-septembre), Regata Storica à Venise (premier week-end de septembre), Festa di San Gennaro à Naples (septembre).
- **Période idéale :** De mai à octobre.

AMBASSADE D'ITALIE
51, rue de Varenne (7e)
Paris ✆ 01 49 54 03 00
www.ambparigi.esteri.it
Consulat dans toutes les grandes villes de France.

Les offres

Où se rendre pour apprendre l'italien si ce n'est en Italie ? Vous aurez accès à une large gamme de séjours linguistiques et itinérants pour découvrir, au choix, la langue de Dante et la culture italienne. Ici, vous pourrez toucher du doigt une certaine qualité de vie, que ce soit en immersion chez l'habitant ou dans des hébergements dans une résidence ou appartement.
Tout le monde, quel que soit son âge, s'y retrouvera. A Rome et Florence, les organismes agréés proposent nombre de séjours linguistiques en immersion ou en campus international.
Depuis Milan par exemple, lieu de la prochaine Exposition Universelle, vous pourrez partir à la découverte de la région des Grands Lacs lors d'un voyage itinérant.

ROME

Roma caput mundi : Rome capitale du monde. Bien que cette suprématie ne soit plus d'actualité, Rome demeure une ville unique : depuis presque trois mille ans, elle fascine les visiteurs par son patrimoine historique et culturel.
Avec ses fontaines, places, ponts, portes, églises, arches, statues, palais qui se croisent, se stratifient de façon parfois inimaginable, c'est un musée en plein air, un condensé d'histoire et d'art.
Cette ville diverse est en réalité la somme de plusieurs villes. Elle évoque d'abord la ville-empire qui a conquis l'univers, imposé ses lois, marqué le pourtour méditerranéen et une partie de l'Europe d'une indélébile empreinte. C'est la Rome de Romulus et Rémus, de Jules César, de Pompée, de Cicéron, des empereurs Auguste, Néron, Trajan, Hadrien et Constantin. Mais à côté de cette Rome, il y a aussi la Rome de l'Église chrétienne, centre d'un empire spirituel où des milliers de pèlerins déferlent tous les ans. Cette Rome des papes rendit à la cité son aura universelle, la faisant capitale des arts, surtout de la Renaissance et du baroque. Enfin, il y a la Rome moderne, capitale incertaine d'une Italie multiple.
Une Rome sur laquelle plana l'aigle de Napoléon puis, quelques décennies plus tard, la dynastie des Savoie, nouveaux rois d'une Italie réunifiée. Rome a vu naître la démocratie chrétienne, ainsi que le fascisme. Durant la dernière moitié du XXe siècle, elle s'est intéressée à l'Europe pour pouvoir mieux s'ouvrir au monde. Capitale européenne, résolument tournée vers l'avenir, Rome prouve son dynamisme et sa volonté de s'inscrire dans le XXIe siècle de manière renouvelée.

Pratique

- **Saisonnalité :** Les saisons les plus plaisantes sont le printemps et l'automne. En effet, dès le mois d'avril, les températures sont agréables. Les mois de septembre et octobre sont également très indiqués et vous permettront même, si vous en avez envie, de combiner votre séjour à Rome avec une journée à la mer. Cependant, si vous n'aimez pas les foules, essayez d'éviter les mois d'été, Noël et Pâques (pendant la semaine sainte, l'afflux de fidèles est très important dans toute la ville) et préférez plutôt les saisons intermédiaires. Notez que, pendant une quinzaine en août, la ville est désertée par ses habitants à cause de la canicule, mais elle reste l'une des destinations favorites du tourisme international.

AMBASSADE DE FRANCE D'ITALIE
Palais Farnèse, Piazza Farnèse, 67
ROME
✆ +39 06 68 60 11
www.ambafrance-it.org

À voir – À faire

Rome est un musée à ciel ouvert. Dès que l'on pose le pied dans la Cité éternelle, chaque pierre, chaque église, chaque ruelle émerveille. On conclut donc très vite que visiter Rome nécessiste de faire des choix, parfois cornéliens. Ainsi, pour une première visite, voici notre top 10 par catégories.

Les 10 plus beaux monuments : Colisée • Forum romain et Forums impériaux • Place du Capitole et ses musées • Basilique Saint-Pierre • Musées du Vatican • Panthéon • Galerie Borghese • Campo dei Fiori et piazza Navona • Piazza di Spagna • Fontaine de Trevi

Les 10 plus belles églises : San Pietro • San Giovanni in Laterano • Santa Maria Maggiore • San Paolo Fuori le Mura • San Clemente • San Pietro in Vincoli • Santa Maria del Popolo • Santa Andrea della Valle • Santa Maria Aracoeli • Il Gésu

Les 10 plus belles places : Campo dei Fiori • Piazza Navona • Piazza Farnese • Piazza di Spagna • Piazza del Campidoglio • Piazza delle Coppelle • Piazza del Popolo • Piazza Santa Maria in Trastevere • Piazza della Rotonda • Piazza del Parlamento

Les 10 plus beaux palais : Villa Farnesina • Palais du Capitole • Palais Borghese • Palais Massimo alle Colonne • Palais Farnèse • Villa Giulia • Palais Barberini • Palais de la Chancellerie • Palais Spada • Palais Venezia

Les 10 plus beaux musées : Musées du Capitole • Musées du Vatican • Musée national romain • Galerie Borghèse • Galerie Colonna • Galerie Doria Pamphilj • Galerie Spada • Centrale Montemartini • Galerie nationale d'Art moderne et le MAXXI • Galerie nationale d'Art antique (palais Barberini)

Les 10 plus beaux sites archéologiques : Forum romain • Panthéon • Forums impériaux • Colisée • Palatin • Thermes de Dioclétien • Colonne de Marc Aurèle • Domus Aurea • Largo de Torre Argentina • Théâtre de Marcellus

Les 10 plus beaux chefs-d'œuvre : *La Déposition* du Caravage (Pinacothèque du Vatican) • *La Transfiguration* de Raphaël (musées du Vatican) • *Pietà* de Michel-Ange (basilique Saint-Pierre) • *L'École d'Athènes* de Raphaël (chambre de la Signature au musée du Vatican) • Chapelle Sixtine de Michel-Ange (basilique Saint-Pierre) • *Apollon et Daphné* du Bernin (galerie Borghese) • *La Vocation de saint Matthieu* (église Saint-Louis-des-Français) • *Saint Jérôme* de Léonard de Vinci (Pinacothèque du Vatican) • *Moïse* de Michel-Ange (basilique Saint-Pierre-aux-Liens) • *La Transverbération de sainte Thérèse* (église Santa Maria della Vittoria)

Langues

La langue italienne est la preuve incontestable du métissage constant auquel le peuple italien a été exposé pendant des siècles. Ainsi, *ragazzo* et *magazzino* sont des mots d'origine arabe (les Arabes furent longtemps présents en Sicile), tandis qu'*albergo*, *banca*, *guardia* ou *sapone* sont d'origine germanique. Charles Quint avait l'habitude de plaisanter en disant qu'on parle à Dieu en espagnol, aux hommes en français et aux femmes en italien ! L'italien est en effet l'une des langues latines les plus mélodieuses. Elle ne s'est formée que très tardivement car elle n'apparaît en tant qu'idiome littéraire qu'au XIIe siècle. L'aristocratie et les écrivains italiens ont en

© AUTHOR'S IMAGE

Le Colisée by night !

Les chiffres romains

La numérotation latine a une origine rurale, mais elle n'apparaît pas à première vue derrière les chiffres romains, qui se confondent avec les lettres I, V, X, L, C, D, M. On a l'impression que les Romains ont calqué leurs chiffres sur leur alphabet, en utilisant les consonnes initiales des mots désignant ces nombres, et cela semble évident pour C = *centum* (100), M = *mille* (1 000). À l'origine très lointaine de ce système, on doit imaginer le berger romain enregistrant le nombre de ses chèvres en faisant des encoches sur un bâton de bois ; une pour la première chèvre, une autre pour la deuxième, et ainsi de suite. Mais comme la perception immédiate de l'œil humain ne dépasse généralement pas quatre éléments séparés, l'entaille correspondante au chiffre cinq se devait d'être un peu différente. Ce serait là l'origine de V pour 5 et de X pour 10 (deux V, l'un au-dessus de l'autre, dont l'un est inversé). Les chiffres romains L, C, D et M ont une origine plus élaborée et beaucoup plus compliquée.

effet préféré parler le latin ou le provençal et le français pendant des siècles. Cette évolution fut progressive, puisque, à la fin du XIIIe siècle, Marco Polo écrivait son très célèbre *Il milione* en franco-vénitien. Peu à peu une langue s'est constituée et formalisée, grâce à l'œuvre d'auteurs tels que Dante, Boccace ou Pétrarque. Ceux-ci utilisaient le dialecte toscan, qui est à l'origine de l'italien tel que nous le connaissons aujourd'hui. À partir du XVe siècle, la Renaissance italienne fascine l'Europe et les emprunts aux langues italiennes se multiplient, notamment dans les œuvres des grands écrivains français de l'époque.

Mots français d'origine italienne

À partir du XVe siècle, se développe en Europe, et particulièrement en France, l'influence des grands États italiens. Outre leur rôle moteur dans la Renaissance (de nombreux artistes italiens viennent travailler en France), ces États s'immiscent dans la politique française : on pense notamment aux Médicis, qui fournissent deux reines à la France (Marie et Catherine), et à des hommes comme Concini et Mazarin, quasiment arrivés dans leurs valises. L'Italie fascine, notamment les grands écrivains français de l'époque, et les emprunts aux langues italiennes se multiplient. Voici quelques exemples passés dans le langage courant :

- **Alarme** : *alle arme*, aux armes, le signal pour se précipiter à l'armurerie.
- **Alerte** : *all'erta*, sur la hauteur, où l'on se mettait pour guetter et donner l'alerte.
- **Appartement** : *appartamento*.
- **Aquarelle** : *acquarello*.
- **Arpège** : *arpeggio*.
- **Balcon** : *balcone*.
- **Bandit** : *bandito*, c'est-à-dire banni.
- **Banque** : *banca*, le banc, la planche sur laquelle s'installaient les marchands.
- **Banqueroute** : *banca rotta*, rompu ; emprunté à l'usage qui voulait qu'on détruise le comptoir d'un marchand pour signifier sa faillite.
- **Banquet** : *banchetto*.
- **Biscotte** : *biscotto*, littéralement cuit deux fois.
- **Brigand** : *brigante*, à l'origine les membres d'une brigade (*brigata*), à une époque où les soldats ne se distinguaient pas vraiment par leur respect des populations locales.
- **Caleçon** : *calzone*.
- **Cardan** : de Jérôme Cardan (Cardano), son inventeur.
- **Carène** : *carena*.
- **Cavalcade** : *cavalcata*, initialement un défilé de cavaliers.
- **Corsaire** : *corsaro*.
- **Dessin** : *disegno*.
- **Écurie** : *scuderia*.
- **Escalope** : *scaloppe*.
- **Escarpin** : *scarpino*, littéralement petite chaussure.
- **Festin** : *festino*.
- **Frégate** : *fregata*, qui désignait un bateau à rames.
- **Pantalon** : *pantalone*.
- **Pantoufle** : *pantofola*.
- **Solfège** : *solfeggio*.
- **Sérénade** : *serenata*.
- **Virtuose** : *virtuoso*.

Le dialecte romain

Le dialecte romain ne peut pas être considéré comme un vrai dialecte, étant donné que sa grammaire ne se détache pas beaucoup de la grammaire italienne.
Les italophones peuvent comprendre pratiquement tout ce qui est dit en romain, à l'exception de certaines expressions. Le vrai dialecte romain est parlé exclusivement à Rome ; à peine sorti de la capitale (par exemple Velletri, Frascati, Civitavecchia), le romain laisse la place, avec des différences radicales, aux langages du Latium.

▶ **Expressions et manières de dire.** Le dialecte romain est toujours contourné par des mots utilisés pour attirer l'attention : le plus connu et extrêmement utilisé se trouve être le fameux aò, pour attirer l'attention auprès de soi avant de parler, par exemple : Scusa sai che ore sono ? (Pardon, sais-tu quelle heure il est ?) devient Aò scusa, sai ch'ore sò ? Ou encore, pour appeler quelqu'un par son nom, celui-ci n'est jamais prononcé en entier, par exemple : Stefano vieni qui ! (Stéphane, viens ici !) devient Stè, vie cqua ! ou Scusi signora ! (Pardon, Madame !) devient Scusi signò' !

FLORENCE

Paysages enchanteurs parsemés de cités médiévales, berceau de l'art étrusque avant de connaître son apogée au moment de la Renaissance, enfin terre bénie des dieux par sa gastronomie ou son climat, propices à une incroyable douceur de vivre… Bref, si vous cherchez la *dolce vita*, nul doute que vous la découvriez en parcourant les rues de la ville. Du cœur de Florence s'extirpe inlassablement la clameur du passé. Pour partir à la conquête de la Renaissance qu'elle a vu naître, rien de mieux que d'arpenter à pied ses pavés orgueilleux. La géométrie aérée de la piazza della Signoria bornée de palais et de statues somptueuses, le charme de l'art roman endormi dans quelques églises oubliées, les apéritifs qui se prolongent à l'heure où la chaleur quitte la ville, les virées nocturnes dans le quartier de Santa Croce et les sessions interminables de shopping sont quelques éléments d'un tableau presque si facile à peindre qu'il n'y a rien à inventer.Cette symbiose détonante entre l'homme et la cité, voulue et exploitée par la célèbre et puissante famille des Médicis, a permis de développer un champ d'expression artistique unique au monde. Ce n'est pas un hasard si Léonard de Vinci, Botticelli, Michel-Ange, Dante et bien d'autres, tous en quête d'une cité idéale, ont fait de Florence leur capitale.Pour compléter le panégyrique de cette destination, il ne manque plus que la légèreté et le raffinement de la gastronomie locale, accompagnée par le fruit principal des terres opulentes des environs : le vin. Le panorama est complet. Et Florence de demeurer une ville un peu hors du monde, très certainement hors du temps…

La cathédrale Santa Maria del Fiore domine la ville de Florence.

Pratique

▶ **Saisonnalité :** Il est conseillé de visiter Florence au printemps et à la fin de l'été. Les mois les plus agréables pour visiter sont les mois d'avril, mai, juin et septembre. L'automne est assez pluvieux et, en hiver, il n'est pas rare qu'il neige ce qui, dans une ville comme Florence, est susceptible de provoquer quelques désagréments. Le plein été est à déconseiller aux personnes qui supportent difficilement les (très) fortes chaleurs.

À voir – À faire

Difficile d'estimer combien de temps il faut pour visiter Florence, les intérêts des visiteurs divergeant tellement. Mais les 100 000 pièces exposées à la fabuleuse galerie des Offices, sans compter les plafonds travaillés ou la structure du bâtiment, pourraient en retenir certains pendant plusieurs jours. Comme les trésors se trouvent à chaque coin de rue, il est conseillé de visiter le cœur de la ville à pied. Florence est divisée en six quartiers qui portent chacun le nom d'une église majeure. Cela, de fait, correspondait à un partage de la ville par

© ISTOCKPHOTO.COM/MAMMUTH

Ponte vecchio.

différents ordres religieux. Les Dominicains et les Franciscains occupent ainsi l'ouest et une partie du centre avec Santa Maria Novella et Santa Croce. Les Servites de Marie (un ordre mendiant fondé à Florence en 1233) ont fait de même avec Santissima Annunziata et les Augustins se sont installés au sud, à Santo Spirito. Le quartier de San Lorenzo abritait la maison des Médicis qui ont leur caveau dans l'église. Enfin, San Giovanni tient son nom non de la cathédrale autour de laquelle l'ensemble de la ville semble s'articuler, mais de son baptistère qui se tient tout près. Il fut ainsi nommé en hommage au saint patron de la ville, Jean-Baptiste.Pour une première visite, on recommandera les sites suivants en priorité : Duomo Santa Maria del Fiore et son campanile, galerie des Offices, ponte Vecchio, musée et église de San Marco, galerie de l'Académie, chapelle San Miniato al Monte, basilique de Santa Croce, maison de Dante, Palazzo Vecchio et sa tour et enfin la synagogue.

Langues

En Italie, chaque région, chaque province, voire chaque ville a son propre dialecte, plus ou moins encore utilisé de nos jours. Ces langues ont une base commune de latin et de grec, qui s'est tout d'abord mêlée aux langues préexistantes, puis enrichie d'emprunts aux différents envahisseurs barbares, notamment germains. Suite à l'unité italienne, il a bien fallu tout de même harmoniser tout ça. Parmi toutes les langues du pays, le toscan s'est donc imposé comme base de l'italien actuel. Mais pourquoi est-ce le toscan qui s'est imposé comme langue, alors que l'unité avait plutôt mis en valeur le Piémont ? Comme dit précédemment, la littérature avait déjà imposé le toscan grâce à ses trois grands auteurs, piliers de la littérature italienne : Dante, Pétrarque et Boccace. Mais c'est surtout pendant la Renaissance que cette langue s'affirme, grâce au rôle de Florence et à ses multiples échanges avec la plupart des régions italiennes.

MILAN

Milan est comme la pointe d'un iceberg : sous l'eau se cache l'immensité de son potentiel. Pour la découvrir il faut avoir la patience de l'écouter, de la vivre. Culture et histoire, shopping et gastronomie, soirées branchées et airs d'opéra… Comme nulle autre, Milan a le don d'unir tradition et innovation avec un charme naturel qui séduit toutes les générations. La « locomotive d'Italie » n'a rien à envier aux grandes capitales internationales ; au contraire ! Milan a le mérite de savoir gérer son stress avec élégance. Sous de fausses apparences d'ennuyeuse productivité, elle affiche un art de vivre et un savoir-faire irréprochables, moteurs de nouvelles tendances dans le monde entier. Interprète au plus haut niveau de la créativité, capable d'expérimenter le présent et d'anticiper l'avenir, cette métropole internationale n'avance que par projets de grande envergure.

Oubliez tous les *a priori* et laissez-vous surprendre. Au moment où le *duomo* de Milan se dressera devant vous, vous réaliserez à quel point Milan est une ville qui a toujours pensé les choses en grand. Léonard de Vinci y vécut longuement et lui laissa *La Cène* en héritage. Capitale historique de l'opéra, le Teatro alla Scala garde la mémoire de Toscanini, de Verdi et de la Callas. Royaume des plus grands créateurs de mode et du design contemporain, Milan s'affiche au même rang que les grandes capitales internationales pour son dynamisme économique et pour sa capacité à innover dans tous les domaines. Aujourd'hui, les professionnels du monde entier s'y retrouvent à l'occasion de nombreux salons et des *fashion weeks*. Aucune autre ville italienne ne représente mieux que Milan l'Italie moderne, créative et tendance.

Pratique

- **Saisonnalité :** Les mois les plus indiqués pour partir à la découverte de Milan se situent entre mars et juin et entre septembre et début novembre. Le climat y est doux, les arbres sont en fleur et la foule n'est jamais trop envahissante. Au contraire, pendant la deuxième quinzaine du mois, Milan est vide et la plupart de ses magasins et beaucoup d'hôtels sont fermés.

À voir – À faire

À Milan peut-être plus qu'ailleurs, on profite de la ville et on la découvre patiemment, recoin par recoin. Ainsi pour une première visite, nous vous recommandons de déambuler au cœur du quadrilatère de la mode, LE quartier de la haute couture, d'assister à une représentation au Teatro alla Scala, de méditer devant la plus fameuse fresque du monde, *La Cène* de Léonard de Vinci, d'admirer la splendeur gothique du *Duomo* et celle romane de Sant'Ambrogio ou encore de déguster un *aperitivo* à la milanaise dans le quartier de Brera ou des Navigli.

Langues

À Milan on parle italien bien sûr, mais le dialecte milanais a aussi une forte présence due à sa longue histoire. Avant l'arrivé des Romains, la plaine padane était habitée par des populations méditerranéennes, ligures, rhétiques (population dérivée des Ligures occupant les zones montagneuses), ibériques et jurassiennes. Aucune trace écrite des langues parlées par ces populations ne nous est restée, mais l'origine de certains mots du dialecte milanais nous en indique la dérivation. La confrontation entre le dialecte milanais et le patois jurassien est particulièrement étonnante. Par exemple, le mot milanais *magnan* dérive du jurassien *magnin* (chaudronnier ambulant). Également jurassiens sont les mots *guja*, *rougnasser* et *tavan*, soit « mare », « grogner » et « taon » en français. En 600 av. J.-C., les Gaulois s'installent dans la région de Milan et leur culture influence la vie et les mœurs des populations préexistantes. Le nom même de Milan dérive du nom celte Mediolanum. Pareillement, le nom Brianza (zone géographique au nord-est de Milan) dérive du mot celte *brig*, « lieu en hauteur » et Lecco, du mot *leukos*, « bois, forêt ». Le latin classique, qui n'est parlé que par les élites, est vulgarisé par le peuple et devient l'idiome officiel. Le mélange des populations « barbares » avec les peuples romanisés accélère l'action de vulgarisation du latin engendrant ainsi le dialecte milanais, dit également *meneghino*, soit la langue parlée par les serviteurs, le petit peuple. Le dialecte milanais est donc très proche du français car il est constitué de 70 % de mots d'origine latine et, pour le reste, de mots dérivant des langues parlées par les habitants qui précédèrent les Romains, notamment les Gaulois. Cependant, comme pour la plupart des dialectes italiens, l'influence des dominations étrangères a laissé des traces très importantes. Ainsi nous retrouvons dans le dialecte milanais des mots d'origine espagnole, autrichienne et française : artichaut devient en milanais *articiock* et jambon, *giabun*.

Le Duomo de Milan.

Chine

La Chine est aujourd'hui une destination prisée pour tous ceux souhaitant s'initier au chinois et à sa culture millénaire. Et pour cause : la Chine est une star internationale ! L'empire du Milieu n'a jamais aussi bien porté son nom que ces dernières années, tant il est devenu omniprésent. Sa montée en puissance économique et le fantasme lié à un « péril chinois » y sont pour beaucoup. Pour autant la Chine ne se limite pas seulement aux mégalopoles ultramodernes de la côte (Pékin, Shanghai ou Canton) qui alimentent une croissance rapide et drainent chaque année un nombre de touristes plus important ; c'est aussi, et surtout, un pays en développement qui recèle de nombreux trésors historiques et culturels. Alors oui, la Chine est un monde à part avec sa Grande Muraille, son armée de soldats en terre cuite de l'empereur Qin à Xi'an, ses montagnes sacrées avec leurs temples découpés dans la brume au sommet de crêtes acérées, ses villages nichés entre des rizières en terrasse dans le sud du pays… Ce sont autant de sites qui semblent tout droit sortis des récits anciens et plongent le visiteur plusieurs siècles, voire plusieurs millénaires en arrière. En Chine, les repères sont brouillés, en grande partie car même l'écriture recèle sa part de mystère. Il faut donc appréhender le pays avec un esprit ouvert, se laisser porter par les ambiances, se laisser guider par les rencontres au gré du voyage. Il faut prendre le temps de flâner, de découvrir les scènes de la vie quotidienne. Mais le visage de la Chine change à pas de géant, modelé au jour le jour par l'ouverture du pays, sa croissance économique époustouflante, son envie débordante d'accéder à une modernité souvent calquée sur le modèle occidental. Alors pour profiter encore de toutes les facettes du pays, de la plus moderne à la plus traditionnelle, n'attendez plus !

Pratique

- **Nom officiel :** Zhōnghuá Rénmín Gònghéguó (中华人民共和国)
- **Devise nationale :** Compter sur ses propres forces
- **Hymne national :** La Marche des volontaires
- **Fête nationale :** 1er octobre
- **Capitale :** Pékin (Beijing)
- **Superficie :** 9 600 000 km²
- **Population :** 1,35 milliard d'habitants
- **Langues :** Chinois
- **Religion :** Bouddhisme, taoïsme et islam
- **Nature de l'État :** République communiste à parti unique
- **Monnaie :** Le yuan (renminbi, littéralement « la monnaie du peuple »). Le sigle du yuan renminbi (人民币) est RMB. Aujourd'hui, 1 € = 8,49 RMB
- **Téléphone :** Pour téléphoner de France en Chine, composez le 00 + 86 + code ville sans le zéro + numéro local.
- **Décalage horaire :** + 6 heures en été, + 7 heures en hiver
- **Formalités/visa :** Le régime des visas est de plus en plus rigoureux. En plus du billet d'avion aller-retour, il faudra présenter une réservation d'hôtel (ou une lettre d'invitation), une copie de votre assurance médicale incluant le rapatriement et enfin fournir une attestation de travail ou un relevé bancaire. Pour un visa d'un mois et d'une seule entrée, comptez 45 € (115 € en service express)

Le drapeau de la République populaire de Chine

Le drapeau chinois se compose de cinq étoiles – une grande et quatre petites – sur un fond rouge. Il existe deux interprétations pour la signification de ce drapeau. Selon la première, la plus grosse étoile représenterait le Parti communiste chinois et les quatre autres symboliseraient les classes sociales alliées au PCC : les paysans, les ouvriers, la petite bourgeoisie et la bourgeoisie nationale. Selon une autre interprétation, la plus grande représenterait les Han et les autres les quatre grands groupes de minorités. Le rouge est l'une des couleurs traditionnelles des anciens drapeaux chinois.

- **Santé :** Eau non potable
- **Sécurité :** RAS
- **Risques naturels :** RAS
- **Sport national :** Ping-pong, badminton, football, basket-ball, courses de bateaux-dragons et arts martiaux
- **Plat national :** La cuisine chinoise est riche de quatre écoles culinaires aux saveurs variées dont les multiples spécialités ne peuvent être résumées ici
- **Boissons nationales :** Le thé et la bière
- **Que rapporter ?** Jade, soies, broderies, batiks, cachemire, émaux, porcelaine, matériel de calligraphie, sceaux en marbre sculpté, boules de Canton…
- **Événements :** Nouvel an chinois (janvier-février), festival de Labrang au Tibet (mi-février), fête des lanternes à Chengdu (février), festival de la pure lumière (avril), festival de la pleine lune (septembre), fête nationale (1er octobre), nouvel an tibétain (selon le calendrier lunaire tibétain)

AMBASSADE DE LA RÉPUBLIQUE POPULAIRE DE CHINE
111, avenue George-V (8e)
Paris
✆ 01 47 23 36 77
✆ 01 47 23 34 45
www.amb-chine.fr
Non ouvert au public.

Les offres

Apprenez et améliorez la langue chinoise dans une école internationale ou bien chez le professeur, notamment, à Beijing ou à Shanghai. Vous pouvez également décider de vous lancer à la découverte du pays lors d'un séjour itinérant.

PÉKIN – BEIJING

Pékin a subi une véritable mue pour les Jeux olympiques de l'été 2008. Nombreux ont craint à l'époque que la ville ne perde son âme, que son centre-ville ne soit entièrement détruit pour laisser la place nette aux nouvelles habitations seyant mieux à la capitale de la Chine, puissance économique de ce nouveau siècle. Il n'en est rien.

La Grande muraille.

Aujourd'hui, avec le recul, on s'aperçoit que les JO n'ont pas tout bouleversé ; ils ont juste acceléré un mouvement de modernisation inexorable. La capitale a ainsi gagné en fluidité avec la construction de très nombreuses lignes de métro ; elle a gagné en propreté – bien que le chemin reste encore long avant de parvenir à une véritable « révolution verte » – mais surtout, elle a gagné en vivacité. Bienvenue à Pékin, entre habitats traditionnels et édifices colossaux, entre trésors cachés et merveilles inscrites au patrimoine de l'humanité, entre mode de vie traditionnel et modernité à outrance ! Bienvenue à Pékin, capitale bigarréee qu'il faut prendre le temps d'arpenter, de humer, pour finalement appréhender cette identité chinoise parfois si décriée en Occident. Un voyage à Pékin est une aventure, de celle qui forme la jeunesse et forge des souvenirs pour toute une vie ; car ici les repères sont brouillés, les codes sociaux différents et l'écriture mystérieuse. Bienvenue à Pékin, capitale administrative des derniers bureaucrates rouges et pourtant haut lieu de la finance mondiale. Pour un grand bain dans l'empire du Milieu, pour un grand pas en Chine.

Pratique

Saisonnalité : Le printemps et l'automne sont en général les meilleures périodes pour voyager à Pékin. À noter : malgré ses températures nettement en dessous de zéro, l'hiver peut être une bonne saison pour découvrir Pékin sous un ciel bleu si l'on ne craint pas trop le froid.

À voir – À faire

Pékin est une ville fantastique à laquelle trop de touristes ne consacrent malheureusement que quelques jours (Cité interdite, palais d'Été, temple du Ciel, un marché et un petit saut à la Grande Muraille). À Pékin, on peut tout aussi bien privilégier les balades à pied dans le centre-ville pour goûter à l'ambiance si particulière des quartiers traditionnels que sillonner en taxi ou en bus les gigantesques artères pour apercevoir la Chine du nouveau millénaire et couvrir les gigantesques distances de cette mégalopole en pleine expansion, ou encore se balader à vélo ou en pousse-pousse à travers les zones touristiques. Pour une première visite, il est important de se perdre dans les dédales des 9 999 salles de la Cité interdite, de découvrir la « Chine traditionnelle » dans les *hutong*, d'admirer les œuvres des artistes contemporains chinois à Dashanzi, de se promener autour du lac Kunming au palais d'Été, de se remémorer les victoires chinoises (et françaises) sur les sites olympiques, de chiner au « marché aux voleurs » de Panjiayuan, d'arpenter la Grande Muraille et de voir le « nouveau visage » de Pékin à Sanlitun, de marcher sur les traces des premiers étrangers à Dongjiaominxiang ou encore de découvrir les religions chinoises et asiatiques dans le quartier ouest.

Langues

Plus d'un milliard de personnes parlent le chinois – un habitant sur quatre de la planète. Le chinois est aussi une des plus vieilles formes d'écriture connues, les plus anciens caractères datant de la dynastie Shang (1500 av. J.-C.). Bien que la langue chinoise parlée ait radicalement changé à travers les âges, les caractères chinois sont restés les mêmes depuis le IIIe siècle avant notre ère, lorsque Qin Shi Huangdi, le premier empereur, a standardisé l'écriture.

L'écriture

Chaque caractère, qui peut comprendre jusqu'à 20 traits, correspond à une idée et non pas à un son, l'écriture chinoise n'est donc pas un système qui renvoie à la prononciation. La langue compte plus de 50 000 caractères, mais seuls 3 000 sont nécessaires pour assimiler la langue et la lecture courante. Seuls quelques rares érudits maîtrisent tous les signes. Les mots écrits constituent de véritables chefs-d'œuvre calligraphiques. Traditionnellement, le chinois se lisait de haut en bas et de droite à gauche ; mais les journaux et livres modernes sont désormais écrits conformément aux pratiques occidentales, de gauche à droite et de haut en bas. Malgré les nombreux dialectes (huit groupes principaux), c'est cette langue écrite, ne présentant pas les mêmes variations que la langue parlée, qui permet à tous les Chinois de communiquer (un Pékinois et un Cantonais utilisent les mêmes caractères, mais ils ne les prononcent pas pareil). Ayant peu changé depuis des millénaires, la langue écrite peut donc être lue par tous les Chinois. La difficulté que présente l'écriture chinoise pour les étrangers provient en majeure partie du grand nombre de caractères nécessaires à la lecture d'un texte, et surtout aux différentes significations que ces caractères prennent dans des contextes différents.

La prononciation

La difficulté de la langue chinoise tient aux quatre tons différents qui peuvent complètement changer le sens d'un même mot, car il existe de nombreux homonymes. Pour cette raison, il vaut mieux essayer de composer une phrase courte, au lieu de prononcer un mot isolé. Le chinois repose donc sur une logique rigoureuse. Beaucoup de caractères, qui sont dérivés de symboles imagés (pictogrammes), forment ensemble de nouveaux éléments, et la langue se comprend assez facilement. Avec cinquante mots, on peut en faire de trois à quatre cents, il suffit de savoir les combiner. Si on met côte à côte *ni* (vous) et *hao* (bon), cela fait « bonjour ». Avec *zhong* (milieu) et *guo* (pays), on obtient « empire du Milieu » (la Chine). Les capitales sont nommées en fonction de leur situation : ainsi Beijing se prononce en assemblant *bei* (nord) et *jing* (capitale). Le touriste constatera très vite que le chinois est une langue très mélodieuse (quatre tons pour le mandarin et huit tons pour le cantonais). Cette prononciation des mots à plusieurs tons présente quelques difficultés pour les étrangers.

Le *putonghua*

La Chine s'est fixée une langue parlée commune en alignant les différents dialectes sur le pékinois.

La langue officielle est celle que nous appelons « mandarin » et que les Chinois appellent le *putonghua* (langue commune) ou *hanyu* (la langue des Han). Afin de favoriser l'alphabétisation du pays, Mao Zedong a imposé une simplification de l'écriture : une centaine de caractères furent ainsi simplifiés dès 1956, puis l'expérience a été élargie à plus de 500 caractères.

Hongkong et Taïwan utilisent en revanche toujours des caractères non simplifiés, ce qui rend difficile la lecture des journaux locaux pour un Chinois du continent.

Le *pinyin*

Autant les caractères simplifiés se sont imposés, autant l'alphabétisation avec l'emploi de l'alphabet latin fut un échec (dans la langue chinoise, le mot est inséparable de l'image). L'essai de transcription phonétique comme le *zhuyin zimu*, en 1918, qui devait remplacer les caractères, fut un échec total. Actuellement, le système officiel de romanisation (transcription phonétique de la langue) utilisé en Chine s'appelle le *pinyin*. Il fut adopté en 1958 par l'Assemblée populaire nationale de la République populaire, lors de sa première législature. Le *pinyin* se sert des lettres latines et se compose avec les vingt-six lettres de l'alphabet romain. Bien que cette transcription ne corresponde pas non plus exactement à notre système phonique, elle s'est néanmoins révélée très utile pour les étrangers qui apprennent la langue chinoise. Il est par contre assez difficile pour un débutant de prononcer correctement le chinois en lisant le *pinyin*. Ainsi, *Xi'an* se prononce en réalité « si-anne ».

SHANGHAI

Shanghai, vitrine de la Chine, ville monde entre terre et mer ! Véritable anomalie dans une Chine profondément rurale, Shanghai incarne plus que jamais le symbole d'une Chine nouvelle, d'une société en pleine mutation. Les entreprises s'y bousculent, les touristes affluent. Chaque jour, sur la plateforme de la gare centrale, débarquent des centaines d'ouvriers migrants venus des quatre coins du pays pour renflouer la masse des travailleurs qui construisent Shanghai, jour après jour.Ainsi, la ville se développe très vite sous l'impulsion de projets pharaoniques tels que l'Exposition universelle (2010) et ses 73 millions de visiteurs qui a vu naître un nouveau quartier de 5 kilomètres carrés et une quantité de nouvelles infrastructures. Aujourd'hui encore, pour le visiteur habitué ou pour le nouveau venu, Shanghai n'en finit plus de surprendre, d'étonner.Car Shanghai est une ville à multiples facettes, un véritable laboratoire architectural dans un musée à ciel ouvert. Entre les immeubles ultramodernes sont lovées des maisons centenaires, parmi les hommes d'affaires pressés déambulent de vieux Chinois promenant paisiblement leur oiseau en cage, à côté des restaurants huppés se pressent les petites gargotes populaires, et dans ce monde apparemment dédié à l'argent se concentrent les plus beaux musées du pays et une scène artistique contemporaine en plein essor. Sage le jour, le Shanghai des affaires se change en un *Shanghai by night* plus extraverti. Aujourd'hui comme demain, les lignes futuristes de Pudong font face au Shanghai fantasmé des années 1930, celui du jazz, des cabarets et des fumeries d'opium. Un séjour à Shanghai ressemble de ce fait à une plongée en apnée dans un monde mouvementé, qui peut faire penser à Hongkong, Tokyo ou New York. Porte d'entrée du monde vers la Chine, Shanghai est probablement la ville chinoise dont l'accès est le plus facile pour les étrangers. Son caractère international et son ouverture atténuent le choc culturel et permettent une entrée en douceur dans ce monde chinois si fascinant.

Pratique

- **Saisonnalité :** Les meilleures saisons pour voyager à Shanghai sont le printemps (de mi-avril à mi-juin) et l'automne (de mi-août à mi-octobre). Vous éviterez ainsi le froid hivernal et les grosses chaleurs, souvent couplées de pluie, de l'été.

À voir – À faire

Les Chinois ont coutume de dire que Pékin est la ville de l'histoire mais que pour comprendre la Chine contemporaine il faut se rendre à Shanghai. Dans cette ville aux mille facettes, il y en a pour tous les goûts, et quelques jours seront nécessaires pour découvrir les différents aspects d'une même ville. Vous pourrez ainsi visiter le Shanghai des concessions, la vieille ville ou encore admirer le Shanghai moderne, toujours plus grand, et définitivement ancré dans le XXIe siècle ! Lors d'un premier séjour, on essayera de faire une promenade le long du Bund, d'apprécier aux abords du fleuve Huangpu d'un côté une part d'histoire (Puxi) et en face le Shanghai moderne (Pudong), de prendre part à une excursion en bateau sur le fleuve, car Shanghai est avant tout une ville d'eau, un agréable moyen de prendre la mesure de cette ville depuis le quartier de l'Exposition universelle à l'embouchure du Yangzi en passant devant le Bund, de monter au sommet de l'une des trois plus grandes tours de Pudong (au choix : la tour de télévision, la tour Jinmao ou la tour du centre universel des finances, de préférence à la tombée de la nuit), de flâner dans la vieille ville, vous y perdre et visiter le Jardin Yu. Vieilles maisons, avec dans leur cour intérieure, des vêtements qui sèchent, parties de mahjong entre vieux amis, grand-mères en pyjama qui prennent le soleil contre des murs décrépis... voilà le spectacle qui vous attend dans les dédales de la vieille ville. Arpenter Pudong et l'ancien site de l'Exposition universelle permet d'accéder à la magnificence du Shanghai ultramoderne, de découvrir à chaque coin de rue des monuments témoins de l'histoire tourmentée de Shanghai la sulfureuse lors d'une balade dans l'ancienne concession française, à l'ombrage des ruelles bordées de platanes, de partager un repas chinois autour d'une grande table circulaire où vous pourrez déguster des *xiaochi* en tout genre (à vos baguettes !), de brûler un bâton d'encens dans un des temples de la ville (temple de Confucius, temple Jing'an, du Bouddha de Jade), de boire un verre sur une des terrasses autour du Bund la nuit, de profiter d'une vue à couper le souffle et se laisser tenter par une tournée nocturne...

Langues

À Shanghai, la plupart des panneaux indicateurs sont rédigés en pinyin (transcription qui utilise les lettres de l'alphabet latin) et en anglais, de même que les stations de métro. Le shanghaïen ressemble un peu au mandarin (que les Chinois appellent *putonghua*, la langue commune). Ainsi, en *shanghaihua*, bonjour se dira *nong ho*, qui n'est pas sans rappeler *nihao*.

Jardin de Yuyuan, à Shanghai.

Nouvelle-Zélande

Bienvenue au pays des contrastes où la nature règne, où les paysages varient à l'infini et surprennent : volcans aux sommets enneigés et leurs lacs de cratère turquoise, plateaux verdoyants nourrissant les 43 millions de moutons, plages de sable blanc, doré ou noir, geysers impressionnants et lacs de boue bouillonnante, forêts tropicales et primitives abritant le chétif kiwi (l'emblème national), ainsi que les arbres géants kauri, certains deux fois millénaires. Encore ne sont-ce que des bribes de tout ce que vous pourrez découvrir lors d'un séjour itinérant en Nouvelle-Zélande ! Ici, les aventures les plus extrêmes, les défis contre soi-même sont accessibles à tous : saut à l'élastique ou en parachute, randonnée glaciaire ou volcanique dans l'un des quatorze parcs nationaux, descente en rappel dans les profondeurs d'immenses cavernes souterraines, plongée sous-marine autour d'une épave, surf sur les vagues de l'océan Pacifique ou de la mer de Tasman. La Nouvelle-Zélande est aussi la terre de nombreuses espèces endémiques de plantes (le flax, le toe-toe, la fougère arborescente), d'arbres (le rimu, le totara, le rata ou le pohutukawa, le palmier nikau) et d'oiseaux (le tui, le weka, le kakapo, le kea et le takahe, le petit manchot bleu et le manchot à yeux jaunes). Ses côtes abritent une grande variété de mammifères marins protégés comme l'otarie à fourrure, le dauphin d'Hector, les cachalots et les orques. En un mot, la Nouvelle-Zélande est LA destination pour le passionné de nature. C'est aussi un pays riche d'une culture multicolore et passionnante, à commencer par celle des Maoris, le premier peuple de Polynésiens à découvrir ces terres, environ 700 ans avant l'explorateur Abel Tasman. Leur habileté artistique et artisanale subjugue, tandis que leurs danses guerrières, ou « haka », intimident. Avec le Pakeha, le « différent » ou le « Blanc d'origine européenne », et malgré une cohabitation très difficile et tourmentée au cours du XIXe siècle, ils ont su développer une culture commune, la culture kiwiana qui a pris son essor dans les années 1950 avec l'après-guerre. Patrie des All Blacks, de l'America's Cup, d'Ernest Rutherford, prix Nobel de chimie, ou encore d'Ed Hillary, la Nouvelle-Zélande est aussi la terre d'un peuple extrêmement accueillant, serviable et très attachant. Après plus de 13 000 kilomètres parcourus dans ce pays, nous ne pouvons que vous conseiller de partir sans hésiter à sa découverte et de vivre *the real New Zealand* !

Pratique

- **Nom officiel :** New Zealand
- **Devise nationale :** Toujours droit
- **Hymne national :** God Defend New Zealand
- **Fête nationale :** 6 février
- **Capitale :** Wellington
- **Superficie :** 268 880 km^2
- **Population :** 4 470 800 habitants
- **Langues :** Anglais et maori
- **Religion :** Anglicans, presbytériens, catholiques, méthodistes, baptistes, autres et sans religions (33 %)

Le drapeau néo-zélandais

Le drapeau de la Nouvelle-Zélande arbore l'Union Jack du Royaume-Uni dans le coin supérieur gauche. Dans la moitié droite, quatre étoiles rouges à cinq branches bordées de blanc sur un fond bleu représentent la Croix du Sud, une constellation visible dans le ciel de Nouvelle-Zélande.Inspiré du drapeau australien, il a été adopté en tant que drapeau officiel en 1902. L'Union Jack, drapeau du Royaume-Uni, traduit l'appartenance de la Nouvelle-Zélande au Commonwealth.Les étoiles symbolisent les quatre astres les plus brillants de la Croix du Sud, constellation de l'hémisphère austral, servant autrefois aux navigateurs de repère d'orientation.Ainsi, le drapeau proclame toujours l'origine coloniale britannique de la Nouvelle-Zélande. La constellation de la Croix du Sud est également sur le drapeau australien, à la différence que les six étoiles sont entièrement blanches. Depuis plus de trente ans, on débat de l'adoption d'un drapeau plus représentatif de l'indépendance néo-zélandaise, mais une bonne part de la population reste nostalgique de l'époque britannique.

- **Nature de l'État :** Monarchie parlementaire
- **Monnaie :** La monnaie néo-zélandaise est le dollar néo-zélandais, symbole NZ$ ou NZD. Les habitants parlent tout simplement de « dollar », sans chercher de complications. Aujourd'hui, 1 NZD = 0,65 € ; 1 € = 1,54 NZD
- **Téléphone :** Pour téléphoner de la France vers la Nouvelle-Zélande, composer le 00 + 64 + indicatif régional sans le zéro + les 7 chiffres du numéro local
- **Décalage horaire :** + 11 heures
- **Formalités/visa :** Pour les ressortissants français, il est possible de se rendre en Nouvelle-Zélande en tant que touriste pour une période de trois mois sans visa mais avec un passeport valide encore au moins trois mois après la date de départ de la Nouvelle-Zélande et un billet d'avion de retour. Si vous souhaitez travailler ou séjourner plus longtemps dans le pays, il vous faudra faire une demande de visa préalable. Depuis 2012, les demandes de visa pour la Nouvelle-Zélande ne se font plus auprès de l'ambassade de Nouvelle-Zélande à Paris. Celles-ci devront désormais être envoyées au New Zealand Visa Application Centre à Londres (www.nzembassy.com).
- **Santé :** Vaccination recommandée contre la typhoïde. Moustiques à la tombée de la nuit, surtout pendant l'été austral, et phlébotomes dans les fjords
- **Sécurité :** RAS
- **Risques naturels :** RAS
- **Sport national :** Rugby
- **Plat national :** Fish and chips (poisson et frites), pies (petits pâtés salés et fourrés de différentes garnitures), pavlova (dessert meringué)
- **Boissons nationales :** Vin, vin de kiwi, bière
- **Que rapporter ?** Poteries, lainages, artisanat maori, artisanat du cuir…
- **Événements :** Régates d'Auckland (janvier), Summer City Program à Wellington (janvier-février), fête nationale (6 février), Pasifika à Auckland (mars), festival maori des arts et des métiers dans la région de Northland (mars), festival des arts de Christchurch (juillet), festival des lumières à New Plymouth (décembre)
- **Période idéale :** De décembre à mars

AMBASSADE DE NOUVELLE-ZÉLANDE
7 ter, rue Léonard de Vinci (16e)
Paris
✆ 01 45 01 43 43
www.nzembassy.com
Ouvert en semaine de 9h à 13h.

À voir – À faire

Pour une première fois, les visites des sites suivants sont à envisager : Wellington, Christchurch, Auckland, les volcans de la région de Rotorua, les parcs nationaux de Tongarivo, de Westland, du Fjordland et des lacs de Nelson, la péninsule de Coromandel ou encore les chutes de Sutherland.

Langues

L'anglais, le maori et la langue des signes néo-zélandaise sont les trois langues officielles. La plupart des Néo-Zélandais parlent uniquement anglais. Le maori est parlé par plus de 160 000 personnes. La crainte de voir cette langue disparaître a diminué suite aux efforts menés pour sa valorisation, notamment au travers de son enseignement aux jeunes Maoris comme aux autres enfants.La langue et la culture maorie sont enseignées à l'école et en 2004 une chaîne de télévision maorie a été créée. Le langage le plus commun après l'anglais et le maori est le samoan, parlé par plus de 80 000 personnes, suivi du tongan et du chinois (cantonais et mandarin). Enfin, la langue étrangère la plus enseignée est le français.

Les offres

On peut sans difficultés appréhender la Nouvelle-Zélande au travers d'un séjour itinérant pour découvrir les richesses de ce côté-là du Pacifique. De nombreux jeunes adultes choisissent également cette destination pour effectuer des séjours de durée prolongée, où ils allient les cours d'anglais avec des expériences professionnelles (job, stage en entreprise, etc.).

Statues maories à Rotorua.

Afrique du Sud

Un séjour linguistique sur place pourra ainsi être l'occasion de découvrir toutes les facettes de ce charmant pays ; car à chaque visiteur son Afrique du Sud. Ceux qui sont venus chercher le safari-photo et le face-à-face avec les fauves préféreront le Mpumalanga et le Limpopo pour ses parcs et réserves sauvages. Voir filer un léopard dans la lumière du crépuscule, observer un groupe de lions somnolant sous un arbre, surprendre un guépard courant derrière un daim, s'étonner du jeu des éléphants dans l'eau ou marcher dans la brousse avec des rangers armés jusqu'aux dents : voilà la magie du *bush*. Ceux qui sont fascinés par l'Afrique tribale et les traditions ancestrales découvriront les huttes pittoresques, les danses en peaux de léopard et en habits de perles, les transes des sorciers guérisseurs et les cérémonies des Zoulou, Xhosa, Sotho et Swazi. Un vrai dépaysement ! Ceux qui rêvent d'action : plonger avec des requins, faire du canoë au milieu des baleines, phoques et otaries, surfer avec des dauphins choisiront Le Cap ou les montagnes du Drakensberg pour des activités plus sportives. Les épicuriens et ceux qui aiment les vacances luxueuses opteront pour l'arrière-pays, la route des vins et le Petit Karoo, ses paysages et ses bons crus, et les paradis retranchés de la Garden Route. Enfin, les solitaires iront se perdre dans le Kalahari, le Karoo et l'État-Libre, découvrir les peintures des San, explorer les mines de diamant d'antan et discuter avec les fantômes des villes hantées, se sentir plus près des étoiles dans le désert. Les amateurs de mégalopoles tenteront de comprendre le complexe Johannesburg, iront goûter au plaisir d'un concert de jazz dans un shebeen de Soweto, s'imprégneront des ambiances colorées et des senteurs orientales du centre de Durban, mi-indien, mi-africain, et feront la fête jusqu'au petit jour avec la jeunesse dorée du Cap. Mille et une réjouissances vous attendent dans ce pays haut en couleur. Mais surtout, n'oubliez pas que vous assistez à l'avènement d'une jeune démocratie qui a échappé de peu à la guerre civile, a fait des pas de géant en vingt ans, mais qui devra faire preuve de ténacité pour surmonter ses problèmes. Une simple discussion, un sourire échangé, la visite d'un township vous permettront de mieux comprendre l'histoire récente de ce peuple en plein bouleversement culturel et social. La Coupe du monde 2010 a été à elle seule un symbole de cette renaissance annoncée de la nation « arc-en-ciel » si chère à Desmond Tutu. On a une pensée émue pour Nelson Mandela, le père de la nation qui nous a quittés le 5 décembre 2013. « L'éducation est l'arme la plus puissante pour changer le monde », disait-il. Pour que cette sage citation prenne sens, pourquoi ne pas partir se perfectionner en anglais en Afrique du Sud ?

Pratique

- **Nom officiel :** Republic of South Africa
- **Devise nationale :** L'unité dans la diversité
- **Hymne national :** Nkosi Sikelel' iAfrika
- **Fête nationale :** 27 avril

Le drapeau de l'Afrique du Sud

Le drapeau de l'Afrique du Sud est né officiellement le 27 avril 1994, jour de la Constitution provisoire déclarée après les premières élections libres du pays après l'apartheid. L'ancien drapeau adopté en 1928 était contesté car il était exclusivement lié à l'histoire des colons néerlandais et britanniques. Sur ce nouveau drapeau, le noir, le jaune et le vert sont les couleurs de l'ANC tandis que le rouge, le blanc, le bleu sont celles des anciennes républiques des Boers. Le Y signifie la convergence et l'unification. L'autre interprétation du drapeau est plus poétique, plus fidèle aux symboles africains : le bleu représente le ciel, le vert la terre, le blanc les Afrikaners, le noir les populations noires, le jaune l'or du pays, le rouge le sang versé pendant les conflits et le Y renversé l'union de toutes ces composantes, signifiant « la nation arc-en-ciel », expression inventée par Desmond Tutu et si chère à Nelson Mandela. La devise du pays : ! ke e : Ixarra Ilke signifie en bochiman, langue des plus anciens habitants de l'Afrique australe, « L'unité dans la diversité ».

- **Capitale :** Pretoria ou Tshwane (administrative, la plus connue), Le Cap (législative) et Bloemfontein (judiciaire)
- **Superficie :** 1 219 912 km²
- **Population :** 51 779 560 habitants
- **Langues :** Onze sont reconnues mais une vingtaine existe dont l'anglais, le zoulou (24 %), le xhosa (18 %), l'afrikaans (13 %), le venda, le tswana, le sotho du Nord, le sotho du Sud, le ndébélé, le siswati et le tsonga
- **Religion :** Christianisme Zion (11,1 %), pentecôtistes/renouveau charismatique (8,2 %), catholicisme (7,1 %), méthodisme (6,8 %), Église réformée hollandaise (6,7 %), anglicanisme (3,8 %), autres chrétiens (36 %), islam (1,5 %), sans religion (15,1 %)
- **Nature de l'État :** République constitutionnelle parlementaire unitaire
- **Monnaie :** Le rand, symbolisé par ZAR. Aujourd'hui, 1 € = 14,52 ZAR, 1 ZAR = 0, 068 €
- **Téléphone :** Pour téléphoner de la France vers l'Afrique du sud, composer le 00 27 puis le numéro privé du 0 initial
- **Décalage horaire :** + 1 heure en hiver
- **Formalités/visa :** Aucun visa n'est exigé pour des séjours de moins de trois mois. Un permis de séjour (*visitor's permit*) vous sera délivré au contrôle des passeports lors de l'entrée sur le territoire. De ce fait, il est nécessaire que le passeport contienne une page vierge.
- **Santé :** Traitement contre le paludisme recommandé, particulièrement entre le mois de novembre et le mois de mai. Eau non potable en zone rurale. Moustiques dans le nord et l'est du pays
- **Sécurité :** Fort taux de criminalité. Précautions à prendre pour les voyageurs individuels contre les risques éventuels
- **Risques naturels :** RAS
- **Sport national :** Rugby, golf, cricket et football
- **Plat national :** Le braai (barbecue) et le pap, plat de semoule de maïs que l'on peut manger au petit déjeuner avec du sucre et du lait ou bien en plat avec une sauce, des oignons, des tomates et de la viande
- **Boissons nationales :** Le vin, le thé rouge, la bière de sorgho
- **Que rapporter ?** Tapis, coussins, bijoux en or et en argent, céramiques, broderies, objets en cuirs, en cuivre, céramiques…
- **Événements :** Carnaval du Cap (2 janvier), jour des droits de l'homme (21 mars), fête nationale (27 avril), jour de la réconciliation (16 décembre)
- **Période idéale :** De juin à septembre

AMBASSADE D'AFRIQUE DU SUD
59, Quai d'Orsay (7e)
Paris ✆ 01 53 59 23 23
www.afriquesud.net – info@afriquesud.net
Ouvert de 8h30 à 12h du lundi au vendredi.

À voir – À faire

Lors d'un premier séjour, nous vous recommandons de visiter Le Cap et les côtes de la péninsule, Durban, la côte de l'océan Indien et la route des jardins, Sun City, le KwaZulu-Natal, les parcs nationaux et réserves (Pilanesberg, Kruger…), le Drakensberg, la montagne de la Table, la route des vins, le Karoo…

Langues

L'Afrique du Sud compte de nombreuses langues officielles et parmi elles l'anglais et le xhosa font partie des plus répandues. En débarquant en Afrique du Sud, vous aurez instantanément le sentiment d'avoir fait des progrès en anglais, car les Sud-Africains parlent plus distinctement et roulent les *r*. Les Blancs et métis ont un accent afrikaner, avec des sonorités gutturales, tandis que les Noirs parlent avec toutes sortes d'intonations et de sonorités bantoues. Le xhosa est facile à reconnaître grâce au « clic », un claquement de langue très difficile à reproduire (proche du bruit d'une balle de ping-pong) qui rend leurs expressions si sonores et musicales.

Les offres

On se rend en Afrique du Sud pour apprendre l'anglais dans le cadre de séjours linguistiques. Ces séjours sont essentiellement organisés dans des écoles internationales. Il est également possible de suivre un séjour itinérant.

Guépards.

LES DESTINATIONS

Autriche

Reine des Alpes, du baroque et de la musique classique, berceau de la psychanalyse et de la valse, nid de culture et trésorière d'une histoire grandiose, l'Autriche pourrait être surnommée le cœur de l'Europe. C'est d'ailleurs à ce titre qu'on s'y rend dans le cadre d'un séjour linguistique pour y perfectionner son allemand dans des campus de grande qualité ou en immersion totale dans l'une de ses villes remplies d'histoire qui cultivent un certain amour du passé, dont Vienne, sa capitale, en est le symbole. Ville impériale par excellence avec ses nombreux édifices baroques, gothiques ou néoclassiques, elle a su entretenir nombre de ses traditions au premier rang desquelles les bals, la valse ou les cafés, tout en se faisant l'une des villes les plus modernes d'Europe. Le raffinement et l'art de vivre des villes autrichiennes, comme Salzbourg, Graz ou Innsbruck, sauront séduire les amateurs de culture, les fins gastronomes ou les mélomanes. Entendre jouer des morceaux de Haydn, Mozart ou Strauss dans leur pays d'origine reste une expérience inoubliable. À leurs côtés, les musiciens électro défrayent la chronique, exemple parmi tant d'autres de ce pays qui oscille toujours avec un rare savoir-faire entre conservatisme et avant-gardisme.L'Autriche, grand pays touristique, c'est aussi et surtout un pays de nature, de paysages, de campagne et surtout de montagne. Des cimes enneigées aux eaux cristallines en passant par les forêts de pins, les Autrichiens ont merveilleusement su conserver la magie de leur nature. Cyclistes, randonneurs, skieurs : une immense palette de sports et d'activités nature est proposée à tout visiteur dans ce pays traversé par la grande chaîne de montagnes européenne. Enfin, traditionalisme et folklore des villages font de l'Autriche une destination à part, fascinante et surtout familiale. Noël est fêté comme nulle part ailleurs et, dans certaines régions, les Autrichiens portent toujours les costumes traditionnels dont les célèbres culottes courtes. L'année est rythmée par bon nombre de festivités. Dotée en outre d'une franche et savoureuse gastronomie, productrice de délicieux vins et de bières de qualité, l'Autriche, pays de contrastes, mélange savamment culture, nature et hédonisme, suffisamment pour satisfaire des goûts bien différents. Au pays de Heidi et de Sissi, mais aussi d'Elfriede Jelinek et Peter Handke, l'Autriche est une terre de contrastes, de patrimoine et de beauté à découvrir en toute saison et à tout âge.

Pratique

- **Nom officiel :** Republik Österreich
- **Hymne national :** Land der Berge, Land am Strome
- **Fête nationale :** 26 octobre
- **Capitale :** Vienne
- **Superficie :** 83 871 km²
- **Population :** 8,4 millions d'habitants
- **Langues :** Allemand
- **Religion :** Catholique
- **Nature de l'État :** Répubique semi-présidentielle fédérale
- **Monnaie :** L'euro (€)

Le drapeau autrichien

En vigueur au XVIIIe siècle, le drapeau autrichien, rouge, blanc, rouge, daterait du XIIe siècle. Selon la légende, le duc d'Autriche l'aurait adopté après une violente bataille. Couvert de sang de la tête aux pieds, il découvrit que, grâce à sa ceinture, une partie de sa tenue blanche était restée immaculée. Le drapeau, dans son état actuel, est devenu l'emblème officiel national au lendemain de la Première Guerre mondiale, après la chute de l'empire. En 1938, en raison de l'annexion de l'Autriche par l'Allemagne, il fut délaissé au profit de la croix gammée. Le peuple autrichien a retrouvé son drapeau en 1945.

- **Téléphone :** Pour téléphoner de la France vers l'Autriche : 00 + 43 + indicatif de la ville sans le 0 + numéro de votre correspondant
- **Décalage horaire :** 0 heure
- **Formalités/visa :** Carte nationale d'identité ou passeport en cours de validité
- **Santé :** RAS
- **Sécurité :** RAS
- **Risques naturels :** RAS
- **Sport national :** Le ski alpin et toutes les disciplines liées aux sports de glisse d'hiver
- **Plat national :** L'escalope viennoise (escalope de veau panée), l'apfelstrudel (gâteau roulé aux pommes), charcuterie, fromages et pâtisseries
- **Boissons nationales :** Bière et vin blanc
- **Que rapporter ?** Chapeau tyrolien, porcelaines, broderies, cristal, céramique, manteaux en loden, chocolats, sucreries…
- **Événements :** Festival de Pâques de Salzbourg (semaine avant Pâques), festival de Vienne (mai-juin), festival du Danube à Krems et en Wachau (juin-juillet), festival lacustre de Bregenz (fin juillet-fin août), festival de musique classique de Salzbourg (août), automne du jazz à Salzbourg (novembre)
- **Période idéale :** De mai à septembre. De décembre à avril pour les sports d'hiver

AMBASSADE D'AUTRICHE
6, rue Fabert (7e)
Paris ✆ 01 40 63 30 63
www.amb-autriche.fr
paris-ob@bmeia.gv.at

À voir – À faire

Pour une première visite, les sites ne manquent pas : Vienne et la forêt viennoise, Salzbourg, Graz, Linz, Innsbruck, Halstatt, Wachau, les chutes de Krimml, le Salzkammergut, Sopron et le lac de Neusiedl, le lac de Mondsee, le Tyrol et la Carinthie ; tous sont des immanquables !

Langues

Les dialectes allemands de l'Autriche sont dits « haut allemand », comme le bavarois ou le souabe. Ces dialectes sont nombreux, subtils, plus ou moins prononcés, plus ou moins agréables à l'oreille, parfois chantants comme dans certaines vallées du Tyrol, où ils constituent un véritable régal linguistique. Un régal, mais aussi parfois un casse-tête pour le germanophone réfractaire aux subtilités dialectales. L'autrichien est souvent proche du bavarois, sauf dans le Vorarlberg où il emprunte des consonances suisses.
Ces accents sont liés aux origines d'un groupe ethnique donné (sud-germanique) et à l'influence de la tradition sur le mode de vie. De plus, l'empire était autrefois constitué de douze « nationalités » différentes. Les populations habitant dans cette petite partie de l'empire – le territoire national actuel – ont quelque peu coloré l'allemand de consonances ataviques. À Vienne, vous pourrez le constater avec le yiddish, le hongrois, le serbe et le tchèque. Vous trouverez également quelques mots français, reliques linguistiques de l'époque monarchique.

- **Pour souhaiter le bonjour,** on dit *grüss Gott* (qui peut s'utiliser toute la journée) plutôt que *guten Morgen* dans presque tout le pays, particulièrement dans le Sud (la majorité des Tyroliens s'y sont mis également). Différence essentielle sur les cartes de restaurants, le *schlag* autrichien désigne la crème dont on nappe les pâtisseries et qui se dit *sahne* en allemand. *Erdäpfel* pour « pomme de terre » remplace assez régulièrement le *kartoffel* allemand, tout comme *paradeiser* la *tomate.*

Les offres

On se rend en Autriche pour pratiquer son allemand dans le cadre de séjours linguistiques en immersion ou sur des campus internationaux. Ces séjours sont organisables pour tous les âges, tous les niveaux. Des séjours itinérants sont également organisés à la découverte du pays.

© NETZER JOHANNES – FOTOLIA

Chapelle du village de montagne Innerberg, Montafon.

Costa Rica

Paradis naturel bordé par la mer des Caraïbes et l'océan Pacifique, le Costa Rica est une terre mystérieuse et envoûtante. Pendant un séjour itinérant ou solidaire, on se lancera à la découverte de cette « côte riche », nom donné par Christophe Colomb ébloui par les parures des Amérindiens qu'il rencontre lors de son quatrième voyage, et on apercevra des merveilles que conserve précieusement ce petit territoire. Son véritable trésor, c'est son « or vert », une biodiversité parmi les plus riches du monde (6 % de la biodiversité de la planète).

La protection de la nature est une profession de foi, une réalité quotidienne inscrite dans la durée. Près d'un tiers du territoire est protégé en « réserve naturelle » au grand bénéfice de la faune et de la flore. Précurseur en matière d'environnement et de développement durable, le Costa Rica respecte pleinement sa philosophie naturelle. Volcans actifs et inactifs, jungles luxuriantes, eaux claires et fonds marins riches, air pur au sommet des montagnes... les quatre éléments de la nature y sont bel et bien représentés et respectés.

Le drapeau du Costa Rica

Il a été établi avec les trois couleurs de la France : bleu, blanc, rouge avec cinq bandes horizontales. « La France dresse ses couleurs verticalement, car elle est au centre de la civilisation. Le Costa Rica les érigera horizontalement car c'est une nation qui commence à recevoir les premiers rayons de sa véritable indépendance et de la civilisation du siècle » (José María Castro Madriz, président de la République, 1848).

Mais la philosophie costaricienne ne se limite pas uniquement à la nature.Pays démocrate depuis son indépendance en 1821, le Costa Rica a aboli la peine de mort en 1882, n'a plus d'armée depuis 1948 et a donné le droit de vote aux femmes en 1949 ! Depuis les années 1980, il se mobilise en faveur de la paix, de la liberté et de la nature. Officiellement neutre, le Costa Rica s'est forgé un état d'esprit pacifiste. Dans cette continuité, ce petit État d'Amérique centrale s'est vu attribuer par deux fois le titre de pays où l'on vit le plus heureux (2009 et 2012). Preuve que la *pura vida* n'est pas qu'une façon de penser mais bien une manière de vivre !

Pratique

- **Nom officiel :** República de Costa Rica
- **Devise nationale :** Que vivent pour toujours le travail et la paix !
- **Hymne national :** Noble patria, tu hermosa bandera
- **Fête nationale :** 15 septembre
- **Capitale :** San José
- **Superficie :** 51 100 km²
- **Population :** 4,7 millions d'habitants
- **Langues :** Espagnol. Également de nombreuses langues indigènes : maleku, cabécar, bribrí, guaymí et brunca (boruca)
- **Religion :** Catholiques (76 %), évangéliques (14 %), témoins de Jéhovah (1,3 %), autres (5,5 %), athées (3,2 %)
- **Nature de l'État :** République
- **Monnaie :** La monnaie du Costa Rica est le colón (¢) – colones au pluriel – du nom du « découvreur » Christophe Colomb. Aujourd'hui, 1 € = 670 ¢ ; 1 US$ = 504 ¢
- **Téléphone :** Pour téléphoner de la France vers le Costa Rica, composez le 00 + 506 puis le numéro de votre correspondant
- **Décalage horaire :** – 7 heures en hiver et – 8 heures en été
- **Formalités/visa :** Le visa n'est pas exigé pour les ressortissants français qui se rendent au Costa Rica, si le séjour n'excède pas 90 jours : un passeport est suffisant. Attention cependant, toute personne qui quitte

Perroquets dans le Parc national de Carara.

le Costa Rica par l'aéroport international doit s'acquitter d'une taxe de 29 US$ (ou la somme équivalente en colones)

- **Santé :** Un traitement contre le paludisme est recommandé. Présence endémique de la fièvre jaune. Eau non potable
- **Sécurité :** RAS
- **Risques naturels :** Risques d'inondations et de glissements de terrain pendant la saison des pluies (zone caraïbe et cordillère centrale principalement), risques sismiques et d'éruptions volcaniques (volcan Arenal)
- **Sport national :** Football, volley-ball, basket-ball
- **Plat national :** Le gallo pinto (plat à base de riz et de haricots auxquels on ajoute soit des œufs, soit de la viande), le casado (repas complet comprenant une salade de crudités, du riz, des haricots et de la viande, du poisson ou des fruits de mer)
- **Boissons nationales :** Le guaro (alcool de canne à sucre), les jus de fruits et le café
- **Que rapporter ?** Objets et sculptures en bois (acajou, chêne, cèdre), café, hamac, cigares, objets en céramique, en cuir, vannerie, vêtements de coton…
- **Événements :** Fiestas de Santa Cruz (janvier), journée des charretiers à San Antonio de Escazú (mars), foire d'artisanat national à San José (mars), jour de l'indépendance (15 septembre), carnaval à Puerto Limón (octobre), Fiesta de los diablitos à Talamanca (novembre)
- **Période idéale :** De décembre à fin avril

AMBASSADE DU COSTA RICA EN FRANCE

4 square Rapp (7e)
Paris ✆ 01 45 78 96 96
www.ambassade-costarica.org
Ouvert le lundi de 9h30 à 14h30 et du mardi au vendredi de 10h à 15h.

À voir – À faire

Les charmes du Costa Rica sont nombreux. Néanmoins, lors d'un premier séjour, nous conseillons vivement de visiter San José, le monument national Guayabo, les volcans Poás, Irazú et Arenal, les côtes pacifique et caribéenne, la réserve de Carara, les parcs nationaux de Cahuita, Santa Rosa et Tortuguero et le site archéologique de Guayabo.

Langues

La langue officielle est l'espagnol. En réalité, c'est plutôt le castillan, qui a la réputation d'être l'un des plus purs d'Amérique latine, mais il est actuellement tellement coloré que l'on se demande à quand remonte cette pureté. Les différences entre l'espagnol d'Espagne et celui du Costa Rica sont peu nombreuses dans le fond. Plus difficiles à saisir sont les déformations ou les usages anciens comme le *voseo* (forme ancienne du vouvoiement), correspondant au vouvoiement français, où *vos* remplace *tu*. La conjugaison de la deuxième personne du singulier s'en trouve modifiée : *tu puedes = vos podés.*

Mais *tu puedes* est parfaitement compris des Costariciens, comme en Argentine, en Uruguay et au Paraguay. De même, *usted* (« vous », au singulier) et *ustedes* (« vous », au pluriel) sont moins formels qu'en Espagne et s'emploient en famille, entre amis et marquent plutôt l'estime et l'affection. Pour ne pas se tromper, autant employer *usted* pour tout le monde, c'est d'ailleurs ce que font les Costariciens depuis quelques années.

Sur la côte Caraïbe, on parle un anglais à la syntaxe espagnole héritée des travailleurs jamaïcains venus s'installer ici à la fin du XIXe siècle – un espagnol métissé d'anglais ou *vice versa* –, mais tourisme et invasion *gringa* obligent, de nombreux Costaricains parlent l'anglais, en plus de l'espagnol qui est un peu différent de celui qu'on a appris à l'école. Ils le parlent vite et en altèrent souvent la prononciation. Ainsi, le *ll* et le *y* s'entendent plutôt « dj » que « y » (par exemple, *amarillo*, « jaune », se prononcera plutôt « amaridjo » ; et *yo*, « je », « djo »).

Quelques *tiquismos*

- **Entre amis,** *qu'ihubo* remplacera l'habituel *¿ Como está ?* (Comment allez-vous ?), auquel on pourra répondre *pura vida* (qui veut tout dire pourvu que cela soit positif). *Pura vida* est une expression typique du Costa Rica qui est presque devenue sa devise. Sur la côte Caraïbe, on répond parfois *tuanis*, qui est une déformation de l'anglais *too nice* (trop bien).

- ***Con gusto* ou *mucho gusto*** (littéralement « avec goût ») se dit très souvent dans le sens « d'enchanté », de « je vous en prie » ou « avec plaisir » pour le second.

- ***Vieras vos*** (« tu vois »), *fijate vos* ou *imaginate* reviennent fréquemment dans la conversation, un peu comme une ponctuation.

- ***Es buena nota :*** « il/elle est sympathique ».

- **Pour une femme,** on dira *madre* (mère), *mamita* (petite mère) ou *mi hijita* (ma petite fille, de *hija*) qui équivalent à « ma chérie ». Dans la rue, cela devient *chiquita*, *muchacha*, *corazón*, *amor*…

- **Les jeunes gens** s'appellent entre eux *majes* qui, tout en signifiant « crétin », se traduirait ici plutôt par « mec ».

- **Quelques surnoms sympathiques** servent à définir, voire à interpeller les gens. Ainsi, on pourra vous appeler *gordo/gorda* (gros/grosse), *flaco/flaca* (mince), *negro/negra* (de peau foncée), *macho* (aux cheveux clairs), ou *chino/china* (aux yeux en amandes), *gato* (aux yeux de chat, verts) sans chercher à vous vexer. Ces adjectifs s'emploient un peu n'importe où et n'importe quand.

- ***Achára*** exprime le regret, en cas de perte de quelque chose par exemple.

- ***¿ Y diay ?*** est l'expression d'un grand étonnement.

- ***Ya casi viene*** signifie que ça arrive, ça vient, tout de suite… Y'a pas l'feu, quoi !

- **Une bonne habitude à prendre** qui vous fera presque sentir *tico* est de crier (doucement tout de même) *upe* (« oupé ») à la porte de la maison de l'ami que vous visitez. Ce petit mot serait un reste de *ave de Guadalupe*, une bénédiction au nom de la Vierge du même nom, et remplace ici la sonnette. N'oubliez pas d'ajouter *-ito* ou *-itico* à la fin de vos adjectifs. Enfin, on donne du *don* et du *doña* à tout va. N'hésitez pas à l'utiliser avant le prénom de la personne respectée à qui ou de qui vous parlez, ce sera très apprécié…

© ICT (INSTITUT COSTARICIEN DE TOURISME)

Cascade dans le parc national Rincón de la Vieja.

Les offres

Le Costa Rica est une belle destination pour améliorer son niveau d'espagnol dans le cadre de séjours linguistiques ou pour partir à la découverte du pays avec des séjours itinérants ou encore pour s'investir dans un séjour solidaire ou de volontariat.

Vietnam

Le Vietnam est un pays qui maintient une originalité irréductible dans un paysage touristique mondial qui tend à s'uniformiser. Un séjour itinérant vous permettra de silloner tout le pays et de découvrir une nature prodigue de ses merveilles : paysage maritime fascinant du site de renommée mondiale de la baie d'Ha Long, paysage karstique du site de Hoa Lu (la baie d'Ha Long terrestre), plages de sable fin, îles paradisiaques, forêts primaires, mangroves du delta du Mékong… La diversité culturelle n'est pas moindre avec une multitude de lieux chargés d'histoire et qui témoignent de multiples influences : pagodes et temples dans le delta du fleuve Rouge, site cham de My Son près de la petite ville de Hôi An, qui fut autrefois un carrefour maritime asiatique, cité impériale de Huê, architecture coloniale à Hanoi, Hô Chi Minh-Ville ou dans le delta du Mékong. Il existe également un Vietnam plus sauvage et moins fréquenté dont les pistes s'ouvrent à l'aventure. Les sportifs pourront explorer les fonds marins, les gastronomes s'initier à des délices inédits, les artistes découvrir l'antique technique des maîtres laqueurs, les nonchalants écouter le bruissement du vent dans les palmes et le roulement des vagues sur le sable. Enfin, du point de vue financier, la destination reste très abordable avec des prestations qui peuvent être luxueuses, mais à des tarifs sans commune mesure avec ceux qui sont pratiqués dans beaucoup d'autres pays.

Pratique

- **Nom officiel :** Cộng hoà Xã hội Chủ nghĩa Việt Nam
- **Devise nationale :** Indépendance, Liberté, Bonheur
- **Hymne national :** Les troupes avancent
- **Fête nationale :** 2 septembre
- **Capitale :** Hanoi
- **Superficie :** 331 041 km²
- **Population :** 92 421 835 habitants
- **Langues :** Vietnamien
- **Religion :** Culte des génies, des ancêtres, bouddhisme (10 %), catholicisme (8 %), protestantisme (0,5 %), caodaïsme (2 %), hoa hao (1,5 %), islam
- **Nature de l'État :** République. État communiste à parti unique

Le drapeau de la république socialiste du Vietnam

Selon la Constitution, « le drapeau national de la république socialiste du Vietnam est de forme rectangulaire avec une largeur égale aux deux tiers de la longueur, de couleur rouge avec une étoile jaune à cinq branches au milieu ». Le drapeau rouge à l'étoile d'or (*Co do sao vang*) est devenu le drapeau officiel de la République démocratique du Vietnam, le 5 septembre 1945, du fait d'un décret signé par le général Vo Nguyên Giap, alors président par intérim du gouvernement provisoire. Depuis cette date, seul le dessin de l'étoile d'or a été modifié, en 1955.Le drapeau aurait fait sa première apparition le 23 novembre 1940, en Cochinchine, au cours de l'insurrection contre la puissance coloniale française (Nam Ky khoi nghia). Il aurait été créé par Nguyên Huu Tiên, un militant communiste originaire du Nord, qui a fondé le premier comité du Parti de la province de Nam Ha (à 50 kilomètres au sud de Hanoi), francophone amoureux de Victor Hugo et d'Alexandre Dumas. Il fut exécuté par les autorités françaises le 28 août 1941.Pendant la guerre américaine, le drapeau du Sud (république du Vietnam, 1955-1975) avait des couleurs identiques : il était composé de trois bandes rouges sur fond jaune. Après la prise de Saigon par l'armée du Nord-Vietnam, le 30 avril 1975, et la proclamation de la République socialiste du Vietnam, le 2 juillet 1976, le drapeau rouge à l'étoile d'or est devenu celui du Vietnam, réunifié en un seul État.

- **Monnaie :** La monnaie nationale est le dông, qui s'écrit en abrégé VND (Vietnamese Dông). Aujourd'hui, 1 € = 28 600 VND
- **Téléphone :** Pour téléphoner de la France vers le Vietnam, composez le 00 + 84 + indicatif de la province sans le 0, puis le numéro de votre correspondant
- **Décalage horaire :** + 6 heures en hiver, + 5 heures en été
- **Formalités/visa :** Demande de visa auprès de l'ambassade du Vietnam. Possibilité d'obtenir le visa par courrier grâce au formulaire disponible sur le site de l'ambassade. Prévoir un délai de 15 jours. Prix du visa tourisme : 80 € (les frais postaux sont inclus), validité un mois
- **Santé :** Eau non potable
- **Sécurité :** RAS
- **Risques naturels :** RAS
- **Sport national :** Football, ping-pong, badminton, arts martiaux…
- **Plat national :** Nems, pho (soupe aux vermicelles de riz au bœuf ou au poulet), banh chung (gâteau de riz gluant)
- **Boissons nationales :** Thé, bière
- **Que rapporter ?** Laques, objets en nacre et bois précieux, soie, vêtements sur mesure
- **Événements :** Têt (janvier-février), Huong Son à Tonkin (février), fête des pagodes de Yen Tu (février), festival des lanternes (février), Tanh Minh (avril), festival de Huê (mai), fête de la libération (30 avril), fête nationale (2 septembre)
- **Période idéale :** De décembre à mai

© AUTHOR'S IMAGE – PHILIPPE GUERSAN

Cages à oiseaux.

AMBASSADE DE LA RÉPUBLIQUE SOCIALISTE DU VIETNAM
61 rue de Miromesnil (16e)
Paris ✆ 01 44 14 64 00 / 01 44 14 64 13 / 06 89 48 30 30
http://ambassade-vietnam.fr
vnparis.fr@gmail.com
Horaires d'ouverture : 9h30-12h et 14h-17h, du lundi au vendredi (pour le dépôt ainsi que le retrait des visas).

À voir – À faire

Les possibilités de découverte et de visites sont innombrables au Vietnam. Pour un premier séjour, on conseillera de visiter les villes et endroits suivants : Hô Chi Minh-Ville, Hano, Huê, Da Nang, Hoi An, My Son, Cu Chi, le Tonkin, la baie d'Ha Long, le delta du Mékong, les hauts plateaux, le parc national de Phong Nha-Ke Bang, l'île de Phu Quoc, les plages de Phan Thiet, Nha Trang et Vung Tau.

Langues

Outre le vietnamien, la langue officielle, sont également pratiquées au Vietnam les langues des ethnies minoritaires (khmer, cham, thaï, sedang, miao-yao, chinois). Le XIIe siècle voit naître une écriture nationale qui tente de se démarquer du chinois, mais il restera la langue écrite officielle au Vietnam jusqu'en 1955. L'écriture vietnamienne proprement dite, fondée sur une transcription d'idéogrammes chinois, s'appelle le nôm. Au XVIIe siècle, le père jésuite Alexandre de Rhodes, né à Avignon en 1591 et mort à Ispahan en 1660, élabora une transcription romanisée de la langue parlée (*quôc ngu*). Ce système, plus facile d'usage, commença à s'imposer à la fin du XIXe siècle. En se diffusant, le *quôc ngu* a permis une démocratisation de l'écriture, qui n'existait pas dans le cas du *chu nôm*, réservé jusqu'au XVIIIe siècle à une minorité de lettrés. Il contribua beaucoup à l'émancipation de toute une partie de la jeunesse nationaliste vietnamienne au début du XXe siècle. Le *quôc ngu* est devenu l'écriture officielle du régime actuel, alors que, quelques érudits mis à part, plus personne n'est en mesure de lire les inscriptions en *chu nôm*.

Les offres

Le Vietnam est un pays accueillant et parfait pour un séjour itinérant. D'ailleurs les organismes ne s'y sont pas trompés en proposant des séjours itinérants adaptés aux adolescents et aux jeunes adultes à la découverte de ce merveilleux pays.

Inde

L'Inde n'est pas un pays ordinaire. Ainsi un séjour, qu'il soit itinérant ou linguistique, sera comme une bouffée d'air au sommet de l'Himalaya car visiter ce pays, c'est découvrir un des plus grands morceaux de l'humanité. Pays de la spiritualité, où se mêlent de multiples religions, où l'on dénote une forte croyance en l'astrologie, où même la vache est un animal sacré… Là-bas, les légendes ne se racontent pas, elles se vivent, vous pourrez le constater lors d'un mariage traditionnel ou à l'approche de la mousson. Quel que soit votre karma, des paysages chargés d'émotion et une cuisine traditionnelle épicée feront de vous quelqu'un d'heureux. Mais dépêchez-vous, un milliard d'hommes vous attendent.

Pratique

- **Nom officiel :** भारत गणराज्य
- **Devise nationale :** Seule la vérité triomphe
- **Hymne national :** Jana Gana Mana
- **Fêtes nationales :** 26 janvier et 15 août
- **Capitale :** New Delhi
- **Superficie :** 3 287 263 km^2
- **Population :** 1 210 000 000 habitants
- **Langues :** Hindi et anglais
- **Religion :** Hindouisme 80 %, islam 14 %, jaïnisme, christianisme, sikhisme, judaïsme, bouddhisme, parsisme et athéisme 6 %
- **Nature de l'État :** République parlementaire fédérale
- **Monnaie :** La roupie indienne (INR). Aujourd'hui, 1 € = 64 INR
- **Téléphone :** Pour téléphoner de la France vers l'Inde, composez 0091 + le code de l'État sans le 0 initial + le numéro local de votre correspondant
- **Décalage horaire :** + 3 h 30 en été et + 4 h 30 en hiver
- **Formalités/visa :** Pour pénétrer sur le territoire indien, un passeport, pas obligatoirement biométrique mais valide 6 mois après la fin de votre voyage, et un visa sont indispensables. Il est fortement conseillé de prendre une police d'assurance qui vous couvrira en cas de pépins, vols, accidents, rapatriement, etc.
- **Santé :** Vaccinations recommandées contre la diphtérie, la méningite, la rage et les hépatites A et B ainsi qu'un traitement contre le paludisme. Eau non potable. Moustiques toute l'année en basse altitude. Présence de serpents dans les zone rurales. En cas d'ascension des montagnes du Nord, se prémunir contre les risques liés à l'altitude (froid, soleil, mal des montagnes, préparation physique). L'été indien est particulièrement caniculaire dans le nord du pays, les températures pouvant atteindre les 40 degrés, ce qui implique de se protéger contre les méfaits du soleil
- **Sécurité :** La région du Jammu-et-Cachemire (sauf le Ladakh) et les zones frontalières avec le Pakistan sont formellement déconseillées. Se renseigner auprès des autorités locales avant de se rendre dans les États du nord-est, zone de troubles politiques réguliers. Rester également vigilants lors d'éventuels attroupements, fêtes religieuses et manifestations politiques. Les organisateurs de séjours linguistiques et itinérants choisissent pour leurs programmes les zones sécurisées uniquement.

Le drapeau indien

L'association indienne de trois bandes horizontales définit le drapeau national : l'orange pour l'hindouisme, mais aussi pour le courage et le sacrifice, le blanc pour la pureté et la paix, le vert pour l'islam, mais aussi la fertilité. Ces couleurs, adoptées le 22 juillet 1947, portaient à l'origine, en leur centre, un rouet de tissage caractéristique de l'ardeur au travail et de la quête d'autonomie durant la colonisation anglaise. Depuis l'indépendance en 1947, le dessin central a été remplacé par un symbole tiré de l'imagerie populaire : la roue de la vie (dharma chakra). Cette dernière matérialise le cycle de la nature avec ses vingt-quatre rayons représentant les heures de la journée.

- **Risques naturels :** RAS
- **Sport national :** Cricket
- **Plat national :** Plusieurs cuisines selon les régions : tandoori, byriani, *rice & fish* (riz et poissons), dosa sambar...
- **Boissons nationales :** Thé au lait et lassi (boisson à base de yaourt)
- **Que rapporter ?** Soie, cachemire, bijoux en argent, pierres précieuses, tissus colorés, saris, tapis, poteries, objets en cuivre, en bronze, en papier maché, en bois de santal, antiquités...
- **Événements :** Marche des éléphants à Trivandrum (janvier), Republic Day à Delhi (26 janvier), festival du désert à Jaisalmer (janvier), courses de bateaux dans les Backwaters au Kerala (août), anniversaire du dieu Ganesh (septembre), Diwali (novembre)
- **Période idéale :** De novembre à mars

AMBASSADE D'INDE
15, rue Alfred Dehodencq (16e)
Paris ✆ 01 40 50 70 70
www.ambinde.fr

À voir – À faire

Visiter l'Inde requiert du temps, énormément de temps.
Pour un premier séjour, on pourra envisager de se concentrer sur les endroits suivants : Delhi, le Rajasthan (Jaipur, Udaipur, Jodhpur, Jaisalmer), l'Uttar Pradesh (nord de l'État, Agra et le Taj Mahal, Varanasi), le Bengale (Darjeeling, Kolkata), le Jammu-et-Cachemire (Ladakh, région du Zanskar), l'Himachal Pradesh (vallée de Chamba, Shimla et sa région), Ahmedabad, Mumbai, l'Himalaya, les plages de Goa, Pondichéry, Madurai, Hyderabad...

Langues

Les deux langues officielles de l'Inde sont l'hindi et l'anglais. Cependant, les Indiens ne parlent pas tous bien l'anglais... Leur maîtrise de la langue de Shakespeare varie avec leur niveau d'éducation et leur classe sociale. Pour schématiser, plus un Indien est riche et mieux il parle anglais. Dans les petits commerces, au restaurant ou avec votre chauffeur, vous constaterez vite les barrières linguistiques. N'essayez pas de faire des phrases trop construites, communiquez avec quelques mots bien choisis et les gestes feront le reste. Pour une fois, il ne sert à rien d'être un pro en grammaire, profitez-en !
Sachez enfin qu'il existe au total 22 langues régionales reconnues par l'État indien mais que tous les Indiens parlent et comprennent l'hindi. C'est la langue qu'on trouve dans la presse et les films Bollywood. Rien ne vous empêche d'ailleurs d'apprendre sur place quelques mots d'hindi sur le tas, que vous pouvez utiliser de temps à autre. Namaste (bonjour/au revoir) et tikay tikay (d'accord) vous aideront à faire bonne impression.

Les offres

Lors d'un séjour linguistique à New Delhi, par exemple, vous pourrez pratiquer votre anglais de façon intensive tout en découvrant les charmes d'un pays extraordinaire à un tarif très compétitif. Les séjours itinérants sont également organisés pour les jeunes dans les différentes régions de l'Inde.

Le Taj Mahal est un des immanquables de l'Inde.

Cuba

Cuba n'est en rien le pays de l'abondance. Mais l'égalité des chances instaurée depuis la révolution castriste de 1959 a éradiqué l'insécurité et une bonne partie de la misère de l'île. Dans le cadre d'un séjour itinérant, Cuba propose un voyage unique qui sort des sentiers battus de par la sécurité qui y règne, la chaleur de son peuple et sa philosophie de vie. Cette même philosophie et cette chaleur seront d'ailleurs des atouts pour enrichir votre niveau de langue lors d'un séjour linguistique. Paradoxale en tout, Cuba cultive l'art du dédoublement et du contrepied, lié certainement à son talent inné pour le mouvement, la danse et le rythme. Là où chacun pensait que le régime s'effondrerait après la désintégration de l'URSS, force est de constater qu'il tient encore à travers Raúl Castro, toujours soutenu par un peuple plus fidéliste que communiste. Ironie des temps, depuis les années 1990, l'État socialiste se livre à l'économie de marché dans l'industrie du tourisme, la principale ressource en devises du pays. L'île accueille chaque année près de 3 millions de touristes. Le marxisme version tropicalisée semble donc s'accommoder de tout ! Depuis les réformes de Raúl Castro lancées en 2010 pour encourager le développement du secteur privé et de l'auto-emploi, l'économie cubaine semble en pleine métamorphose. Cependant, Cuba reste Cuba. Authentiquement rebelle, fière et résolument insulaire.

Pratique

- **Nom officiel :** República de Cuba
- **Devise nationale :** La patrie ou la Mort, nous vaincrons
- **Hymne national :** La Bayamesa
- **Fête nationale :** 1er janvier
- **Capitale :** La Havane
- **Superficie :** 110 922 km²
- **Population :** 11 061 886 habitants
- **Langues :** Espagnol
- **Religion :** Catholiques romains (60 %), minorités de protestants (3 %), de cultes afro-cubains et de juifs. Un tiers des Cubains sont non croyants
- **Nature de l'État :** République. État communiste à parti unique
- **Monnaie :** Les Cubains utilisent le peso cubain (noté $) pour les achats courants (nourriture, boisson, etc.) mais aussi le peso convertible (noté CUC) pour les biens de consommation plus chers (meubles, TV, produits multimédias, chambres d'hôtel, etc.). Le CUC est la monnaie utilisée exclusivement par les touristes. Elle remplace le dollar américain (US$) depuis le 8 novembre 2004. Aujourd'hui, 1 € = 1,35 CUC ; 1 CUC = 0,73 € et 1 CUC = 26,5 $; 100 $ = 3,77 CUC
- **Téléphone :** Pour téléphoner de la France vers Cuba, composer le 00 53 + indicatif de la ville + numéro de votre correspondant.

Le drapeau cubain

Le drapeau cubain est tricolore, avec le bleu pour le ciel et la mer, le blanc pour la pureté et le rouge pour le sang. Dessiné par Miguel Teurbe Tolón en 1849, il est arboré la première fois lors de la prise de Cárdenas (Matanzas), le 19 mai 1850, lorsqu'un groupe d'aventuriers dirigés par le général Narciso López prétend annexer Cuba aux États-Unis. De symbole de l'indépendance, il est devenu celui de la patrie… Il est composé d'un triangle rouge à gauche, près de la hampe, avec au centre une étoile blanche solitaire à cinq branches et, à droite du triangle, de cinq franges horizontales : trois bleues alternant avec deux blanches. Voici ce que disaient les patriotes réunis en 1848 de la signification du choix de ces couleurs : « Le drapeau de notre République devrait être tricolore comme la cocarde avec laquelle les patriotes français semèrent la terreur parmi les tyrans. Le bleu et le blanc des franges sont comme le ciel et les nuages de notre île. L'étoile nous guide vers un avenir radieux. L'arbre de la liberté se nourrit parfois de sang : le rouge de notre drapeau est celui de notre sang. »

- **Décalage horaire :** – 6 heures
- **Formalités/visa :** Deux pièces seront indispensables à votre entrée sur le territoire cubain : un passeport en cours de validité et une carte de tourisme. Cette dernière est délivrée par les autorités consulaires cubaines à Paris. Il vous faudra leur présenter votre passeport et votre billet d'avion. Une attestation doit également certifier votre réservation des deux premières nuits dans un hôtel ou une *casa particular*. La carte de tourisme n'est valable qu'un mois avec une possibilité de prorogation de 30 jours sur place, sous réserve de l'autorisation des services cubains d'immigration et après paiement de 25 CUC (pesos convertibles). Concernant les séjours à vocation professionnelle, l'obtention d'un visa spécifique auprès du consulat de Cuba demeure obligatoire (compter 81 €). À la fin de votre voyage, vous devrez vous acquitter d'une taxe de 25 CUC (pesos convertibles) à régler en liquide à l'aéroport
- **Santé :** Eau non potable
- **Sécurité :** RAS
- **Risques naturels :** RAS
- **Sport national :** Athlétisme, boxe, base-ball
- **Plat national :** L'ajiaco, ragoût de viande, d'ail et de légumes, les beignets de maïs et les maduros fritos (bananes douces frites)
- **Boissons nationales :** Rhum
- **Que rapporter ?** Cigares, percussions, café, guayabera (chemise cubaine), bijoux, musiques et rhum
- **Événements :** Percuba (avril), fête du feu à Santiago (juillet), carnaval de Santiago de Cuba (juillet), commémoration de la mort de Che Guevara (9 octobre), Las Parrandas à Remedios (décembre).
- **Période idéale :** De décembre à avril

Dans le centre de La Havane.

AMBASSADE DE CUBA
14-16, rue de Presles (15e)
Paris
✆ 01 45 67 55 35
www.cubadiplomatica.cu/fr/Accueil.aspx
embacu@ambacuba.fr
Ouvert du lundi au vendredi de 9h à 12h.

À voir – À faire

Il y a de multiples choses à voir à Cuba. Voici un premier aperçu : La Havane, Trinidad, Santiago, Cienfuegos, plantations de tabac de la vallée de Vinales, sierras Maestra et del Rosario, plages de Cayo Largo, Cayo Coco, Varadero et Guardalavaca.

Langues

À Cuba, on parle l'espagnol. Pas de dialectes comme dans d'autres îles des Caraïbes. Cependant, il existe un argot typique dans certaines régions de Cuba, comme à La Havane ou à Santiago.
La colonisation française a laissé dans toutes les Antilles un parler créole, une langue qui n'est ni du français ni une langue native ou africaine et qui est devenue à peu près incompréhensible aux Français. La colonisation espagnole, elle, n'a laissé de créole nulle part. L'espagnol a prévalu, avec ses variantes évidemment.

- **Variantes phonétiques.** Français, vous qui avez eu tant de mal à apprendre à prononcer le *z* et le *c* espagnols (la *ceta*), ne vous en donnez pas la peine ici : cela ferait sourire votre interlocuteur qui, s'il est en confiance, vous traiterait de *gallego*. De même, renoncez à la prouesse du *j* (la *jota*), qui ici devient à peine un *h* aspiré. Ces éléments d'indéniable confort sont équilibrés par la difficulté que vous aurez à comprendre, dans les premiers jours, cet espagnol très chantant et adouci, dont les sifflantes sont pratiquement gommées. Surtout, en fin de mot, on dit *do* pour *dos*, et si vous dites *dos* (deux), votre interlocuteur cubain a toutes les chances de comprendre *doce* (douze).

Les offres

Un séjour linguistique ou itinérant à Cuba peut être un merveilleux moyen de découvrir l'espagnol et une culture totalement différente, remplie de rires et de danses cubaines.

Brésil

Pendant un mois pour la Coupe du monde de football de 2014 et en 2016 pour les JO de Rio, le Brésil a été et sera sous le feu des projecteurs du monde entier pour les deux plus grands événements sportifs de la planète. C'est peut être l'occasion de vous mettre à la langue lors d'un séjour linguistique de découverte ou de perfectionnement de ce qui est déjà et sera le futur, non ? Ou au moins de parcourir ce pays lors d'un séjour itinérant, d'autant qu'il est sûr que nombreux seront ceux qui tomberont sous son charme. À cet effet, le géographe « brésilianiste » Hervé Théry parle du Brésil comme d'un pays « anthropophage ». Loin de faire référence au sort réservé aux soldats de Jean de Léry ou de Villegagnon par les tribus amérindiennes locales, il évoque, non sans humour, l'extraordinaire fascination qu'exerce le pays du *pau brasil* sur les Français depuis près de cinq siècles.

Le Brésil, ce pays-continent, est bien plus que quelques clichés de cartes postales. Ses contrastes et sa démesure s'envisagent à l'aune de son gigantisme. Résumer l'extraordinaire diversité du Brésil relève de la gageure. Le tropicalisme, les rythmes afro-bahianais et ses couleurs métissées de candomblé, ses accents aux tonalités exotiques fusionnent dans un étonnant syncrétisme avec la oumpapa musik aux accents prussiens des fêtes de la bière à Blumenau. Ses plages, son carnaval, son football et l'inévitable *cidade maravilhosa*, Rio de Janeiro, côtoient sans complexe la postmodernité laborieuse de São Paulo car ici se mélangent dans un parfait désordre hier, aujourd'hui et demain, les cités coloniales, les deltas peuplés d'îles tropicales, les jungles de béton à l'activité incessante et les rivages bordés seulement de cocotiers. Ici, tout et son contraire se côtoient, dans une harmonie apparente et peut-être même réelle : les splendeurs de l'hôtel Copacabana Palace et les favelas, le désert de sable des Lençóis et l'extraordinaire luxuriance de la forêt amazonienne ou atlantique, le vacarme des jours de fête et la quiétude de certains jours suffocants d'été tropical.

Le drapeau brésilien

Le drapeau du Brésil a été institué le 19 novembre 1889, suite à la déclaration d'indépendance du Brésil par l'empereur Pedro Ier le 7 septembre 1822, puis à la proclamation de la République en 1889. Les principales couleurs y symbolisent les richesses du Brésil : le vert pour la forêt équatoriale et le jaune (or) pour les ressources du sous-sol. En réalité, le vert et le jaune ont pour origine les couleurs des Bragance et des Habsbourg : le premier empereur du Brésil Pedro Ier et son épouse Léopoldine, archiduchesse d'Autriche, sont en effet à l'origine de l'indépendance du pays, proclamée le 7 septembre 1822 sur les rives du fleuve Ipiranga (São Paulo), par rapport au royaume de Portugal. Le globe central représente le ciel avec, au centre, la Croix du Sud, symbole chrétien et symbole austral. Autour, 27 étoiles blanches représentent les 26 États fédérés ainsi que le district fédéral. Leur disposition correspond à l'aspect du ciel de Rio de Janeiro, le 15 novembre 1889 à 20h30 (proclamation de la République). La disposition des constellations autour de la Croix du Sud est quasiment respectée (Petit Chien, Grand Chien, Hydre femelle, Carène, Octant, Vierge, Triangle austral, Scorpion). Sur le bandeau central de la *bandeira auriverde* (le drapeau vert et or), est écrit *Ordem e Progresso* (« Ordre et Progrès »), la devise du positivisme fondé par le philosophe français Auguste Comte qui, pour la petite histoire, est restée inscrite dans la langue de Molière jusque dans les années 1950.

Vue aérienne de Rio de Janeiro et son Christ Rédempteur.

Sur les célèbres pavés d'Ipanema, le Brésilien riche et moderne, faisant son footing citadin, est ici le voisin naturel d'un Brésilien d'un autre âge, pauvre depuis des générations et dont la situation n'est pas prête de s'améliorer. Le Brésil abonde de contradictions, d'exubérances, de traditions séculaires, de personnages insolites, de paysages variés. Une terre où la nature et les hommes ont décidément du génie. Qu'y a-t-il vraiment de commun entre les fières montagnes de la Chapada Diamantina, les plages désertes bordées de palmiers du sud de Bahia, les chutes d'Iguaçu, les folles étendues marécageuses du Pantanal et les inextricables forêts d'Amazonie ?

Pratique

- **Nom officiel :** República Federativa do Brasil
- **Devise nationale :** Ordre et Progrès
- **Hymne national :** Hino Nacional Brasileiro
- **Fête nationale :** 7 septembre
- **Capitale :** Brasília
- **Superficie :** 8 500 000 km²
- **Population :** 201 000 000 habitants
- **Langues :** Le portugais. Le tupi-guarani et de nombreux dialectes sont parlés par les Amérindiens d'Amazonie et des réserves indigènes. Dans les zones frontalières, l'espagnol (ou plutôt le « portugnol ») peut être utilisé
- **Religion :** Forte domination catholique. De nombreux courants évangéliques un peu partout
- **Nature de l'État :** République fédérale
- **Monnaie :** La monnaie brésilienne est le real ; symbole : R$; se prononce « reais » au pluriel. Aujourd'hui, 1 € = 3,02 R$; 1 R$ = 0,33 €
- **Téléphone :** Pour téléphoner de la France vers le Brésil : 00 + 55 + indicatif régional + les chiffres du numéro local
- **Décalage horaire :** – 3 heures à – 5 heures
- **Formalités/visa :** Un visa de 3 mois vous est délivré à l'arrivée à l'aéroport sur la foi de votre seul passeport. Une carte d'immigration comportant votre date d'entrée est délivrée à l'arrivée à l'aéroport. Veillez à ne pas la perdre, elle est demandée à la sortie
- **Santé :** Un traitement contre le paludisme (Amazonie) et une vaccination contre la fièvre jaune (Amazonie, Minas Gerais et Rio de Janeiro) sont particulièrement recommandés. Eau non potable

- **Sécurité :** Rester vigilant dans les grandes villes (délinquance) et dans les zones frontalières. Les favelas de Rio de Janeiro sont fortement déconseillées
- **Risques naturels :** RAS
- **Sport national :** Football, volley-ball, athlétisme, surf...
- **Plat national :** Le feijoada, plat de viande de porc cuit à l'étouffée accompagné de riz blanc, de haricots noirs, de légumes cuits et de rondelles d'orange
- **Boissons nationales :** La caïpirinha (cocktail de cachaça, de citron vert et de sucre)
- **Que rapporter ?** Hamacs en coton, dentelles, café, vannerie, maroquinerie, pierres précieuses, bérimbau, carrancas (amulettes de bois), maillot de football, cachaça, disques de bossa nova et de samba...
- **Événements :** Carnaval de Rio de Janeiro (février), carnaval d'Olinda (février), carnaval de Bahia (décembre-mars), festas Juninas (juin), fête nationale (7 septembre), fête de Nossa Senhora Aparecida (12 octobre), nouvel an sur les plages de Rio
- **Période idéale :** Pour le sud et Rio, avril-mai et octobre-novembre. Pour le Nordeste, septembre-décembre. En Amazonie, juillet-octobre

AMBASSADE DU BRÉSIL
34, cours Albert Ier (8e)
Paris ✆ 01 45 61 63 00
http://paris.itamaraty.gov.br/fr/
consulat.cgparis@itamaraty.gov.br
Le consulat général se trouve au même endroit. Il existe des consulats à Toulouse, Lyon, Cayenne, Dijon, Bordeaux, Le Havre et Strasbourg.
Le site de l'ambassade, outre des informations complètes sur le tourisme, donne une liste impressionnante de liens sur tout ce qui touche au Brésil en France. On trouvera ainsi une liste des associations culturelles, de restaurants, de librairies lusophones, de compagnies aériennes desservant le Brésil et d'écoles de Portugais.

À voir – À faire

Le Brésil est un pays très vaste qu'il vous sera difficile de visiter entièrement lors d'un premier séjour. Voici néanmoins quelque incontournables : Rio de Janeiro, São Paulo, Brasília, Recife, Olinda, Belém, Salvador de Bahia, la baie de tous les Saints et Itaparica, les chutes d'Iguaçu, Ilha Grande, la baie de Guanabara, la Costa Verde et Paraty, Manaus et l'Amazonie.

Langues

Quoique familier du tourisme, les Brésiliens parlent peu de langues étrangères. Le portugais brésilien est parlé dans tout le pays. À part dans les grandes villes et auprès de professionnels du tourisme, vous rencontrerez peu d'interlocuteurs anglophones ou francophones. Cependant, le portugais brésilien est relativement aisé à manier. Sa grammaire est plus simple que celle du portugais académique et l'accent brésilien sonnera de manière bien plus familière à vos oreilles que celui des Lusitaniens. De plus, les Brésiliens se montrent très patients et indulgents envers les voyageurs qui tentent de s'exprimer dans leur langue. Celui qui fera l'effort de s'adresser à eux en portugais – quand bien même il ferait dix fautes de grammaire par phrase – trouvera généralement face à lui un interlocuteur à l'écoute et qui aura recours à des trésors d'ingéniosité et de bricolage linguistique pour le renseigner.

Les offres

Les séjours linguistiques sous toutes les formes existent au Brésil. Que ce soit pour vous perfectionner ou allier sport et découverte de la langue, c'est une destination soleil qui est faite pour vous, aussi bien en immersion qu'en école de langue. Les jeunes pourront aussi partir à la découverte de ce beau pays lors d'un séjour itinérant encadré.

Plage de Copacabana.

Argentine

Argentine, un nom qui rime avec apprentissage, découvertes culturelles – comme pour *Mafalda* par exemple – mais aussi avec tango, Maradona, gauchos de la Pampa… des clichés toujours vivaces et bien mérités, car au-delà de la nostalgie latine, les Argentins vivent dans une modernité teintée de traditions étonnamment ancrées dans le quotidien. C'est tout ceci, toute cette culture que vous pourrez découvrir lors d'un séjour linguistique ou pendant un séjour itinérant. Ici, sur la voix chaude et suave de Carlos Gardel et le son mélancolique du bandonéon, les Porteños dansent encore le tango dans les milongas de Buenos Aires. Dans ce pays, la *pelota* (le ballon rond) est une religion, les stades débordent de supporters déchaînés et le débat footballistique est pris très au sérieux. Loin des lumières de la ville, les gauchos de la Pampa ne portent pas leur beau costume traditionnel pour le folklore touristique, mais pour parader sur leurs chevaux le dimanche. À Salta, les locaux dansent volontiers au son des guitares et des chants traditionnels polyphoniques de la chacarera ou la zamba, dans un tourbillon de foulards. Mais au-delà de ces différences culturelles, un rituel unit tous les Argentins : la parrilla, ce barbecue développé en art de la cuisson parfaite de la viande, lentement, dont chaque famille a ses petits secrets. Elle est arrosée d'un bon vin, un malbec du terroir, fruité et tannique, qui fait la fierté des vignerons de Mendoza. Autre atout touristique indéniable : cette terre immense est riche en paysages extraordinaires. Imaginez : 3 700 kilomètres du nord au sud, 1 400 d'est en ouest, un pays cinq fois grand comme la France. Difficile de tout voir, mais on peut découvrir ses sites les plus spectaculaires, comme Iguazú et ses chutes impressionnantes, le glacier Perito Moreno, en Patagonie, et ses énormes blocs de glace qui s'effondrent dans un craquement sinistre, une Terre de Feu hostile et pelée à Ushuaia. En remontant la cordillère des Andes, on peut admirer l'Aconcagua, le plus haut sommet des Amériques, puis se perdre dans la rougeur du grand canyon de Talampaya vers La Rioja, dans les montagnes de cactus dans la vallée calchaquies, dans les déserts de sel des Salinas Grandes et de l'Altiplano… et de pleins d'autres beautés terrestres inégalées.

Pratique

- **Nom officiel :** República Argentina
- **Devise nationale :** Dans l'union et la liberté
- **Hymne national :** Himno Nacional Argentino
- **Fête nationale :** 25 mai
- **Capitale :** Buenos Aires
- **Superficie :** 2 780 400 km^2
- **Population :** 42 611 000 habitants
- **Langues :** Espagnol
- **Religion :** Catholiques 92 % (mais moins de 20 % de pratiquants), protestants 2 %, juifs 2 %, autres 4 %
- **Nature de l'État :** République fédérale
- **Monnaie :** La monnaie officielle du pays est le peso argentin. Aujourdhui, 1 € = 10,82 $ / 1 $ = 0,09 €
- **Téléphone :** Pour téléphoner de la France vers l'Argentine : 00 + 54 + indicatif téléphonique sans le 0 + numéro du correspondant
- **Décalage horaire :** – 4 heures en hiver, – 5 heures en été
- **Formalités/visa :** Pour rentrer sur le territoire argentin, les ressortissants de la Communauté européenne n'ont pas besoin de visa. Vous devez présenter un passeport en cours de validité (encore valable six mois, à la date du voyage) à votre descente d'avion. Un

Le drapeau argentin

Trois bandes horizontales bleu clair (*celeste*), blanc, bleu clair ; au centre de la bande blanche un soleil radieux, d'un jaune éclatant, à face humaine, évoque le soleil de Mai (celui de l'indépendance du pays en 1810), hommage au dieu inca Inti. Le drapeau a vraisemblablement été dessiné en 1812 par le général Manuel Belgrano, intellectuel puis libérateur du pays lors de la guerre d'indépendance.

permis de séjour d'une durée de trois mois au maximum sera alors mentionné par un tampon sur votre passeport (c'est gratuit).

- **Santé :** Eau non potable hors des grandes villes. En cas d'ascension des montagnes andines, se prémunir contre les risques liés à l'altitude (froid, soleil, mal des montagnes, préparation physique)
- **Sécurité :** RAS
- **Risques naturels :** RAS
- **Sport national :** Football
- **Plat national :** L'asado est un plat de viande cuite lentement sur la braise
- **Boissons nationales :** Vin, mate (infusion à base d'herbe)
- **Que rapporter ?** Vin, lainages (lama, alpaga...), bijoux en argent, ponchos, tissus andins, objets sculptés en bois, céramique, poteries, masques...
- **Événements :** Carnaval à Esquina (février), semaine sainte (mars-avril), festival du cinéma indépendant à Buenos Aires (avril), Gaucho festival à San Antonio (novembre), fête de l'Immaculée Conception (8 décembre), festival international de tango à Buenos Aires (début décembre)
- **Période idéale :** D'octobre à mai

AMBASSADE D'ARGENTINE
6, rue Cimarosa (16e)
Paris © 01 44 05 27 16 / 01 44 34 22 00 / 01 47 27 01 76
www.efran.mrecic.gov.ar
Ouvert du lundi au vendredi de 10h à 16h.
On trouvera à cette adresse un service consulaire, un bureau du tourisme, avec possibilité de bénéficier d'un accueil personnalisé sur rendez-vous, ainsi qu'une galerie artistique et culturelle.

À voir – À faire

L'Argentine est un vaste pays qu'il est difficile de le visiter en une fois. Pour une première visite, on conseillera Buenos Aires, Tucumán, les plages de Mar del Plata, Ushuaia et la Terre de Feu, la Patagonie, les lacs andins, la Pampa, la sierra de Córdoba, les parcs nationaux d'Iguazú et de Lanin, le glacier Perito Moreno...

Langues

Le castillan argentin (*castellano*) possède quelques spécificités qui devraient effaroucher tous ceux dont l'espagnol se limite à un vague bagage scolaire. Tout d'abord, il existe une règle particulière, qui veut que le *ll* suivie d'une voyelle se prononcent plus ou moins comme le « ch » français. *Caballo* (cheval) se prononce « cabacho » ; *lleno* (plein) se prononce « cheno ». Cette prononciation permet de repérer un Argentin dans n'importe quel pays hispanophone ou, pour être plus exact, certains Argentins, et surtout le Porteño, l'habitant de Buenos Aires (dans les provinces de Misiones ou de La Rioja, par exemple, qui possèdent, elles aussi, leur propre façon de parler, cette particularité n'a pas cours). Autre changement notable, qui risque de vous dérouter au début : le *tu* espagnol est remplacé par le *vos*, qui s'accompagne d'une conjugaison particulière. Ainsi on dira *vos creés* à la place de *tu crees* (et en accentuant sur le dernier « e »), ou *vos querés* à la place de *tu quieres* ! La conjugaison se permet ainsi quelques fantaisies : *vos tenés* du verbe *tener*, ou même *vos sos* du verbe *ser*... au lieu de *tu tienes* ou *tu eres*. C'est un peu le bazar, mais, point positif, cette mutation grammaticale est toujours respectée et l'on s'habitue au bout d'un moment. Vous finirez peut-être même par commencer vos phrases d'un *che !* ou *che, loco !* que l'on peut traduire « eh » ou « eh, mec ».
Chaque grande région de l'Argentine dispose de ses propres spécificités (l'accent cordobais est particulièrement chantant) et qu'en général l'argentin tel qu'on l'imagine à l'extérieur est en fait celui de Buenos Aires.

Les offres

L'Argentine est une très belle destination pour effectuer un séjour linguistique en immersion et donc pour perfectionner son niveau de langue, ce qui pourra être allié avec une activité culturelle typique du pays comme les cours de tango, par exemple. De nombreux séjours itinérants sont également organisés en Argentine.

© JAVARMAN

Le Cerro Torre est un sommet de Patagonie.

LES DESTINATIONS

Portugal

Le Portugal reste bien entendu une destination phare pour découvrir le portugais dans le cadre d'un séjour linguistique ou pour appréhender la richesse de la culture portugaise et sa diversité lors d'un séjour itinérant. En effet, *saudade*, fado, morue, football, ce sont les images qui viennent immédiatement à l'esprit quand on évoque le Portugal. Mais on réduit bien trop souvent ce magnifique pays à ces clichés alors qu'il a tant à offrir... Vous passerez des plages désertes de la sauvage côte vicentine aux montagnes de la serra da Estrela couvertes de ruisseaux jaillissants et de monts enneigés. Vous traverserez les vastes plaines parsemées d'oliviers de l'Alentejo et explorerez les incroyables terrasses de vignes qui longent le Douro. De nombreuses villes magiques et envoûtantes vous attendent aussi : Lisbonne, romantique, cosmopolite et créative, Coimbra, l'étudiante qui chante son fado aux coins des ruelles, Guimarães, première capitale du Portugal et capitale européenne de la culture en 2012, Porto, si riche au niveau architectural et fascinante par l'histoire de son vin. Au fil des régions, vous vivrez un voyage au cœur des saveurs qui font la fierté du peuple portugais. Du poisson frais tout juste pêché par les marins de Nazaré en passant par les fameux pastéis de Bélem et les 101 recettes de morue. Découvrez un peuple d'une gentillesse et d'une générosité qui vous surprendront. Grands explorateurs, les Portugais ont navigué sur les mers du monde et sur tous les continents. Dans leur histoire coulent les gènes d'un peuple voyageur qui sait recevoir l'étranger. Soyez curieux, sortez des sentiers battus et vous découvrirez un pays en plein changement, malgré la crise économique qui le frappe de plein fouet depuis plusieurs années déjà. Dans les différentes régions du Portugal que vous visiterez, vous trouverez souvent un curieux et fascinant mélange de traditions et de créativité. Vous serez alors plus que d'accord avec ce dicton : *vê-se, cheira-se, ouve-se e vive-se* (Le Portugal se voit, se sent, s'écoute et se vit).

Pratique

- **Nom officiel :** República Portuguesa
- **Hymne national :** A Portuguesa
- **Fête nationale :** 10 juin
- **Capitale :** Lisbonne
- **Superficie :** 92 201 km²
- **Population :** 10,7 millions d'habitants
- **Langues :** Le portugais, ainsi que le mirandais (langue dérivée directement du latin et parlée dans le haut Trás-os-Montes vers Miranda do Douro)
- **Religion :** Catholiques (96,5 %), protestants (0,5 %), sans religion (2,5 %), juifs (0,2 %), musulmans (0,2 %)
- **Nature de l'État :** République unitaire semi-présidentielle
- **Monnaie :** L'euro (€)
- **Téléphone :** Pour téléphoner de la France au Portugal : : 00 + 351 + numéro de votre correspondant

Le drapeau portugais

Le drapeau vert actuel est apparu en 1910 lors de l'éviction du trône du roi Manuel II de Bragance. Le drapeau royal blanc et bleu fut remplacé par le vert et le rouge. La première couleur symbolise l'espoir d'un avenir meilleur, la deuxième le combat pour ce même avenir. La sphère armillaire représente les grandes découvertes géographiques et l'histoire du Portugal : les sept châteaux sur fond rouge symbolisent l'expansion territoriale du royaume sous le règne d'Alphonse Ier Henriques. La victoire de ce monarque sur cinq princes maures à la bataille d'Ourique est évoquée par les cinq écus d'azur sur fond blanc du blason central. Chacun de ces écus comprend cinq besants représentant les plaies du Christ.

- **Décalage horaire :** – 1 heure
- **Formalités/visa :** Carte nationale d'identité ou passeport (même périmé depuis moins de 5 ans)
- **Santé :** RAS
- **Sécurité :** RAS
- **Risques naturels :** RAS
- **Sport national :** Football
- **Plat national :** La morue, sous toutes ses formes
- **Boissons nationales :** Le vin et le porto
- **Que rapporter ?** Porto, vins, dinanderie, poteries, dentelles, maroquinerie, vannerie, objets en fer forgé (Nord), azulejos, bijoux en or ou en argent…
- **Événements :** Festival de fado de Lisbonne (février), fête des roses à Minho (mai), festivals de Saint-Antoine, Saint-Jean et Saint-Pierre à Lisbonne (juin), Estoril Jazz (juillet), festival de théâtre de Lisbonne (juillet), fêtes de la Senhora d'Agonia à Viana do Castelo (août), foire nationale de Golegã (novembre), festival du vin à Lisbonne (novembre)
- **Période idéale :** De mai à octobre

AMBASSADE DU PORTUGAL
Chancellerie, 3, rue de Noisiel (16e)
Paris
✆ 01 47 27 35 29
www.embaixada-portugal-fr.org
mailto@embaixada-portugal-fr.org

À voir – À faire

Lors d'un premier séjour, on ne manquera pas de visiter les sites suivants : Lisbonne, Porto, Sintra, Fatima, Nazaré, Coimbra, Braga, l'Algarve et Faro, l'Alentejo et Évora, Óbidos, Guimarães, Tavira, l'Estremadure et ses falaises, la vallée du Douro, le Minho, Madère et les Açores.

Langues

Le portugais est une langue romane au même titre que le français, car elle est issue du latin. Au IIe siècle avant J.-C., lorsque les Romains envahissent la péninsule ibérique et étendent leur empire jusqu'à Lisbonne, le latin vulgaire devient la langue dominante dans cette région. Comme toutes les langues romanes, le portugais appartient à la famille indo-européenne.

L'influence du portugais. La langue portugaise est ainsi la troisième langue européenne la plus parlée dans le monde après l'espagnol et l'anglais, avec près de 200 millions de locuteurs. Elle est utilisée dans un grand nombre de régions autrefois colonisées par ce petit pays : au Brésil, mais aussi dans cinq pays d'Afrique qui ont accédé à l'indépendance après la révolution des œillets en 1974 – il s'agit de l'Angola, du Mozambique, de la Guinée-Bissau, du Cap-Vert et de São Tomé et Príncipe. En 1996, le Portugal et ses six anciennes colonies ont donné naissance à une nouvelle communauté : la Communauté des pays lusophones. Cette alliance est née afin de promouvoir et d'unifier la langue portugaise et la culture commune aux pays membres.

Petite anecdote. Curieusement, jusqu'en 2001, le Portugal lui-même n'avait pas de langue officielle. En effet, la Constitution portugaise n'en stipulait pas. Lors d'une révision constitutionnelle du 12 décembre 2001, l'article 3 institua la langue portugaise comme étant la langue officielle du pays, ainsi que le mirandais en 2003. Cette langue (*miradês* en portugais) est parlée par près de 15 000 personnes circonscrites dans un périmètre de 500 kilomètres carrés dans la région nord-ouest du pays, près de Miranda do Douro, dans le haut Trás-os-Montes. C'est une variante de l'asturien parlé dans le nord de l'Espagne qui descend directement du latin.

Les offres

Un séjour linguistique au Portugal peut être l'occasion d'améliorer son niveau de langue ou même, plus simplement, de commencer l'apprentissage du portugais dans un environnement propice. Environnement que vous pourrez découvrir et apprécier en profondeur également lors d'un séjour itinérant.

© STÉPHANE SAVIGNARD

Tramway, Lisbonne.

LES DESTINATIONS

Grèce

Lorsqu'on évoque un séjour itinérant en Grèce, c'est d'abord l'image de carte postale des idylliques Cyclades qui vient à l'esprit. Plages magnifiques, eaux turquoise, petits villages blancs aux ruelles éclatantes… Le périple en Grèce continentale offre une tout autre facette de ce pays, une multitude de sites archéologiques et mythologiques pour un voyage dans le temps, mais également des paysages d'une nature sauvage à couper le souffle, tantôt hostile, tantôt hospitalière et toujours grandiose. *Kalos irthate !* Bienvenue en Grèce ! Les distances à parcourir pour découvrir ces régions sont courtes et permettent de passer en quelques heures d'un décor à l'autre, de l'est où l'on se sent véritablement en Orient à l'ouest où l'Italie et les Vénitiens semblent si proches. Ici, mer et montagnes vivent en parfaite harmonie, les chaînes de montagnes ont souvent les pieds dans l'eau. Ainsi, quel plaisir d'allier l'exercice de la randonnée au farniente sur une plage ! Pour ce voyage, vous devrez vous forcer à ne rien trop planifier car, en Grèce, autant dire que cela relève de la gageure. Laissez votre montre dans la valise, elle ne servirait qu'à vous irriter. La devise des Grecs est de ne rien précipiter : *Siga, siga !* Alors, gardez à l'esprit le fait que la sieste, un café ou un match à la télé sont des arguments suffisants pour justifier le retard d'un bus ou la fermeture exceptionnelle d'un musée. Les Grecs, eux, ne sont pas en vacances. Prenez exemple sur eux et détendez-vous, offrez-vous des moments de rêve dans des paysages chargés d'émotions. Votre bateau n'arrive pas ? Profitez-en pour vous asseoir quelques heures à la terrasse d'un café et balayer du regard ce qui vous entoure. Laissez-vous surprendre par ces étendues d'oliviers argentés, d'arbustes en fleurs rose bonbon et de sombres cyprès.

Étudiez la façon particulière que les hommes ont de s'asseoir sur les terrasses, et vous verrez que trois chaises sont plus confortables qu'une seule. Sortez goûter l'air vespéral sous la tonnelle d'une petite taverne aux arômes d'origan, d'ouzo et de poisson frais, et prolongez votre soirée au son enivrant d'un bouzouki…

Comme tous là-bas, prenez le temps de vivre et vous serez étonné de voir qu'on a tous quelque chose de grec en nous.

Pratique

- **Nom officiel :** Ελληνική Δημοκρατία
- **Devise nationale :** La liberté ou la mort
- **Hymne national :** Imnos is tin Elevtherian
- **Fêtes nationales :** 25 mars et 28 octobre
- **Capitale :** Athènes

Le drapeau grec

Il est composé de neuf bandes horizontales égales, alternativement bleu et blanc. Le coin supérieur gauche du drapeau abrite une croix blanche sur fond bleu évoquant la religion orthodoxe. Le blanc et le bleu, choisis pour emblème pendant la guerre d'indépendance, furent officiellement adoptés par Othon de Bavière en 1833, lorsque celui-ci monta sur le trône. Deux théories s'opposent quant à la signification des neuf bandes horizontales. Selon une première hypothèse, les cinq bandes horizontales bleues symboliseraient le ciel et les cinq mers qui bordent le territoire grec (mer Méditerranée, mer Ionienne, mer Égée, mer Thrace et mer de Crète), les quatre bandes blanches la pureté de la lutte pour l'indépendance. Une autre hypothèse suggère que les neuf bandes horizontales correspondent aux neuf syllabes du cri de guerre de l'indépendance *Eleftheria i Thanatos* (La liberté ou la mort). Le drapeau actuel fut officiellement établi en 1978 ; il est identique à celui du siècle précédent à quelques variantes près dans ses dimensions et dans l'intensité de sa couleur bleue.

Le rocher sacré de l'Acropole.

- **Superficie** : 131 957 km²
- **Population** : 11 305 118 habitants
- **Langues** : Grec moderne
- **Religion :** Orthodoxes (97,6 %), musulmans (1,3 %), catholiques (0,4 %)
- **Nature de l'État :** République parlementaire
- **Monnaie** : L'euro (€)
- **Téléphone :** Pour téléphoner de la France vers la Grèce : 00 + 30 + les 10 numéros de votre correspondant
- **Décalage horaire :** + 1 heure
- **Formalités/visa :** Carte nationale d'identité ou passeport
- **Santé :** Eau non potable
- **Sécurité :** RAS
- **Risques naturels :** Risques sismiques
- **Sport national :** Football
- **Plat national :** Souvlaki (brochette), salade grecque, feuilletés
- **Boissons nationales :** Louzo (boisson alcoolisée à l'anis), le vin et le café frappé
- **Que rapporter ?** Poteries, broderies, tissages, tapis, vannerie, bijoux en argent, produits gastronomiques (huile d'olive, miel, café, ouzo...), maroquinerie
- **Événements :** Fête de la Saint-Basile (janvier), carnaval (mars), fête nationale (25 mars), Pâques (avril), festival d'Athènes (juin-septembre), régate internationale à Athènes (juillet), festival du vin à Patras, Réthymnon et Dafni (juillet-août), festival Demetria de Thessalonique (octobre-novembre), fête de la Saint-Nicolas (6 décembre)
- **Période idéale :** De mai à octobre

AMBASSADE DE GRÈCE
17, rue Auguste-Vacquerie (16e)
Paris
✆ 01 47 23 72 28
www.amb-grece.fr
gremb.par@mfa.gr

À voir – À faire

Les sites sont nombreux en Grèce. Parmi eux, voici une liste de ceux qui nous paraissent incontournables : Athènes, Corinthe, Épidaure, Olympie, Mycène, Delphes, Le Pirée, le Péloponnèse, ses côtes et ses sites antiques, la Macédoine, les Météores, le mont Olympe, le mont Athos, les îles Ioniennes, les Sporades, les Cyclades (Mykonos, Santorin, Paros...), la Crète, Rhodes et les île du Dodécanèse.

Langues

Le grec est une langue vieille de plus de trois mille ans qui a évolué comme toutes les langues. Mais le grec moderne est resté étonnamment proche du grec ancien. Cette langue a façonné la pensée des plus grands philosophes et auteurs de la civilisation occidentale.

La logique intrinsèque de la langue grecque semble être ce qui a permis sa conservation. Comme beaucoup d'habitants de pays dont la langue est peu enseignée, les Grecs maîtrisent au moins une, voire deux langues étrangères. Chez les jeunes, il est presque considéré comme honteux de ne pas parler l'anglais, qui arrive en tête du palmarès des langues étrangères apprises.

Les offres

De nombreux séjours itinérants permettent aux jeunes de découvrir la beauté et la culture des îles grecques.

Mexique

Nombreux sont ceux qui ont été séduits par ce pays merveilleux qu'est le Mexique : Antonin Artaud, Jean-Marie Gustave Le Clézio, Jacques-Yves Cousteau, André Breton… Et pour cause : le Mexique a tout pour plaire, comme vous le découvrirez lors d'un séjour linguistique pour perfectionner votre espagnol ou d'un séjour itinérant pour découvrir la multitude des beautés du pays. Des plages de sable blanc aux déserts hérissés de cactus du nord en passant par les forêts tropicales du Chiapas et du Yucatán, le Mexique offre une diversité de paysages qui trouve peu d'équivalents dans le monde et sert de refuge à de nombreuses espèces en voie d'extinction, telles que le toucan, le quetzal, le jaguar et la baleine grise. Le Mexique est également un pays qui possède une culture très riche, fruit de la rencontre entre des civilisations très différentes, précolombiennes et espagnole. De ce passé singulier, le Mexique a hérité plusieurs sites archéologiques majeurs – Teotihuacán, Chichén Itzá, Palenque – et de belles villes coloniales propices aux balades à pied. Mais au-delà de ses décors de carte postale et de sa grande richesse culturelle, le Mexique reste un pays tout à fait fascinant, le « pays surréaliste par excellence », comme l'a si bien dit André Breton. Ici, tout fonctionne un peu à l'envers, loin du rationalisme qui semble si en vogue chez nous : des charrettes tirées par des chevaux circulent sur le périphérique de la ville de Mexico à côté de voitures dernier cri, les télévisions sont autorisées dans les écoles pour permettre aux élèves de suivre les matchs de la Coupe du monde de football, les policiers souffrent d'obésité, ce qui les empêchent de courir après les brigands, et à toute heure et à tous les coins de rue, on déguste des tacos et des plats élaborés à base de maïs et de piments, une gastronomie qui surprendra les palais les plus expérimentés. Alors partez à la découverte de ces mille merveilles et laissez-vous séduire à votre tour.

Pratique

- **Nom officiel :** Estados Unidos Mexicanos
- **Hymne national :** Himno Nacional Mexicano
- **Fête nationale :** 16 septembre
- **Capitale :** Mexico (appelé aussi Mexico D.F. pour Distrito Federal)
- **Superficie :** 1 964 375 km²
- **Population :** 120 millions d'habitants
- **Langues :** Espagnol
- **Religion :** Catholiques (89,7 %), protestants (4,9 %), juifs (0,1 %), autres (2,1 %), non-croyants (3,2 %)
- **Nature de l'État :** République constitutionnelle présidentielle fédérale

Le drapeau du Mexique

Les « Trois garanties » : c'est à travers cette devise que va prendre forme le nouveau drapeau du Mexique. Juste avant l'indépendance, en 1821, un accord est signé entre le gouverneur royaliste Agustín de Iturbide et le chef révolutionnaire Vicente Guerrero : ensemble, ils décident que le pays devra accéder à l'indépendance, préserver l'unité religieuse (le catholicisme) et garantir l'égalité des droits pour tous les citoyens. Le drapeau se pare ainsi du vert, du blanc et du rouge. Depuis, le vert symbolise l'espérance, le blanc l'unité et la pureté, tandis que le rouge représente le sang versé pour l'indépendance et l'unité des États mexicains. Les armes, au centre du drapeau, trouvent leur origine dans la légende aztèque. Selon celle-ci, leur future capitale devait se bâtir sur une île au milieu d'un lac : un aigle mordant un serpent, perché sur un cactus, devait signifier que ce lieu est bien l'endroit où devait être fondée cette cité. Cette vision se concrétisa en 1325 sur le site marécageux de Tenochtitlán, aujourd'hui Mexico. C'est à l'occasion des Jeux olympiques de Mexico en 1968 que furent fixées définitivement les proportions des couleurs et des armes du drapeau.

El Castillo (le château), site archéologique de Tulum.

▸ **Monnaie :** La monnaie est le peso mexicain. Le symbole du peso est le même que le dollar ($). Aujourd'hui, 1 € = 17,50 $; 100 $ = 5,60 € et 1 US$ = 13 $; 100 $ = 7,70 US$

▸ **Téléphone :** Pour téléphoner de la France vers le Mexique : 00 + 52 + indicatif région + les chiffres du numéro local (7 ou 8 suivant le cas)

▸ **Décalage horaire :** De – 7 heures à – 9 heures

▸ **Formalités/visa :** Les ressortissants français n'ont pas besoin de visa pour se rendre au Mexique. La seule formalité pour entrer sur le territoire mexicain est de remplir la carte de touriste de l'État mexicain (Forma Migratoria Turista, FM-T), fournie à l'arrivée à l'aéroport. Elle vous donne droit de rester au maximum 90 jours sur le territoire. Ne pas la perdre car elle vous sera demandée au moment du départ

▸ **Santé :** Risques de paludisme dans certaines zones rurales notamment dans le centre du pays, les régions côtières du Sud et à la frontière guatémaltèque. Vaccination antirabique recommandée. Eau non potable. En cas d'ascension des montagnes mexicaines, se prémunir contre les risques liés à l'altitude (froid, soleil, mal des montagnes, préparation physique)

▸ **Sécurité :** Insécurité particulièrement importante dans la capitale et certaines grandes villes. Il convient donc aux voyageurs d'éviter les plages désertes, les rues et quartiers isolés, les zones périphériques des villes. Les femmes doivent éviter de se promener seules dans certains sites touristiques. Éviter également de circuler de nuit

▸ **Risques naturels :** Risques de cyclones (d'avril à octobre), importants courants maritimes et risques sismiques (côte Pacifique principalement)

▸ **Sport national :** Football, base-ball, football américain

▸ **Plat national :** Le mole (plat de viande de dinde accompagné d'une sauce aux piments, d'épices, de noix et de chocolat amer), les tacos (tortilla de maïs), les burritos (tortilla de blé), les quesadillas (tortilla garnie de viande et de légumes cuite au four et gratinée)...

▸ **Boissons nationales :** La tequila, le mezcal

▸ **Que rapporter ?** Sombrero, tequila, poteries, paniers tressés, vêtements en coton, tapis et couvertures, hamacs, masques, argenterie, ceintures et bottes de cuir, bâtons de pluie, pierres précieuses, bijoux en or et en argent...

© ISTOCKPHOTO.COM/ABALCAZAR

Mexico.

▸ **Événements :** Jour des rois (janvier), carnaval de Veracruz (début février), carnaval national (fin février-début mars), foire nationale de San Marco à Aguascalientes (avril), fête du maïs (fin juin), festival international mariachi et la charrería (septembre), festival d'octobre à Guadalajara (octobre-novembre), fête de la révolution mexicaine de 1910 (20 novembre), fête de la Vierge de Guadalupe (12 décembre)

▸ **Période idéale :** Mars-avril et septembre-novembre

© SYLVIE LIGON

Paysage aride et cactus.

■ **AMBASSADE DU MEXIQUE**
9, rue de Longchamp (16e)
Paris ✆ 01 53 70 27 70
www.sre.gob.mx/francia
Ouvert du lundi au vendredi de 9h à 18h.

À voir – À faire

Le Mexique est un immense pays et, à ce titre, il sera difficile de tout voir en une fois. Lors d'un premier séjour, nous vous conseillons de vous rendre en priorité à : Mexico, Guadalajara, Cozumel, Oaxaca, dans la sierra Madre, le Chiapas, les sites précolombiens (Teotihuacán, Chichén Itzá, Uxmal et la route Puuc, Palenque, Bonampak, Tulum), les villes coloniales (Ganajuato, San Miguel de Allende, Taxco, San Luis Potosí, Mérida), les côtes et les plages (playa del Carmen, Isla de las Mujeres, Cancún, Puerto Vallarta, Acapulco, côtes de la basse Californie...), le volcan Popocatépetl, le canyon du Cuivre...

Langues

L'espagnol est la langue officielle : il est parlé par tous les Mexicains. Les langues indigènes, au nombre de 89, sont principalement pratiquées dans le pays maya, dans l'État du Chiapas, dans l'État d'Oaxaca et dans certaines zones du golfe du Mexique. De plus en plus de Mexicains parlent anglais.

Les offres

Dans les grandes mégapoles du Mexique, mais aussi les stations balnéaires, on propose des séjours linguistiques, en immersion pour les débutants comme pour ceux cherchant à se perfectionner dans un domaine précis en espagnol. Les séjours itinérants partant à la découverte du Mexique raviront vos enfants.

Japon

Le Japon est un pays à part et qui, depuis toujours, émerveille ceux qui partent à sa découverte, que ce soit dans le cadre d'un séjour linguistique pour découvrir la richesse de la langue japonaise ou dans le cadre d'un séjour itinérant pour découvrir les trésors de cette culture ancestrale. Les récits de Pierre Loti, datés de la fin du XIXe siècle, qui font état d'un « Éden inattendu » conservent ainsi encore aujourd'hui toute leur actualité. Et pour cause : malgré les changements survenus dans la société nippone depuis son ouverture au monde, le pays du Soleil-Levant garde une identité profondément différente. En ville comme à la campagne, en bord de mer comme à la montagne, dans un restaurant ou un karaoké, dans un temple ou un sanctuaire, le dépaysement est total. Le mot « voyage » revêt alors tout son sens. Ce dernier est d'autant plus agréable que le confort est au rendez-vous. L'insécurité n'existe pas ou si peu. Les déplacements sont rapides, grâce au formidable Shinkansen, le train à grande vitesse. Pas de soucis non plus à avoir du côté de l'alimentation, très saine et qui reste bon marché. Mieux, le palais des connaisseurs accédera parfois au paradis culinaire. Au Japon, chaque moment est une rencontre : *ichi-go ichi-e*, disent certains. Pour le visiteur d'autant plus. L'intérêt d'un voyage dans l'archipel réside dans le vécu quotidien des Japonais, dans la façon dont ils ressentent leur culture. Le challenge est de bien saisir leur perception particulière de la réalité qui n'existe nulle part ailleurs. Qu'il soit un grand artiste ou un employé d'entreprise, le Japonais cherche à voir ou sentir les choses non seulement telles qu'elles sont objectivement, mais « ce qui fait que » elles le sont, et non pas « pourquoi », comme serait tenté de le faire un Occidental. Au pays du Soleil-Levant, le « comment se fait-il que » prévaut. L'autre avantage qu'offre un voyage au Japon se situe au niveau de la facilité qu'a le visiteur à se plonger dans un univers unique, grâce à une architecture restée intacte à certains endroits malgré les aléas de l'histoire, à des forêts millénaires, aux arts martiaux traditionnels, à l'art du thé, aux représentations théâtrales ou encore à la cuisine. Les Japonais sont conscients que leur très ancienne civilisation, contrairement aux quatre grandes civilisations antiques, s'est perpétuée dans le temps jusqu'à nos jours. Encore aujourd'hui, elle rayonne grâce aux innombrables innovations technologiques, et les catastrophes naturelles, comme celle du 11 mars 2011, ne l'empêchent pas de se relever, encore et toujours. Le Japon ne surprend pas, il époustoufle. Pour longtemps encore.

Pratique

- **Nom officiel :** Nippon-koku (日本国)
- **Hymne national :** Kimi ga yo
- **Fête nationale :** 23 décembre
- **Capitale :** Tokyo
- **Superficie :** 377 873 km²
- **Population :** 127 288 000 habitants
- **Langues :** Japonais
- **Religion :** Bouddhistes et shintoïstes (84 %), catholiques romains (4 %), autres (12 %)
- **Nature de l'État :** Monarchie constitutionnelle
- **Monnaie :** La monnaie japonaise est le yen (JPY ou ¥). Aujourd'hui, 1 € = 115 ¥ (fluctuations fréquentes)
- **Téléphone :** Pour téléphoner de la France au Japon, il faut composer le 00 81 puis le code de la ville (en supprimant le 0), enfin le numéro de votre correspondant

Le drapeau japonais

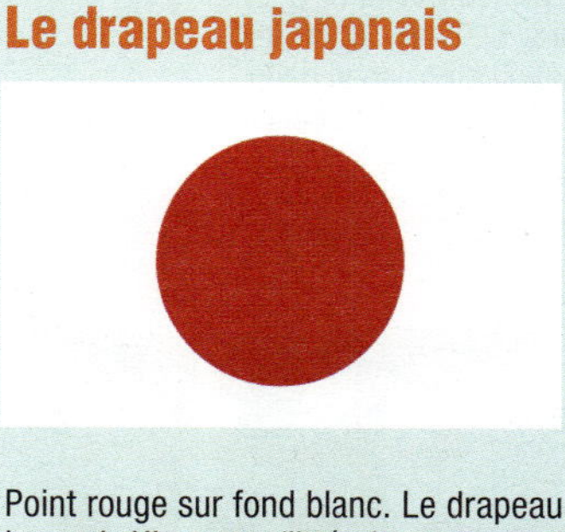

Point rouge sur fond blanc. Le drapeau japonais Hinomaru (littéralement « rond de soleil ») n'a été réglementé au Japon que très récemment. Jusqu'en 1999, il n'existait pas de définition interne du drapeau japonais, même s'il a été utilisé sous cette forme depuis la fin du XIXe siècle. Le symbole du soleil était déjà utilisé du temps des samouraïs, mais avec des variantes de couleur.

- **Décalage horaire :** + 7 heures en été et + 8 heures en hiver
- **Formalités/visa :** Un passeport en cours de validité est exigé pour les Français se rendant au Japon. Aucun visa n'est nécessaire pour des séjours d'une durée inférieure à trois mois
- **Santé :** RAS
- **Sécurité :** RAS
- **Risques naturels :** Risques sismiques, d'éruptions volcaniques, de glissements de terrain, de typhons (de mai à octobre) et de crues
- **Sport national :** Sumo, judo, arts martiaux, base-ball et football
- **Plat national :** Les sushi, le tofu, les udon et les soba(pâtes) et la soupe miso.
- **Boissons nationales :** Le saké, la bière et le thé
- **Que rapporter ?** Kimonos, sandales de bois, cerfs-volants, masques de théâtre, matériel de calligraphie, poteries, perles, estampes, éventails, jeux de go…
- **Événements :** Hatsumôde (nouvel an), Toka Ebisu à Osaka (janvier), concours de sculptures sur glace à Sapporo (février), fête du printemps (avril), fête du Gion Matsuri à Kyoto (juillet), Tanabata (juillet), grand festival de Tokyo (septembre), fête de l'automne (novembre), fête des Gishi (décembre)
- **Période idéale :** Avril-juin et septembre-novembre

AMBASSADE DU JAPON
7, avenue Hoche (8e)
Paris ✆ 01 48 88 62 00
www.fr.emb-japan.go.jp
M° Ternes ou Courcelles
Ouvert du lundi au vendredi de 9h30 à 13h et de 14h30 à 17h (services consulaires).

© ITZAK NEWMANN – ICONOTEC

Le grand torii du sanctuaire Itsukushima.

À voir – À faire

Le Japon présente de nombreux sites d'exception. Pour une première visite néanmoins, on conseillera la visite des sites suivants : Tokyo, Osaka, Kyoto, Kobe, Hiroshima, Nagasaki, Hokkaido, sanctuaires et temples (Nara, Kamakura, Nikko…), le mont Fuji, le mont Aso, les Alpes japonaises, la baie de Matsushima, l'archipel des Ryukyu…

Langues

Au Japon, c'est simple, les 125 millions de Japonais parlent… japonais. Les 2 millions restant, issus de l'immigration, tentent de s'y mettre, avec plus ou moins de succès. En dehors du japonais, le coréen, le chinois mandarin, le portugais et l'anglais sont les langues courantes entendues, même si elles restent marginales. Quelques dialectes sont pratiqués par des personnes, essentiellement originaires d'autres parties de l'archipel. Le japonais s'est développé, entre autres, sur et autour des dialectes de la région du Kansaï (Kyoto, ancienne capitale). À partir du XVIIe siècle, elle s'est construite autour du dialecte principal de la région du Kanto, et donc de celui pratiqué à Edo (aujourd'hui Tokyo). Le poids politique de plus en plus important d'Edo a permis l'influence de ce dialecte dans le japonais tel qu'il est pratiqué aujourd'hui. Pour retrouver tous les signes nécessaires à l'écriture du japonais, il faut connaître trois systèmes : le kanji (caractères empruntés au chinois), le katakana et l'hiragana. Ces deux derniers ne sont autres que des alphabets syllabaires. Comme pour le chinois, le japonais s'écrit traditionnellement de haut en bas et de droite à gauche, sans espace entre les mots. Ce type de mise en forme se nomme le tategaki. L'écriture japonaise daterait de 400 avant notre ère. Influencée par des caractères chinois, elle ne fut complétée qu'à partir du VIIIe et du XIXe siècle avec la création du katakana par Kibi no Makibi et de l'hiragana, inventé par le saint bouddhiste Kobo-Daishi.

Les offres

Au Japon, vous trouverez… le monde ! Et aussi des merveilles architecturales que vous pourrez découvrir lors de séjours itinérants à la recherche de ces sites d'exception. Sachez qu'apprendre le japonais lors d'un séjour linguistique est tout aussi possible au pays du Soleil-Levant.

Madagascar

Madagascar : « Grande Île » de l'océan Indien, « sanctuaire de la nature », « île-continent », « paradis inconnu », « carrefour culturel » … Les brochures proposant des séjours itinérants ou solidaires encensent cette terre ancrée au large de l'Afrique et pourtant si proche, parfois, de l'Asie. Mais Tanindrazana, la « terre des ancêtres », ne se réduit pas à ces slogans rutilants ou à ces stéréotypes miroitants. Comment décrire les fascinants jeux de couleurs, ces camaïeux de pourpre, de vermillon, de cobalt, d'ébène, d'opale, d'émeraude et de jade, tant d'aquarelles vivantes qui enchantent le regard ? Madagasikara est plus encore. Chaque voyage est différent, c'est pour ça qu'on revient sans cesse, comme affamé de beautés nouvelles, comme enivré d'arômes plus puissants encore que les encens des forêts mystérieuses. Il y a comme une urgence à découvrir ce merveilleux pays, où tout est possible en étant improbable. L'ère moderne, lentement, étend son ombre triste sur ces pétillements de vie. Les villes changent, l'argent y fait commerce, les portables remplacent les veillées au coin du feu… Mais l'âme malgache, si riche de croyances et de cérémonies, bat toujours avec la même vigueur, avec le même amour, sur les hautes terres ou le long des côtes. Ne nous leurrons pas : c'est l'un des pays les plus pauvres au monde. Pourtant, que de sourires partout offerts à l'étranger, le *vazaha* que tous les enfants saluent un peu partout, que de joies partagées sans retenue ni fausse pudeur ! Madagascar se donne et ne se reprend pas. Ne venez donc pas y chercher ce que vous ne pourrez y trouver : l'aventure est partout, à chaque instant. C'est ce qui fait le prix d'une rencontre insolite ou d'un rendez-vous avec nos cousins les lémuriens. Ayez les yeux ouverts, la main tendue, l'esprit plein d'enchantement à partager. Partez libres et sans préjugés : ceux-ci nourrissent l'ignorance et perpétuent l'exclusion. Heureux comme celui qui rêve d'un long voyage – car les journées, ici, durent une éternité.

Pratique

- **Nom officiel :** Repoblikan'i Madagasikara
- **Devise nationale :** Amour, Mère patrie, Progrès
- **Hymne national :** Ry, Tanindrazanay malala ô
- **Fête nationale :** 26 juin
- **Capitale :** Antananarivo (Tananarive)
- **Superficie :** 587 040 km²
- **Population :** 22 600 000 habitants
- **Langues :** Le malgache et le français (environ 20 % de la population parle français) sont les langues officielles. L'anglais le fut aussi entre 2007 et 2010
- **Religion :** Plus de la moitié de la population pratique les religions traditionnelles fondées sur le culte des ancêtres, mais tous les Malgaches vénèrent leurs ancêtres. La religion chrétienne, représentée à part égale par les protestants et les catholiques, est aussi pratiquée par près de 45 % de la population (phénomène de double appartenance). Il existe également des communautés musulmanes (environ 7 %) et des minorités chinoises qui pratiquent le bouddhisme, le taoïsme et la version chinoise du culte des ancêtres
- **Nature de l'État :** République semi-présidentielle

Le drapeau malgache

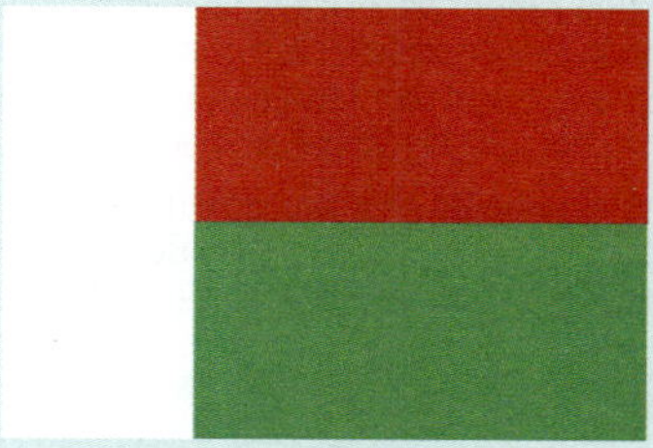

Ce drapeau, adopté en 1959, s'inspire en partie de la bannière rouge et blanche des Merina (ou Hova), la composante majoritaire de la population malgache. Il est probable que cette bannière tire son origine de la forte immigration asiatique des siècles passés, le rouge et le blanc étant des couleurs fréquemment arborées en Asie. La bande verte symbolise les ethnies minoritaires (principalement les Betsimisaraka), qui sont surtout représentées le long du littoral.

- **Monnaie :** L'ariary (MGA) a remplacé le franc malgache (FMG). Aujourd'hui, 1 € s'échange à environ 2 900 MGA
- **Téléphone :** Pour téléphoner de la France vers Madagascar, composez le 00 + 261 + indicatif de l'opérateur malgache + numéro à 7 chiffres du correspondant (soit les deux chiffres de l'indicatif régional + les cinq chiffres du correspondant pour un fixe, ou les sept chiffres pour un portable)
- **Décalage horaire :** + 1 heure en été et + 2 heures en hiver
- **Formalités/visa :** Un passeport valable 6 mois après votre séjour dans l'île est requis. Depuis 2013, le visa est gratuit pour les séjours de moins d'un mois. Il coûte 45 € pour deux mois, 60 € pour trois mois
- **Santé :** Traitement antipaludéen et vaccinations contre la typhoïde et les hépatites A et B recommandés. Eau non potable
- **Sécurité :** Éviter de circuler la nuit dans les zones périphériques des villes et sur les routes en général
- **Risques naturels :** RAS
- **Sport national :** Moraingy (lutte malgache)
- **Plat national :** Le romazva, plat de viande de zébu, de poulet, de crevettes ou de poissons (selon les régions) servi dans un bouillon de feuilles appelées brèdes
- **Boissons nationales :** Bière, rhum
- **Que rapporter ?** Objets en bois sculptés, bijoux, jeux de solitaire, tissus, rhums, épices, objets en cuir et soie, broderies, jouets et objets en matériaux de récupération, vêtements…
- **Événements :** Alahamadibe (mars), Santa Bary (avril-mai), Donia à Nosy Be (mai-juin), Fisahagna (juin), fête nationale (nuit du 25 au 26 juin), Famadihana (juin-septembre), Madajazzcar (octobre), Gasytsara (novembre-décembre)
- **Période idéale :** D'avril à octobre

Baobab de Madagascar.

CONSULAT DE MADAGASCAR À BORDEAUX
19, rue Thiac 33000 Bordeaux
✆ 05 56 44 78 81
www.consulatmadagascar.fr/
Accueil les mardi, mercredi et jeudi de 14h30 à 17h30.

À voir – À faire

Les sites à visiter ne manquent pas à Madagascar. On ne manquera pas néanmoins lors d'un premier séjour de se rendre en priorité dans les endroits suivants : Antananarivo, parcs nationaux de l'Isalo, de Ranomafana, de la montagne d'Ambre et de l'Andringitra, plages de l'île de Sainte-Marie, Diégo-Suarez, île de Nosy Be, réserve du Tsingy de Bemaraha, massif de l'Ankarana, réserves de Benrenty et de Périnet.

Langues

Les deux langues officielles sont le malgache et le français (parlé par environ 20 % de la population). Une troisième langue officielle avait été instaurée par Ravalomanana en avril 2007 : l'anglais. Mais le gouvernement de la HAT l'a retiré de la nouvelle Constitution de novembre 2010. La langue malgache est le résultat d'un métissage, la majorité des mots et la syntaxe sont de la même famille que les langues parlées en Malaisie, en Indonésie et en Polynésie (langues austronésiennes), tout en intégrant des apports nouveaux. Si l'on observe l'écriture et que l'on écoute la prononciation de ce qui est écrit sur le calendrier des postes de Madagascar, une surprise nous attend ! Les jours de la semaine sont dérivés de l'arabe (exemple : *zoma*, vendredi, *alahady*, dimanche, etc.), tandis que les mois se prononcent comme en anglais (*july*, *august*, *december*, etc.). Jésus se prononce « Djisas », comme en anglais. Les noms d'animaux domestiques sont d'origine bantoue. D'autres mots viennent du français (*latabatra*, la table…). L'utilisation du français est d'ailleurs un problème puisque si la classe dominante le maîtrise, le peuple converse quotidiennement en une langue bien différente.

Les offres

Pour partir à la découverte de cette île, l'une des plus grandes au monde, rien de mieux qu'un séjour itinérant et/ou solidaire pour aller à la rencontre de ses habitants et participer au divers projets d'aide aux populations sur place.

Finlande

64 degrés nord, 26 degrés est… C'est toujours comme ça que commence un pays. Des coordonnées géographiques, une latitude, une longitude, et le mystère de simples chiffres qui ne disent rien de la poésie des lieux, mais qui pourtant signalent déjà qu'une fois certaines bornes dépassées, vous approchez des pôles. La Finlande, c'est un peu ça. Mais c'est aussi beaucoup plus, comme vous le découvrirez lors d'un séjour itinérant. Une terre éloignée, vaste et méconnue, où les hommes ont dû apprendre à vivre avec une nature qui ne plaisante pas, une nature qui dicte très clairement sa loi. Une mémoire collective pleine de légendes et de fracas, une langue quasi unique en Europe, dont la complexité résonne comme une énigme indéchiffrable, et la beauté d'un univers où les espaces semblent vouloir s'étirer presque au-delà de l'entendement. À croire que toutes les eaux du monde se seraient déversées là, dans la centaine de milliers de lacs disséminés dans tout le pays. À croire que les arbres, les bouleaux, les sapins et les forêts ont trouvé sur cette terre l'une des dernières contrées où l'extension humaine sait admirablement conjuguer nécessité vitale, impératifs économiques et respect de l'environnement. Les Finlandais ont ainsi emprunté aux Scandinaves leur remarquable sens de l'organisation et de la collectivité. Ni Slaves, ni Scandinaves, les Finlandais inventent à leur manière un monde dont on aurait bien tort de se gausser ailleurs. Indépendant depuis 1917, pris en étau durant plusieurs siècles entre la Suède et la Russie, le pays fait preuve d'une énergie et d'une détermination peu commune. Aujourd'hui, la Finlande, membre de l'Union européenne, est l'une des nations les plus riches et les plus avancées au monde. Simples, efficaces, fiables et créatifs, les Finlandais ne se contentent pas de produire, ils savent vivre, vont au sauna toutes les semaines ou tous les soirs, sortent tôt du travail, lisent, dansent, s'instruisent, skient, patinent, construisent et entreprennent. Bref, ils avancent envers et contre tout. 64 degrés nord, 26 degrés est… Un rêve ? Non, une réalité.

Le drapeau finlandais

Le drapeau finlandais porte la croix scandinave. Les couleurs évoquent les lacs et les terres enneigées de la Finlande. Le drapeau fut inventé en 1863, la même année où le finnois fut reconnu comme langue officielle du pays. La Russie posséda ce territoire jusqu'en 1917, date à laquelle la république fut instaurée et le drapeau adopté.

Les jolies maisons en bois colorées sur la rive de Porvoo.

Pratique

- **Nom officiel :** Suomen tasavalta
- **Devise nationale :** Nous !
- **Hymne national :** Maamme
- **Fête nationale :** 6 décembre
- **Capitale :** Helsinki
- **Superficie :** 338 000 km²
- **Population :** 5,4 millions d'habitants
- **Langues :** Finnois
- **Religion :** 84 % de protestants luthériens, 1 % d'orthodoxes (60 000 membres), 1,1 % de chrétiens autres, 13,8 % sans confession et 0,1 % de pratiquants de religions diverses
- **Nature de l'État :** République parlementaire
- **Monnaie :** L'euro (€)
- **Téléphone :** Pour téléphoner de la France vers la Finlande, composer dans l'ordre : 00 358, suivi du numéro de votre correspondant sans le 0
- **Décalage horaire :** + 1 heure
- **Formalités/visa :** Carte nationale d'identité ou passeport en cours de validité.
- **Santé :** Pour affronter l'hiver finlandais (jusqu'à – 20 °C dans le Nord), n'oubliez pas d'emporter des vêtements très chauds
- **Sécurité :** RAS
- **Risques naturels :** RAS
- **Sport national :** Hockey sur glace, football
- **Plat national :** Hareng de Baltique, ragoût carélien
- **Boissons nationales :** Bière
- **Que rapporter ?** Artisanat lapon, cristal, vêtements en peau, lainages, bijoux…
- **Événements :** Finland Ice Marathon à Kuopio (fin février), la Vappu (week-end de Pâques), fête de la Saint-Jean (24 juin), championnats du monde du « porter d'épouse » à Sonkajärvi (juillet), championnats des flotteurs de bois à Porttikoski (juillet), Tampere Jazz Happening (novembre), trêve de Noël à Turku (24 décembre)
- **Période idéale :** De décembre à avril pour les amateurs de neige et de juin à août pour le tourisme culturel ou en pleine nature

AMBASSADE DE FINLANDE EN FRANCE
Place de Finlande (7e)
75007 Paris
✆ 01 44 18 19 20
www.finlande.fr
sanomat.par@formin.fi

© JPA1999

Chiens de traineau en Finlande.

À voir – À faire

Un grand nombre de sites vous attendent en Finlande. Lors d'un premier séjour, nous ne saurions trop vous conseiller de vous rendre en priorité à Helsinki, Espoo, Tampere, Turku, Kerimäki, Kuopio, Rauma, la région des lacs, la Laponie, au village du père Noël, sur la route des rois, dans les îles Åland.

Langues

Les deux langues officielles de la Finlande sont le finnois et le suédois. Le suédois n'est parlé que par 6 % de la population, concentrée principalement sur la côte sud-ouest du golfe de Botnie et dans les îles Åland.
Le same, quant à lui, n'est parlé que dans le nord du pays, en Laponie, par la population same.
La plupart des Finlandais maîtrisent très bien l'anglais.

Les offres

Cette destination saura séduire les jeunes pour un séjour itinérant à la neige avec la découverte de tout ce que peut offrir un pays nordique, riche des traditions et des activités sportives hivernales inédites.

Pérou

Faut-il vraiment épiloguer sur les merveilles d'un pays dont le seul nom suffit à nous faire rêver ? D'autant plus que ce pays est un endroit idéal pour se perfectionner en espagnol et donc qu'il apparaît comme un endroit rêvé pour effectuer un séjour linguistique ou même un séjour itinérant à la découverte de ses nombreuses merveilles. Si l'on commençait par sa capitale, Lima, on n'en finirait plus de conter ses belles constructions coloniales, dans des rues très animées, de jour comme de nuit. On vanterait sa gastronomie reconnue par l'Unesco, qui enchante les papilles par ses délices souvent exotiques. Pour dépasser le voile brumeux et l'aspect un peu chaotique de cette ville en plein boom, on s'en irait vers le sud du pays et on raconterait l'infinité des richesses culturelles qu'il a à offrir. N'a-t-on en effet jamais imaginé se promener à Cuzco, ancienne capitale des Incas et « nombril du monde », superbe ville coloniale où le visiteur peut profiter de l'hospitalité péruvienne ? Les environs de Cuzco présentent, en outre, de nombreux vestiges incas et sont l'objet de grandes randonnées dans la vallée sacrée. L'un des plus célèbres treks reste sans conteste le chemin de l'Inca, qui mène aux portes du Soleil, puis à l'un des vestiges les plus renommés du monde : le Machu Picchu, qui a fêté l'été 2011 le centenaire de sa découverte. Aussi, on s'émerveille devant un lac amarré au bord du ciel, le célèbre Titicaca, avec ses îles flottantes d'Uros au large de Puno. Enfin, qu'on se sente un peu plus aventurier ou tout simplement curieux, on se rendra au nord du Pérou pour découvrir des sites archéologiques confinés dans une nature dépaysante, comme celui de Kuélap, et on se gorgera de magie avec des tranches de vie quotidienne qui conservent tous leurs secrets. Les plages illimitées du Pacifique, la cordillère et son peuple andin, l'Amazonie sauvage… Le Pérou, c'est trois pays en un ! Impossible donc de ne pas y trouver son bonheur. Tout voyage dans ce pays à l'histoire passionnante et aux promesses d'aventures palpitantes se fait « à la mesure » de son explorateur.

Pratique

- **Nom officiel :** República del Perú
- **Devise nationale :** Fort et heureux par l'union
- **Hymne national :** Somos libres, seamosio siempre
- **Fête nationale :** 28 juillet
- **Capitale :** Lima
- **Superficie :** 1 285 220 km²
- **Population :** 30,07 millions d'habitants
- **Langues :** Espagnol et quechua, mais l'espagnol est le plus répandu
- **Religion :** Catholiques (92 %), protestants et évangéliques représentent la quasi-totalité des 8 % restants
- **Nature de l'État :** République présidentielle
- **Monnaie :** Le nuevo sol (nouveau sol péruvien). Aujourd'hui, 1 € = S/ 3,65 ; S/ 1 = 0,27 € et 1 US$ = S/ 2,75 ; S/ 1 = 0,36 €. Attention, les grosses sommes sont souvent indiquées en dollars (US$)
- **Téléphone :** Pour téléphoner de la France vers le Pérou, composez le 00 51 + indicatif départemental sans le 0 + les 6 chiffres (ou 7 pour Lima) du numéro local
- **Décalage horaire :** – 7 heures en été et – 6 heures en hiver

Le drapeau péruvien

Les couleurs du drapeau péruvien auraient été choisies, lors de la guerre contre l'Espagne en 1820, par le général José de San Martín. Il aurait vu s'envoler des flamants à dos blanc et ailes rouges et se serait exclamé : « Voici l'étendard de la liberté ! » Ce drapeau fut officiellement adopté en 1825. Le lama, le quinquina (arbre originaire d'Amérique centrale et des Andes) et la corne d'abondance, situés sur les armes de l'État, symbolisent la faune, la flore et les ressources naturelles du pays.

Péruvienne et son jeune garçon, rencontre dans les rues d'Arequipa.

- **Formalités/visa :** Pour un séjour touristique de moins de six mois, aucun visa n'est exigé et un passeport en cours de validité suffit. Conservez bien votre fiche d'immigration que vous avez fait tamponner à l'aéroport, elle vous sera demandée à la sortie
- **Santé :** Un traitement antipaludéen et une vaccination contre la fièvre jaune (Amazonie) sont recommandés. Eau non potable. En cas d'ascension des sommets andins, se prémunir contre les risques liés à l'altitude (froid, soleil, mal des montagnes, préparation physique)

La cité perdue de Machu Picchu.

- **Sécurité :** Compte tenu de la présence de groupes armés dissidents, les voyages dans les vallées de l'Ene et de l'Apurimac, les hauts plateaux alentours, les département d'Ayacucho et de Junín et la vallée du Huallaga sont déconseillés. Comme partout, il convient de rester vigilant en agglomération et dans les lieux touristiques
- **Risques naturels :** Risques sismiques
- **Sport national :** Football, volley-ball
- **Plat national :** Le ceviche (plat de poisson mariné dans du jus de citron vert, des oignons, du persil et des piments)
- **Boissons nationales :** La chicha (bière de maïs), le pisco (alcool de raisin) et l'Inca Kola (mélange jaune au goût de bubble gum gazeux)
- **Que rapporter ?** Pierres précieuses, ponchos, lainages (alpaga), couvertures, bijoux en or ou en argent, poteries, tissages, sculptures, masques de carnaval
- **Événements :** Carnaval (février), semaine de la Vierge (février), La Vendimia à Ica (mars), fête inca de l'Inti Raymi à Cuzco (juin), commémoration de l'indépendance (28 juillet), festival de tauromachie à Lima (novembre)
- **Période idéale :** De décembre à mars, pour la région de Lima. Pour l'Altiplano, de mai à septembre. Juillet-septembre pour l'Amazonie

CONSULAT GÉNÉRAL DU PÉROU À PARIS
25, Rue de l'Arcade (8e)
75008 Paris
✆ 01 42 65 25 10
www.conper.fr – info@conper.fr

À voir – À faire

Les sites de visites possibles au Pérou sont innombrables. Voici néanmoins une courte liste de ce qui nous semble immanquable lors d'un premier séjour : Lima, Nazca, Trujillo, Cuzco, Arequipa, Ayacucho, Iquitos et sa région, les ruines incas de Pisac, les ruines de Chan Chan, le lac Titicaca, le Machu Picchu, l'Altiplano, le parc national de Manú, le canyon de la Colca, la cordillère Blanche, l'Amazonie, le volcan Misti, la région de Paracas (réserve, sites précolombiens).

Langues

Les langues officielles du Pérou sont l'espagnol et le quechua. L'espagnol est parlé par pratiquement toute la population. 8 millions de Péruviens, soit plus d'un tiers de la population, parlent encore le quechua, principalement dans les Andes. 500 000 personnes, dans la région de Puno, parlent l'aymara, langue qu'ils partagent avec les Boliviens. Dans ces régions andines, nombre d'habitants sont bilingues, voire trilingues. L'espagnol pratiqué ici est très pur ; on dit qu'avec la Colombie et le Costa Rica, le Pérou parle le meilleur castillan d'Amérique latine – une bonne occasion pour l'apprendre ou le perfectionner.

En règle générale, on peut affirmer qu'au Pérou le niveau d'anglais est encore plus mauvais qu'en France, ce qui n'est pas peu dire ! La langue de Shakespeare devient toutefois de plus en plus populaire et est enseignée à l'école dès la sixième année, si bien que dans les villes ou les centres touristiques, vous trouverez partout un autochtone qui se fera un plaisir de vous aider. Souvent, on assiste ainsi à des situations assez ridicules, le Péruvien se plaisant à utiliser ses connaissances d'anglais alors que le touriste répond en espagnol, préférant pratiquer la langue du pays ! Quant au français, vous n'aurez que peu l'occasion de l'utiliser, bien que de nombreux expatriés travaillent dans le tourisme. Apprendre des rudiments d'espagnol vous permettra donc déjà de communiquer avec les locaux, ce qui enrichira assurément votre séjour sur place.

Quelques spécificités linguistiques au Pérou. Attention, le temps ne répond pas aux mêmes critères au Pérou : on dira *ahorita* (« maintenant ») même si cela peut être dans cinq heures ! La deuxième particularité qui mérite d'être relevée est l'absence de la conjugaison de la deuxième personne du pluriel : *vosotros* (« vous ») ne s'emploie jamais – on emploie à la place la troisième personne du pluriel, *ustedes*, et la conjugaison de cette dernière, quelle que soit votre relation aux personnes à qui vous parlez.

Les offres

Un séjour itinérant au Pérou peut être l'occasion de découvrir une culture ancestrale et un pays riche en émotion. Ces séjours s'adressent en priorité aux adolescents et jeunes adultes. De même, apprendre l'espagnol en séjour linguistique peut se révéler une expérience inoubliable.

LES DESTINATIONS

Lama résident permanent du site de Machu Picchu.

Pays-Bas

Un séjour linguistique aux Pays-Bas peut être une bonne opportunité pour découvrir ou améliorer son néerlandais et, en séjour itinérant, un excellent moyen de découvrir le pays ; d'autant que celui qui affirme qu'un périple aux Pays-Bas est monotone est tout sauf un aventurier. Ce plat pays de polders, aux vastes prairies verdoyantes où paissent des vaches grasses, entrecoupées de canaux et parsemées çà et là de moulins, est une terre de combat. Le peuple batave s'est épuisé à repousser la mer pour étendre son territoire. Un petit pays aux folles ambitions qui a conquis le monde et de Maastricht, au sud, en passant par Delft, jusqu'à Groningue tout au nord, ses belles cités à l'architecture si disparate offrent bien des visages. La belle Maastricht, Breda la fortifiée, l'antique Nimègue, la déroutante Rotterdam et surtout l'envoûtante Amsterdam allient à l'image du pays tradition et modernité. D'est en ouest, du nord au sud, le voyageur ne cède jamais à l'ennui et garde en mémoire les campagnes de rêve de la province de Gueldre, les presqu'îles de Zélande où ciel, terre et mer se confondent, les vallons riants du Limbourg, les immenses étendues planes de Frise constellées de tourbières, d'étangs et de marais. Quant à Amsterdam, impossible de ne pas succomber au charme de cette capitale posée sur les flots, enchevêtrement de canaux aux eaux changeantes, comme autant de veines qui affluent vers son cœur. Dans la Venise du Nord, le temps varie aussi vite que les teintes de l'Amstel, le ciel pur succède à la brume, la tempête arrive sans mot dire et, quand les vents cinglent les drapeaux rouge et noir emblèmes de la ville, quand le clapot réveille les péniches endormies, le voyageur se rappelle qu'il est bien dans le fameux port d'Amsterdam. Mais de cette ville capricieuse, un jour noyée de bruine ou poissée par les embruns, le lendemain étincelante sous le soleil, de ces quartiers multiples, tantôt si nobles et élégants tantôt criards et populaires, vous retiendrez surtout que ses habitants ont tous l'esprit tourné vers la mer. Lorsqu'ils sillonnent les rues d'Amsterdam en pédalant sur leurs belles montures de fer noir, ils semblent rêver à de nouvelles conquêtes et leurs yeux ont la couleur des océans lointains.

Pratique

- **Nom officiel :** Koninkrijk der Nederlanden
- **Devise nationale :** Je maintiendrai
- **Hymne national :** Wilhelmus
- **Fête nationale :** 30 avril
- **Capitale :** Amsterdam
- **Superficie :** 41 528 km²
- **Population :** 16,8 millions d'habitants
- **Langues :** Néerlandais, frison (uniquement parlé en Frise)

Le drapeau des Pays-Bas

Il s'agit d'un des plus vieux drapeaux nationaux encore en vigueur aujourd'hui. Son origine remonte au règne de Guillaume le Taciturne, prince d'Orange, durant la deuxième moitié du XVIe siècle lorsque les provinces néerlandaises se sont révoltées contre l'Espagne. Il reprend les trois couleurs dynastiques de Guillaume le Taciturne et se compose de trois bandes égales horizontales : rouge, blanche et bleue. Le drapeau, nommé *prinsenvlag* (la bannière du prince), était à l'origine orange, blanc et bleu, mais la bande orange est devenue rouge. Deux raisons expliquent ce changement : tout d'abord, l'orange est difficile à distinguer en mer et se décolore facilement, mais c'est surtout la marque du désir des Néerlandais de rejeter le pouvoir autocratique des princes d'Orange. Une autre version dit qu'après que la France eut conquis le pays, l'orange fut interdit afin que les couleurs du drapeau soient les mêmes que celles du drapeau français. Le drapeau n'a pas été modifié depuis 1796, si ce n'est la nuance de bleu. En revanche, la plupart des équipes sportives nationales portent la couleur orange. À commencer par la plus célèbre d'entre elles, l'équipe de football des Pays-Bas appelée Oranje.

- **Religion :** Catholiques (31 %), protestants (21 %), musulmans (5,3 %), autres religions (2,7 %), non affiliés à une Église (40 %)
- **Nature de l'État :** Monarchie constitutionnelle
- **Monnaie :** L'euro (€).
- **Téléphone :** Pour téléphoner de la France vers les Pays-Bas : + 31 + indicatif de la ville sans le 0 + numéro à 7 chiffres du correspondant
- **Décalage horaire :** 0 heure
- **Formalités/visa :** Carte nationale d'identité ou passeport
- **Santé :** RAS
- **Sécurité :** RAS
- **Risques naturels :** RAS
- **Sport national :** Football, cyclisme, kolven (sorte de golf)
- **Plat national :** Hochepot (ragoût) au chou frisé, l'erwtensoep (soupe aux pois et à la saucisse), le hareng cru et les fromages (édam, gouda)
- **Boissons nationales :** Bière
- **Que rapporter :** Tulipes, fromages, faïences de Delft, diamants, sabots et costumes traditionnels, poteries, argenterie, verrerie et cristal…
- **Événements :** Mardi gras à Maastricht (février), Queen's Day (30 avril), Holland Festival à Amsterdam (juin), Corso fleuri d'Aalsmeer (premier samedi de septembre), Sinterklaas (5 décembre)
- **Période idéale :** D'avril à septembre

AMBASSADE DES PAYS-BAS
7-9, rue Eblé
75007 Paris
✆ 01 40 62 33 00
lafrance.nlambassade.org

À voir – À faire

Les Pays-Bas recèlent de sites très intéressants à visiter. Pour une première visite, on conseillera pourtant les sites suivants : Amsterdam, La Haye, Rotterdam, Utrecht, Maastricht, Delft, Haarlem, Kinderdijk, îles de Wadden, côtes de la mer du Nord, jardin de Keukenhof, parc national de la Haute-Veluwe.

Langues

L'origine de la langue néerlandaise remonte au VIIIe siècle. Elle appartient à la famille des langues germaniques tout comme l'anglais et l'allemand. Le néerlandais et l'allemand ont une origine commune. Le néerlandais est la langue maternelle de 22 millions de Flamands et de Néerlandais. C'est également la langue officielle du Suriname (population : 500 000 habitants) et des Antilles néerlandaises (200 000 habitants environ), qui font partie du royaume des Pays-Bas. Le néerlandais joue encore un rôle important en tant que langue étrangère en Indonésie, dont la population est estimée à plus de 230 millions d'habitants. Une langue très proche du néerlandais, l'afrikaans, est pratiquée comme langue maternelle par plus de 6 millions d'habitants en Afrique du Sud (population totale : 44 millions) et constitue la première langue étrangère pour 10 millions de personnes.
Comme les Néerlandais sont des polyglottes et des voyageurs dans l'âme, leur maîtrise des langues étrangères pourra parfois intimider (ou rassurer, c'est selon) les pauvres *Frenchies* ! Ici, on parle anglais très facilement, donc avec quelques notions, ça devrait aller. Le français est en perte de vitesse, de moins en moins enseigné et parlé ici. Dommage, mais les habitants sont plutôt ouverts, donc n'hésitez pas à demander leur aide et à faire preuve de bonne volonté, vous serez surpris !

Les offres

Un séjour linguistique peut être une bonne occasion de découvrir la culture des Pays-Bas. Si vous êtes un adulte désireux de découvrir le néerlandais, cette destination est faite pour vous ou, pour les plus jeunes, en séjour itinérant.

Façades colorées typiques des Pays-Bas.

Thaïlande

La Thaïlande : comme une évidence dès que l'on pense à un séjour itinérant qui allierait découverte et vacances ! Ce merveilleux pays regorge de tout, des richesses naturelles et culturelles à foison, des spots de plongée parmi les plus beaux au monde, une vie nocturne très animée…
Ce n'est donc pas sans raison que le pays du sourire aimante et attire année après année des millions de touristes en quête d'exotisme, de découvertes culinaires, d'expériences spirituelles.
Épargné par la colonisation et les conflits qui s'ensuivirent au siècle dernier, le royaume du Siam contemporain, grâce à sa philosophie populaire – *sanuk* et *mai pen rai* – cultive une atmosphère singulière. De nos jours encore, la monarchie demeure le véritable symbole national, incarnée par son vieux roi, Bhumibol, grandement vénéré par ses sujets. Les Thaïlandais, dont la langue chantante est très gracieuse, figurent parmi les peuples les plus souriants et les plus accueillants de l'Asie du Sud-Est. C'est un peuple très religieux, qui semble presque tout prendre avec sérénité et philosophie.
On dit que le sourire que l'on voit sur chaque visage a plusieurs significations, et c'est vrai. La Thaïlande, accoutumée depuis des décennies au tourisme de masse, possède des infrastructures hôtelières de très grande qualité, des transports modernes, notamment à Bangkok, ainsi que dans les stations balnéaires du Sud et les grandes villes du Nord comme Chiang Mai. Au Nord-Est, en Isan, c'est une toute autre Thaïlande, rurale et paysanne, que vous découvrirez. Un voyage en Thaïlande, c'est une occasion unique de découvrir l'extraordinaire richesse des mets proposés.
Généreuse, variée et sans taboue, la gastronomie vous procurera d'immenses plaisirs et beaucoup de surprises, pour quelques bahts seulement.
Car là est la magie de ce merveilleux pays, qui offre encore une qualité de vie accessible aux budgets modestes. Le pays du sourire n'en finit pas de nous envoûter !

Le drapeau thaïlandais

Adopté en 1917, il présente cinq bandes symétriques horizontales : le rouge symbolise le sang versé pour maintenir l'indépendance du Siam, le bleu central est la couleur de la monarchie thaïlandaise, quant au blanc, il incarne la pureté et la religion dominante au pays du sourire, le bouddhisme.

Pratique

- **Nom officiel :** ราชอาณาจักรไทย
- **Devise nationale :** L'unité du peuple fait le succès et la prospérité
- **Hymne national :** Phleng Chat
- **Fête nationale :** 5 décembre
- **Capitale :** Bangkok
- **Superficie :** 513 000 km²
- **Population :** 67 millions d'habitants
- **Langues :** Le siamois (aussi appelé thaï)
- **Religion :** Bouddhisme theravâda à 94,6 %, avec minorités musulmane (4,6 %, principalement dans la région Sud) et chrétienne (0,7 %)
- **Nature de l'État :** Monarchie constitutionnelle
- **Monnaie :** La monnaie nationale est le baht (THB). Aujourd'hui, 1 € = 45 B
- **Téléphone :** Pour téléphoner de la France vers la Thaïlande : 00 + 66 (indicatif pays) + indicatif de la ville (sans le 0) + le numéro du correspondant
- **Décalage horaire :** + 5 heures en été et + 6 heures en hiver
- **Formalités/visa :** Pas besoin de visa si vous restez moins de 30 jours en Thaïlande : ce dernier s'obtient gratuitement à l'aéroport
- **Santé :** Traitement contre le paludisme, particulièrement recommandé pour les séjours dans le nord du pays et les zones rurales. Eau non potable

- **Sécurité :** La loi martiale est en cours, il faut donc faire attention lors de ces déplacements la nuit, notamment à Bangkok
- **Risques naturels :** Risques sismiques
- **Sport national :** Boxe thaïe, ta kraw (sorte de tennis-ballon se jouant avec une balle en osier tressée)
- **Plat national :** Phat thaï, tom yam, tom kha, som tam
- **Boissons nationales :** Thé, bières
- **Que rapporter ?** Or, argenterie, bois sculptés, ombrelles, soie, céramiques, vêtements taillés sur mesure, statues, antiquités, gadgets...
- **Événements :** Fullmoon party à Koh Phanga (chaque pleine lune), carnaval des fleurs à Chiang Mai (premier week-end de février), fête des cerfs-volants à Bangkok (février-mars), festival de Songkhran (avril), rassemblement annuel des éléphants à Surin (novembre), Loi Krathong (novembre), défilé des couleurs (début décembre)
- **Période idéale :** De novembre à mars

AMBASSADE DE THAÏLANDE EN FRANCE
8, rue Greuze (16e)
Paris ✆ 01 56 26 50 50
paris.thaiembassy.org
Ouverte du lundi au vendredi de 9h30 à 12h.

À voir – À faire

Les sites à visiter sont nombreux en Thailande. Pour une première visite, on conseillera la visite des lieux suivants : Bangkok, Sukhotai, Ayutthaya, Chiang Mai, Chiang Rai et le Triangle d'or, Mae Hong Son, Pimai, Surin, Phuket, Nakhon Pathom, la région de l'Isan, les îles de la mer d'Andaman (Similian, Surin, Koh Phi Phi, Koh Lanta, Koh Tarutao...) et du golfe de Thaïlande (Koh Chang, Koh Samet, Koh Samui, Koh Phan Gan, Koh Tao...), le pont de la rivière Kwai et les parcs de la région, le Mékong, baie de Pha Nga, parcs nationaux de Khao Yai, Phu Kradung, Doi Inthanon, le marché flottant de Damnoen Saduak.

Langues

D'un point de vue linguistique, le thaï, ou l'ancien siamois, fait partie de la famille des langues taïes-kadaïes présentes en Asie du Sud-Est et dans le sud de la Chine. Les langues directement apparentées au thaï sont, en Thaïlande même, le thaï du Nord, le thaï song et le phuan, certaines langues taïes du Vietnam. Le thaï siamois, ou thaï standard, est parlé par environ 20 à 25 millions d'habitants, essentiellement dans la plaine centrale et à Bangkok (environ 40 % de la population totale). Ce sont les Thaïs siamois qui dirigent le pays et qui ont donc naturellement défini la norme linguistique et imposé leur variété linguistique à l'ensemble du pays, notamment au gouvernement, à l'éducation et dans les médias écrits. Le thaï officiel correspond en effet au thaï siamois. Les Thaïs siamois se considèrent comme les « vrais Thaïs ».

Le thaï utilise un alphasyllabaire particulier (alphabet thaï) dérivé de l'alphabet khmer, adapté pour pouvoir transcrire le système tonal de la langue : il possède vingt consonnes, écrites avec quarante-quatre lettres, dont deux tombées en désuétude, vingt-quatre voyelles, incluant des diphtongues et triphtongues, notées avec treize lettres (six voyelles courtes, cinq voyelles longues et deux signes de diphtongues particuliers). Le système tonal est gouverné par le choix des consonnes, qui sont divisées en trois groupes ; quatre accents permettent de corriger ce système et d'intégrer les mots étrangers difficiles à transcrire.

Le thaï s'écrit de gauche à droite, il n'y a pas de ponctuation et plusieurs mots peuvent s'écrire collés. Les lettres ne sont pas liées. Il n'y a pas de majuscules.

Les offres

De Bangkok aux grandes cités balnéaires, vous n'aurez que l'embarras du choix concernant les sites à découvrir lors des séjours itinérants proposés dans le pays par les organisateurs.

© S.NICOLAS – ICONOTEC

Danseuse en costume traditionnel.

Russie

Depuis quatre siècles, la Russie est le plus grand pays du monde. Vous n'en ferez donc clairement pas le tour lors d'un séjour itinérant ; mais vous pourrez vous imprégner de sa culture ancestrale lors d'un long séjour linguistique. D'autant que cette culture est numéraire, car en envahissant les terres tatares et sibériennes, les tsars puis les soviets conquirent et occupèrent un empire immense, réunissant la chrétienté, l'islam et le bouddhisme, la steppe et la taïga, les mers du Sud et les déserts glacés. Un pays aux deux continents, qui s'incarne tout entier dans un marché coloré comme une toile de Kandinsky : fourrures de Sibérie, fruits du Caucase, poissons de la Caspienne et icônes de Novgorod composent cette fresque de la Russie, diverse jusqu'au vertige, unie pour le meilleur et pour le pire. Le meilleur à Kazan, dont le Kremlin renferme une mosquée et une cathédrale orthodoxe. Le meilleur à Moscou, capitale de la démesure avec ses soirées qui durent jusqu'au petit matin. Le meilleur à Saint-Pétersbourg avec ses nuits blanches, ces jours de juin où le soleil refuse de se coucher, admirant son image reflétée par les façades des palais. Le meilleur des arts, au Bolchoï, à l'opéra de Novossibirsk ou à celui de Perm où vibrent pour un soir et pour toujours les musiques de Tchaïkovski, les vers de Pouchkine et les tirades de Tchekhov. Le meilleur du voyage avec le Transsibérien, apnée de 6 jours et 7 nuits dans un véritable océan de terres qui unit les plages de la mer Baltique à celles de la mer du Japon. Le meilleur de la nature aussi : sur Olkhon, la plus grande île du lac Baïkal, auprès du volcan Avantchinskyi, sur la presqu'île du Kamtchatka ou dans les méandres de la Volga qui s'écoule, immuable, au pied d'une église aux murs blanchis à la chaux. Le meilleur de l'homme enfin, dans toute sa diversité : cérémonies chamaniques à Touva, danses caucasiennes, parties de pêche à travers la glace. Unie pour le pire aussi, dans les villes de Tchétchénie détruites par la guerre, devant les monuments aux morts de la Seconde Guerre mondiale ou dans le trop frêle musée du Goulag de Perm. Mais la Russie, après soixante-dix ans de nuit soviétique, a soif de vie : tout au nord, sur les îles Solovki transformées en camp par les bolcheviks, les moines ont repris possession de leur monastère. Des fidèles ont traversé la mer Blanche pour y fêter Pâques. S'avançant pieusement vers l'église, la procession accomplit le lent cheminement de la Russie vers son salut : dévouée jusqu'à l'irrationnel, mystique pour l'éternité.

Pratique

- **Nom officiel :** Российская Федерация
- **Hymne national :** Gossoudarstvennyï gimn Rossiïskoï Federatsii

Le drapeau russe

L'éclatement de l'Union soviétique en 1991 a donné naissance à la Communauté des États indépendants (CEI) qui regroupe douze des quinze anciennes républiques soviétiques. Les nouveaux États se sont ainsi dotés de leur propre drapeau et ont rompu avec l'icône traditionnelle de la faucille et du marteau. La Russie a opté pour le drapeau tricolore blanc, bleu, rouge à bandes horizontales. Ce drapeau est le même que celui conçu dès 1699 par le tsar Pierre le Grand. Devenu drapeau national en 1883, il a flotté sur les bâtiments officiels jusqu'à l'arrivée au pouvoir des bolcheviks en 1918. Ce drapeau sera de nouveau adopté le 11 décembre 1993 par la Russie. Plusieurs interprétations existent pour expliquer les couleurs et l'agencement du drapeau. À titre purement indicatif et non exhaustif, sachez donc que le blanc symbolise la noblesse, la liberté et l'indépendance, le bleu, l'honneur et la droiture, et le rouge le courage, la hardiesse ainsi que la générosité.

Cathédrale Saint-Basile-le-Bienheureux, Moscou.

Fête nationale : 12 juin

Capitale : Moscou

Superficie : 17 075 400 km²

Population : 142 500 000 habitants

Langues : Russe

Religion : 80 % orthodoxes, 14 % musulmans, 2 % juifs, 2 % bouddhistes, mais on trouve aussi des catholiques, des protestants et des animistes (chamanistes)

Nature de l'État : République fédérale

Monnaie : Nouveau rouble russe (RUB). Aujourd'hui, 1 € = 44 RUB ; 100 RUB = 2,27 €

Téléphone : Pour téléphoner de la France en Russie : 007 + code ville + numéro de téléphone à 7 chiffres

Décalage horaire : De +2 heures (Moscou) à +11 heures. Il y a 3 heures d'avance sur l'heure française en hiver, 2 en été. Depuis 2011, la Russie ne passe plus à l'heure d'été, ce qui explique la différence de décalage selon les saisons.

Formalités/visa : Les ressortissants de l'Union européenne qui souhaitent séjourner en Russie doivent au préalable obtenir un visa (trois mois au maximum pour un visa tourisme). Le passeport utilisé doit être encore valable au moins six mois après la date de sortie du pays

Santé : Vaccinations contre la typhoïde et les hépatites A et B recommandées. Eau non potable. En cas d'ascension des montagnes russes, se prémunir contre les risques liés à l'altitude (froid, soleil, mal des montagnes, préparation physique). De plus, pour affronter l'hiver, il est nécessaire d'emporter des vêtements très chauds, les températures pouvant atteindre – 15 °C à Moscou et descendre beaucoup plus bas près du cercle polaire

Sécurité : Les voyages en Tchétchénie, en Ingouchie, au Daghestan et en Ossétie du Nord sont formellement déconseillés

Risques naturels : RAS

Sport national : Hockey sur glace, patinage artistique

Plat national : Les pelmeni (sorte de raviolis), les bliny (crêpes épaisses), les pirojky (pâtés farcis à la viande), la solianka (soupe)

Boissons nationales : Vodka, bière, kvas (boisson fermentée à base de pain)

Que rapporter ? Chapkas, vodkas, poupées russes, caviar, icônes, broderies, dentelle, objets en bois, œufs peints, ambre, porcelaine, samovars...

Événements : Noël orthodoxe (7 janvier), festival du printemps (mars), Pâques orthodoxe (avril), printemps de la musique à Saint-Pétersbourg (avril), Étoiles de Moscou (mai), fête nationale (12 juin), festival d'art nuits blanches à Saint-Pétersbourg (fin juin), fête de la chanson à Moscou (août), festival de l'hiver russe à Saint-Pétersbourg et Moscou (décembre-janvier)

Kremlin.

Période idéale : De juin à août

AMBASSADE DE RUSSIE EN FRANCE
40-50, boulevard Lannes (16e)
Paris
✆ 01 45 04 05 50
ambassade-de-russie.fr
ambrusfrance@mid.ru
Le bâtiment, aux allures soviétiques, abrite notamment un service consulaire, pour les demandes de visa.

À voir – À faire

La Russie est un très vaste pays. Il vous sera donc difficile de tout voir lors d'une première visite. Voici néanmoins quelque pistes de sites d'exception à visiter : Moscou, Saint-Pétersbourg, Novgorod, la Volga, Vladivostok, l'Anneau d'or, le lac Baïkal, la Sibérie, les montagnes et volcans du Kamtchatka, la Carélie, les côtes de la mer Noire.

Poupées russes.

Langues

L'alphabet cyrillique russe est un descendant en ligne directe du glagolitique, qui tire son nom du vieux mot slave « parler ». En russe moderne, le mot *glagol* désigne d'ailleurs un verbe. Cet alphabet fut introduit dans le royaume de Grande Moravie au IXe siècle par les moines grecs Cyrille et Méthode, pour les besoins d'évangélisation des populations balkaniques. Il fut interdit par le pape et a même failli disparaître complètement au Xe siècle. Toujours est-il que vous risquez de vous trouver en Russie bien perdu devant les panneaux et les enseignes. Proche de l'alphabet grec, l'alphabet russe est trompeur. Le P est en fait un « r », le Y se dit « ou », le C se prononce comme un « s », caractéristiques auxquelles il faut ajouter nombre de graphies qui ne vous diront rien du tout. C'est dommage parce que quelques mots pratiques sont empruntés au français (restaurant, métro, station ferroviaire, etc.). Cet alphabet comporte 33 signes dont l'apprentissage ne demande que deux ou trois heures. Ensuite, rien de plus simple pour descendre à la bonne station ou trouver un café : en russe, toutes les lettres se prononcent. Enfin, presque…

Les offres

Dans les principales métropoles du pays, comme Moscou, Saint-Pétersbourg ou autres, vous vivrez au contact de la population et vous développerez vos connaissances de la langue et de la culture russe. Mais si votre enfant souhaite partir à la découverte des paysages et villes russes, sans pour autant suivre des cours de langue, proposez-lui alors un séjour itinérant !

Cambodge

Le Cambodge est maintenant bien engagé sur le chemin de la renaissance. Au fil du temps, nous avons vu disparaître la guérilla khmère rouge, s'apaiser les tensions nées de trente ans de conflit et un peuple tout entier revenir à la vie, en même temps qu'un patrimoine historique et architectural unique redevenait accessible au tourisme. Il s'agit à présent de redécouvrir un peuple profondément aimable et désireux de renouer avec le reste du monde ; pour ce faire, rien de mieux qu'un séjour itinérant ! « Peuple, culture et nature », voilà les trois grandes orientations pour vous faire découvrir le Cambodge dans toute sa diversité. Des ruines d'Angkor aux jungles montagneuses, des îles du golfe de Siam aux remous puissants du Mékong, des nuits fiévreuses de Phnom Penh, « capitale aux quatre visages », aux villages perdus dans les rizières innombrables, nous sommes allés partout… pour connaître cette terre d'aventure, cette contrée de rêve marquée par la folie meurtrière et la cupidité des hommes, ce pays qui a réussi à survivre à la haine et qui, paradoxalement, peut encore se révéler très beau dans sa simplicité et son humanité ; un pays où certains pensent encore que tout est possible, car la vie y coule aussi fort que les eaux du fleuve, une vie que rien n'arrête, pas même la « déchirure » imposée par un régime totalitaire… Le Cambodge est aussi puissant que la forêt sauvage disloquant lentement les murailles des temples : création et destruction, *linga* et *yoni*, les principes fondateurs mâle et femelle qui président à toute civilisation en cette terre d'Asie. Car le dualisme sacré de Shiva perdure encore chez les Khmers ! En arrivant au Cambodge, il faut être conscient que l'ouverture au tourisme de masse n'est encore que relativement récente : l'hôtellerie et la restauration restent approximatives, les transports vous feront connaître la promiscuité et la poussière, la chaleur ralentira vos pas et la transpiration vous brûlera les paupières, vous verrez souvent de vos yeux le spectacle lamentable de la saleté et de la misère des rues… Pas de faux-semblant, le voyageur doit mériter son voyage. Une baignade magique dans le lac de cratère de Ratanakiri, le sourire éclatant d'une jeune femme, un coucher de soleil au temple du Mébon oriental, les cris des singes dans la cité oubliée de Sambor Prei Kuk sont autant de récompenses pour des conditions de voyage précaires. Après un premier contact attachant, il vous arrivera de douter de l'avenir de ce pays qui semble abandonné par sa bonne étoile… Néanmoins, la force d'une nation est dans la vitalité de sa jeunesse !

Pratique

- **Nom officiel :** Preăh Réachéanachâkr Kâmpŭchea
- **Devise nationale :** Nation, Religion, Roi
- **Hymne national :** Nokoreach
- **Fête nationale :** 9 novembre
- **Capitale :** Phnom Penh
- **Superficie :** 181 035 km^2
- **Population :** 15 205 539 habitants

Le drapeau cambodgien

Le pays a changé sept fois de drapeau depuis 1949, date à laquelle le Cambodge a partiellement accédé à l'indépendance. Il a ainsi été modifié en 1975, 1978, 1989, 1992. Depuis 1993, le drapeau cambodgien est composé de deux bandes horizontales bleues et d'une bande rouge. En son centre se dresse une représentation du temple d'Angkor Vat avec trois tours. Ce sanctuaire a tantôt été représenté par cinq tours, tantôt par trois, au gré des événements politiques du pays comme le règne des Khmers rouges ou encore le retrait du Vietnam. Le drapeau rappelle la devise nationale du pays : « Nation, Religion, Roi ».

- **Langues :** Khmer
- **Religion :** Bouddhisme hinayana, islam, christianisme
- **Nature de l'État :** Monarchie constitutionnelle
- **Monnaie :** L'unité monétaire est le riel (KHR). Le dollar américain est utilisé dans l'ensemble du pays. Taux de change accepté par tous : 1 dollar = 4 000 riels. Aujourd'hui, 1 euro = 5 200 riels
- **Téléphone :** Pour téléphoner de la France vers le Cambodge, faites le 00 855 + l'indicatif régional + les 6 chiffres du numéro
- **Décalage horaire :** + 5 heures en été et + 6 heures en hiver
- **Formalités/visa :** On obtient sans difficulté son visa en arrivant sur place. Il est valable un mois
- **Santé :** Traitement contre le paludisme, les hépatites A et B, la diphtérie et la typhoïde vivement recommandés. Eau non potable. Au printemps, le Cambodge connaît des températures pouvant dépasser les 35 °C, il est donc nécessaire de se prémunir contre les méfaits du soleil
- **Sécurité :** Éviter de se déplacer seul la nuit, particulièrement dans le nord de la province de Siem Reap et dans la province de Banteay Meanchey. Risques de mines : ne pas s'écarter des sites et de la piste qui y mène
- **Risques naturels :** RAS
- **Sport national :** Football, badminton, taekwondo et boxe thaïlandaise.

Temple d'Angkor Wat.

- **Plat national :** L'amok est un plat de poisson cuit au lait de coco dans des feuilles de bananier
- **Boissons nationales :** Le vin de palme, l'alcool de riz, la bière et bien sûr le thé
- **Que rapporter ?** Soie, poterie et vannerie, krama (écharpe traditionnelle en coton), impressions en papier de riz, textiles, bijoux en or et en argent…
- **Événements :** Nouvel an khmer (avril), fête du sillon sacré (fin avril-début mai), Prachuml Ben (août-septembre), Kathen (septembre), fête du renversement des eaux (début novembre), fête de l'indépendance (9 novembre)
- **Période idéale :** De décembre à avril

AMBASSADE ROYALE DU CAMBODGE
4, rue Adolphe-Yvon (16e)
Paris ✆ 01 45 03 47 20
www.ambcambodgeparis.info
arc@ambcambodgeparis.info
Ouvert du lundi au vendredi de 9h à 13h (pour les visas) et de 14h à 17h. L'ambassade abrite aussi l'office du tourisme.

À voir – À faire

Le Cambdoge reste bien entendu mondialement connu pour le site d'Angkor. Mais ce n'est pas tout, lors de votre premier séjour, pensez à prendre le temps de visiter Phnom Penh, Siem Reap, Udong, la plaine du Mékong, le lac Tonlé Sap, les côtes du golfe de Thaïlande.

Langues

Le khmer appartient au groupe des langues austro-asiatiques ; il aurait donné naissance au thaï, au laotien et, indirectement, au birman. On y trouve, çà et là, certaines influences indo-européennes. Comme pour les autres langues d'Extrême-Orient, le mot est invariable et l'on ne trouve pas de catégories grammaticales bien précises ni de classes de mots correspondant rigoureusement à nos « parties du discours ». Donc pas de marque particulière indiquant le genre, le nombre, la personne, le temps, le mode… et pas de conjugaison à apprendre. De plus, le mot cambodgien est toujours pris dans son sens le plus général, d'où la nécessité de le préciser en ajoutant à sa suite les déterminants appropriés.

Les offres

Les organismes sérieux ont développé des séjours itinérants fondés sur des offres originales et hors des sentiers balisés.

Danemark

Pays latin de la Scandinavie, le Danemark semble bien loin des clichés du Grand Nord. À la pointe du design et des nouvelles technologies, ce pays où il fait bon vivre a su mêler tradition et modernité, simplicité et originalité. C'est en cela qu'il est devenu une très intéressante destination pour les séjours linguistiques ou itinérants. L'insularité de sa géographie n'en a pas émietté pour autant l'unité du pays, tout en l'enrichissant d'une diversité naturelle et culturelle. S'il est vrai que son histoire fut longtemps liée à celle de la Scandinavie, il n'en subsiste pas moins une identité danoise ainsi qu'un sentiment nationaliste, épris de sagas vikings et de l'histoire de ses dynasties royales. Alliant courtoisie, rigueur et décontraction, les Danois possèdent en matière de politique sociale un système tout à fait exemplaire : derrière la discrétion se cache une grande efficacité. « Vivez et laissez vivre ! », voilà une devise qui traduit admirablement l'identité danoise. Copenhague la paisible dévoile ses palais et parcs royaux, ses musées, ses tours dont l'architecture audacieuse s'impose fièrement dans une capitale calme de l'extérieur et chaleureuse à l'intérieur. La mer Baltique, toute proche, baigne la ville et son flot de cyclistes d'un doux parfum maritime, et *La Petite Sirène*, symbole de la cité, veille discrètement sur une ville qui inspira jadis le célèbre conteur H. C. Andersen. Peut-être lui doit-on en partie cette ambiance magique et agréablement nostalgique qui plane sur Copenhague ? Les landes du nord de la presqu'île du Jutland offrent également un paysage peu familier de dunes vallonnées s'accrochant à des falaises ou recouvertes progressivement par le sable. Puis un spectacle différent mais tout aussi majestueux que celui des fjords s'offre à nous, celui des lacs, des forêts de hêtres, des nombreuses et charmantes îles plus ou moins planes ou rocheuses ou des vastes plages de sable fin qui bordent la côte ouest. C'est à mi-chemin entre l'Islande et la Norvège, dans l'Atlantique Nord, que l'on découvre l'un des joyaux de la couronne danoise : les îles Féroé, archipel volcanique et verdoyant, balayé par un souffle pur qui caresse de douces montagnes où reposent d'anciennes bourgades. Voyager dans le Grand Nord, c'est finalement se laisser porter par une nature bienfaisante et un peuple des plus accueillants… Alors, « Vivez et laissez vivre ! ».

Pratique

- **Nom officiel :** Kongeriget Danmark
- **Devise nationale :** L'aide de Dieu, l'amour du peuple, la force du Danemark
- **Hymne national :** Der er et yndigt land
- **Fêtes nationales :** 5 juin et 16 avril
- **Capitale :** Copenhague
- **Superficie :** 43 098 km²
- **Population :** 5 584 758 habitants
- **Langues :** Danois
- **Religion :** Évangéliques luthériens (84,7 %), autres protestants et catholiques romains (2 %), autres religions (7 %)
- **Nature de l'État :** Monarchie constitutionnelle

Le drapeau danois

Le Dannebrog, c'est le fameux drapeau rouge à croix blanche du Danemark, qui représente le pays depuis cinq cents ans et qui, selon la légende, est tombé du ciel en 1219 lors de la conquête de l'Estonie. Mais il n'apparaît sur les navires de la marine danoise qu'à partir de 1580. Aujourd'hui, il est partout. Sur les bâtiments officiels, bien sûr, à tous les coins de rue des villes, mais aussi sur les gâteaux d'anniversaire, en guirlande sur les sapins de Noël, hissé sur les hampes des jardins des maisons et des cours d'immeuble. On agite aussi frénétiquement des petits drapeaux de papier à l'aéroport pour accueillir quelqu'un qui rentre au pays ! Les membres de la famille royale y inscrivent leurs propres armoiries.

- **Monnaie :** La couronne danoise (DKK). Aujourd'hui, 1 DKK = 0,135 € • 1 € = 7,45 DKK
- **Téléphone :** Pour téléphoner de la France vers le Danemark, composer le 00 + 45 + numéro local à 8 chiffres. Il n'y a pas de différence de numéros entre une ligne fixe et les lignes pour les portables
- **Décalage horaire :** 0 heure
- **Formalités/visa :** Carte nationale d'identité ou passeport
- **Santé :** RAS
- **Sécurité :** RAS
- **Risques naturels :** RAS
- **Sport national :** Football
- **Plat national :** Les fricadelles (boulettes de viande), le smørrebrød (tranche de pain de seigle recouverte de hareng, saumon, salade, œufs durs, oignons...), le hareng (nombreuses recettes)
- **Boissons nationales :** Bière
- **Que rapporter ?** Verrerie, porcelaine, argenterie, céramique, objets en bois, textiles et Lego.
- **Événements :** Marché Viking à Ribe (mai), festival de rock de Roskilde (juin), festival viking à Frederiksund (juin), congrès mondial des Pères Noël à Bakken (juillet), festival Andersen à Odense (juillet), grande parade de Noël à Copenhague (fin novembre)
- **Période idéale :** De mai à septembre

Copenhague.

AMBASSADE ROYALE DU DANEMARK
77, avenue Marceau (16e)
Paris
✆ 01 44 31 21 21
www.amb-danemark.fr
paramb@um.dk
Il existe 23 représentations consulaires en France dont vous trouverez la liste complète sur le site Internet de l'ambassade du Danemark.

À voir – À faire

Le Danemark est une belle destination nature. Pour un premier séjour néanmoins, on pourra privilégier la visite des sites suivants : Copenhague, Roskilde, Odense, Helsingør, Aarhus, Ribe, les régions de fjords, les falaises de craie sur l'île de Møn, l'île de Bornholm, les châteaux...

Langues

Le danois fait partie du groupe des langues germaniques. L'ancien nordique, langue viking, fut utilisé en Scandinavie du VIe au XIIIe siècle. L'alphabet alors utilisé consistait en signes divers appelés runes dont on retrouve encore des traces, des fameuses pierres runiques de Jelling jusqu'à celles du Jutland. Les langues scandinaves se sont ensuite diversifiées en introduisant l'ancien danois jusqu'au XVIe siècle, puis le danois moderne utilisé de nos jours. On retrouve néanmoins de grandes similarités entre le danois, le norvégien et le suédois.
Ceux qui maîtrisent l'allemand n'auront pas trop de mal à s'y faire, du moins à la lecture : la prononciation et la compréhension sont plutôt difficiles !
Utile à savoir lorsqu'on consulte un index, un dictionnaire ou un annuaire danois : il y a trois lettres de plus que dans notre alphabet, et elles se retrouvent en fin de liste, après les 26 lettres que nous connaissons en français, dans cet ordre : *æ* (« è »), *ø* (« eu »), *å* (« o »). Par ailleurs, le *y* se prononce « u ».
Sachez aussi qu'en danois, le vouvoiement a été abandonné car jugé trop inégalitaire. On ne dit plus « vous » qu'à la reine...

Les offres

Les pays du Nord sont connus pour l'excellence de leur système éducatif et par le bilinguisme en cours chez les plus jeunes.
Au Danemark, vous pourrez vous perfectionner en danois ou découvrir le pays en séjour itinérant.

République tchèque

Qui n'a jamais entendu parler de Prague, la « capitale magique de l'Europe » ? Très cosmopolite, paradis des piétons, des férus d'histoire, des fêtards et des amoureux, la ville est vraiment photogénique le jour et follement animée le soir venu. Si elle mérite sa réputation, le reste du pays est injustement méconnu et, pourtant, à l'unisson de Prague. Ce sont toutes ces nombreuses facettes que vous pourrez découvrir à l'occasion d'un séjour linguistique ou d'un séjour itinérant. Dans chacune des régions de la République tchèque, vous découvrirez un folklore, des traditions, un patrimoine architectural riche et… plus de 2 000 châteaux ! Aux alentours de Prague, la forêt se densifie, et l'on voit apparaître au loin les sommets des monts du Liberec, les plateaux du Český ráj et les étangs de Třeboň. En Bohême, vous serez charmé par l'impériale Karlovy Vary et ses colonnades majestueuses, la « perle » Český Krumlov, les places colorées et pavées de Loket, Telč et Třebíč. La Moravie est (malheureusement) souvent boudée des Français, pourtant c'est une région qui regorge de trésors insoupçonnés, de châteaux féeriques et de vignobles. En République tchèque, on prend goût aux petits plaisirs de la vie. On nage dans les lacs d'altitude, on navigue sur la Vltava, on assiste aux nombreux festivals, on sillonne à vélo les terres viticoles, on skie l'hiver, on part en excursion l'été, on déguste du vin dans les petites caves où l'on se nourrit d'une cuisine pure chasse : du gibier rôti. Le tout pour une poignée de couronnes. Mais les dynamiques Olomouc, Brno, Plzeň et Ostrava rappellent qu'on est aussi dans un pays ambitieux en pleine transformation. Enfin, savez-vous que le pays est connu pour son cristal, son grenat, ses chaussures Bata, ses pianos Petrof, ses voitures Škoda ou ses explosifs Semtex ? N'oubliez pas qu'ici, le temps d'une bière, l'une des meilleures au monde dit-on, reste sacré. *Šťastnou cestu !* Bon voyage en République tchèque !

Pratique

- **Nom officiel :** Česká republika
- **Devise nationale :** La vérité vainc
- **Hymne national :** Kde domov můj ?
- **Fêtes nationales :** 28 septembre et 28 octobre
- **Capitale :** Prague
- **Superficie :** 78 864 km²
- **Population :** 10,5 millions d'habitants
- **Langues :** Tchèque, slovaque, allemand, romani, polonais
- **Religion :** 59 % d'athées, 27 % de catholiques, 21 % de protestants
- **Nature de l'État :** République parlementaire

Le drapeau de la République tchèque

Le blanc et le rouge symbolisent la Bohême, d'après le blason royal datant de 1192 et représentant un lion blanc sur champ rouge. Le premier drapeau tchèque bicolore (rouge et blanc) fut créé durant la Première Guerre mondiale et choisi comme drapeau national tchécoslovaque en 1918. En 1920, on y ajouta le bleu, symbolisant la Moravie et la Slovaquie. Il se caractérise par une disposition des couleurs, unique en Europe, mais que l'on retrouve sur d'autres continents (drapeaux des Philippines ou de Djibouti, par exemple). En 1989, après la chute du mur de Berlin, le drapeau est conservé comme symbole de la nouvellement nommée République fédérative tchèque et slovaque. Après la partition entre Tchéquie et Slovaquie en 1993, la Slovaquie a dû en créer un autre.

- **Monnaie :** La Koruna Česká (Kč ou CZK), autrement dit la couronne tchèque. Aujourd'hui, 10 Kč = 0,40 € (100 Kč = 4,05 €) / 1 € = 24,84 Kč
- **Téléphone :** Pour téléphoner de la France vers la République tchèque, composez le 00 + 420 + numéro de votre correspondant à 9 chiffres
- **Décalage horaire :** 0 heure
- **Formalités/visa :** Passeport ou carte d'identité
- **Santé :** RAS
- **Sécurité :** RAS
- **Risques naturels :** RAS
- **Sport national :** Football, hockey sur glace
- **Plat national :** La česká bramborová est la soupe nationale. Elle se compose de pommes de terre, champignons et carottes. Les knedlíky, boulettes de farine de pomme de terre coupées en tranches, sont également très populaires
- **Boissons nationales :** La bière et le vin
- **Que rapporter ?** Cristal et verre de Bohême, porcelaine, poterie, marionnettes, jouets en bois…
- **Événements :** Saison du Bal (janvier-février), festival international de musique du printemps à Prague (mai-juin), festival folklorique de Strážnice (juin), festival du folklore à Prague (juillet-septembre), festival international de jazz (septembre), festival d'automne à Prague (septembre), fête nationale (28 octobre), festival international de musique d'avent et de Noël (fin novembre)
- **Période idéale :** De juin à septembre

Hradčany et le Château royal (Pražský hrad), Prague.

AMBASSADE DE LA RÉPUBLIQUE TCHÈQUE
15, avenue Charles-Floquet
Paris ✆ 01 40 65 13 00
www.mzv.cz/paris
paris@embassy.mzv.cz

À voir – À faire

Au cours d'un premier séjour, vous aurez l'embarras du choix ! Entre Prague, Mariánské Lázně (Marienbad), Český Krumlov, Karlovy Vary (Karlsbad), Kutná Hora, Austerlitz, Telč, la cité médiévale de Tabor, la Bohême du Sud et de l'Est, la Moravie, les châteaux, les Beskides, les falaises de Prachov, les parcs nationaux de Krkonoše (monts des Géants) et de Šumava… tout vous est ouvert !

Langues

Langue slave du groupe occidental (avec le polonais et le slovaque), le tchèque s'écrit en caractères latins, parfois enrichis de signes diacritiques (č, ř, š, ž). Le tchèque est la langue parlée dans tout le territoire et sa proximité avec le slovaque est telle qu'un Tchèque s'adressant en tchèque à un Slovaque qui lui répondrait en slovaque n'altérerait pas la bonne compréhension de leurs échanges. Il est toutefois notable que, sur le territoire de la République tchèque, chaque région a son petit accent ou dialecte. Un Pragois se reconnaît à son accent chantant et identifiera immédiatement un habitant d'Ostrava (la capitale de la Moravie du Nord) à sa diction courte et à l'emploi de mots venus du polonais, un habitant du Haná (la Moravie centrale) transforme les suffixes finissant normalement par un « e » en un « a », un Pilsenais (l'ouest de la Bohême) utilise le préfixe « tu » avant les pronoms, le peuple de Brno parle un dialecte particulier lié à l'allemand. Que cela ne vous décourage pas si vous voulez apprendre le tchèque, on fera toujours un effort pour vous en faciliter la compréhension.

Les offres

En République tchèque, vous trouverez des écoles de langue de qualité pour des séjours linguistiques pour tous les âges et tous les niveaux. Vous pourrez aussi opter pour un séjour itinérant.

Croatie

Grâce à ses kilomètres de côtes sur l'Adriatique, ses archipels de toute beauté, sa nature préservée et ses villes historiques, la Croatie brille dans les yeux des participants à un séjour itinérant ou des élèves en séjour linguistique. Si la dernière guerre avait quelque peu terni l'image du pays, toutes sortes de visiteurs sont depuis revenus en force, chacun avec des envies bien précises. Mais qu'est-ce qui fait son succès sans cesse grandissant ? La proximité déjà ! La Croatie est si facile d'accès de toute l'Europe, en un jour d'autoroute, par bateau depuis l'Italie sans parler des avions qui, en moins de 2 heures, arrivent à Zagreb, Split ou Dubrovnik ou se posent, aux beaux jours, sur six aéroports du littoral. Évoquant la Croatie, on pense tout de suite à la mer. Pourtant, les paysages variés de l'arrière-pays montagneux impressionnent. Dans la même semaine, on passe aisément d'une randonnée d'altitude aux descentes sportives d'une rivière, d'une promenade en forêt, autour d'un lac, aux journées entières à s'émerveiller dans les parcs nationaux… Mais l'Adriatique attire comme un aimant. Souvent même, le littoral constitue à lui seul l'objet du séjour. Sur 1 777 kilomètres de côtes, le *roadmovie* marin peut commencer. Sur la route, une succession d'images de carte postale, des plages, criques et pontons bordés de pins maritimes, des eaux cristallines aux rochers accueillants (attention aux oursins !) et des monts vertigineux qui plongent dans l'eau. Au large, on passe d'un archipel à l'autre et l'on s'amuse à compter les îles et îlots allongés, 1 185 au total. Bien sûr, le climat méditerranéen participe au bien-être, tout comme la vie de Robinson toujours possible… Il y a aussi les joies de la plaisance, les fonds sous-marins à explorer, l'apéritif sur le port avec les pêcheurs, les plaisirs de la table, les nuits chez l'habitant. Autre richesse, le patrimoine culturel. Sept sites majeurs ont été classés par l'Unesco à Dubrovnik, Split, Trogir, Zadar, Šibenik, Poreč et Pula. Mais le charme opère aussi dans la capitale, jeune et branchée, dans les villages perchés de l'Istrie, aux abords des petits ports ou encore dans les hameaux rustiques de la Slavonie. Là-bas, veillent de vénérables châteaux dignes des contes de fées. Une belle harmonie entre nature et culture en somme. Attention, équilibre fragile !

Le drapeau croate

Sur un fond rouge, blanc et bleu horizontal, le drapeau croate porte le blason national en son centre. Les trois bandes tricolores représentent la liberté, un symbole emprunté à la Révolution française. L'ensemble des couleurs se trouve aussi dans les armoiries traditionnelles, de gueule et d'argent (rouge et blanc) pour la Croatie, d'azur et d'argent pour la Slavonie et d'azur et d'or pour la Dalmatie. Le blason est constitué d'un damier de 25 cases rouge et blanc. Couronnant le blason, cinq petits boucliers portent les blasons historiques croates. Le premier – le plus ancien du pays – porte l'étoile et la demi-lune, le deuxième représente le blason de la république de Dubrovnik (écu bleu avec deux bandes rouges), le troisième le blason de Dalmatie où trônent trois têtes de lion, le quatrième figure la chèvre en or, symbole de l'Istrie et le dernier, avec la martre et l'étoile, est le blason de Slavonie. En 1508, le blason de la Croatie apparaît pour la première fois. Le drapeau tricolore est officialisé, qui fusionne le rouge et blanc de la Croatie et le bleu et blanc de la Slavonie. Au moment de la création de l'État yougoslave, en 1918, il fut suspendu mais réapparaît, en 1939, avec le blason au centre du drapeau tricolore, comme emblème national. À partir de 1941, le drapeau est repris par les différents partis au pouvoir : le régime oustachi applique un U dans son angle supérieur gauche. De 1945 à 1990, l'étoile rouge communiste remplace le blason national et il faudra attendre 1990, après l'entérinement de la nouvelle Constitution, pour que le drapeau national soit définitivement adopté.

Pratique

- **Nom officiel :** Republika Hrvatska
- **Hymne national :** Lijepa nasa domovino
- **Fête nationale :** 25 juin
- **Capitale :** Zagreb
- **Superficie :** 56 594 km²
- **Population :** 4 284 889 habitants
- **Langues :** Croate
- **Religion :** Catholiques romains (86,3 %), non-croyants et agnostiques (5,2 %), orthodoxes (4,4 %), musulmans (1,5 %), protestants (0,3 %), divers (1 %)
- **Nature de l'État :** République parlementaire
- **Monnaie :** Le kuna (kn). Aujourd'hui, 1 € = 7,63 kn ; 100 kn = 13,09 €
- **Téléphone :** Pour téléphoner de la France vers la Croatie, composez l'indicatif international (00) + celui de la Croatie (385), enfin l'indicatif régional, sans le 0 initial, suivi du numéro local.
- **Décalage horaire :** 0 heure
- **Formalités/visa :** Carte nationale d'identité ou passeport en cours de validité
- **Santé :** RAS
- **Sécurité :** RAS
- **Risques naturels :** RAS
- **Sport national :** Football
- **Plat national :** Les štrukli (beignets de fromage blanc cuit), le pršut (jambon séché), le chou farci…
- **Boissons nationales :** Vin, bière et rakia (eau-de-vie)

La plage de Banje, Dubrovnik.

- **Que rapporter ?** Huile d'olive, céramique, bijoux, objets en bois
- **Événements :** Fête nationale (25 juin), festival de Dubrovnik (juillet), festival du folklore à Zagreb (juillet), festival de musique légère à Split (juillet), jeux hippiques à Korčula (septembre), jour de l'indépendance (8 octobre)
- **Période idéale :** De mai à fin septembre

AMBASSADE DE CROATIE
7, square Thiers (16e)
Paris
✆ 01 53 70 02 80
http://fr.mvep.hr/

À voir – À faire

La Croatie est pleine de beautés. Pour une première visite, nous ne pourrions trop conseiller de visiter en priorité les sites suivants : Zagreb, Split, Dubrovnik, Pula, Zadar, Trogir, les parcs nationaux des Kornati et de Risnjak, les lacs de Plitvice, les cascades de Krka, les îles de Krk, de Brač et de Korčula.

Langues

Le croate est la langue maternelle de 96,12 % de la population. C'est la langue officielle de la République de Croatie, qui regroupe trois dialectes se distinguant par la forme du pronom interrogatif « quoi ? » : *kaj*, *što*, *ča*. Le kajvakien est parlé au nord de Zagreb, le čakavien à l'ouest du pays et, enfin, le štokavien utilisé partout ailleurs.

La plupart des Croates parlent au moins une langue étrangère. La première langue que l'on apprend à l'école est l'anglais. Comme seconde langue, les enfants peuvent choisir l'italien ou l'allemand. Généralement, au nord, en Slavonie, les enfants apprennent plutôt l'allemand comme langue optionnelle et, en Istrie et en Dalmatie, l'italien. Le français s'apprend très peu à l'école, mais de plus en plus de jeunes s'y intéressent car cette langue est très demandée dans le secteur du tourisme en raison de l'afflux important des visiteurs français ces dernières années. C'est également le grand afflux des touristes espagnols et portugais qui a motivé beaucoup de Croates à se familiariser avec ces deux langues.

Les offres

La Croatie est une merveilleuse destination pour les jeunes en séjour itinérant tant en termes culturels que pour sa nature et son climat.

Turquie

Tout en Turquie est le résultat de fabuleux brassages et à ce titre, on ne saura pas étonné qu'elle soit une destination forte des séjours linguistiques ou itinérants. La partie orientale présente des paysages enchanteurs et fascinants. En Anatolie centrale, on traverse, par les anciennes routes de la soie bordées de ruines de caravansérails, des steppes entrecoupées de canyons verdoyants et hérissées de volcans. Au nord, les montagnes luxuriantes bordant la mer Noire où l'on produit thé et noisettes abritent de fabuleux monastères comme celui de Sumela. Bordée par 8 000 kilomètres de côtes baignées par quatre mers, la Turquie offre tous les plaisirs de la plage, du farniente aux sports nautiques en passant par la visite des très nombreux vestiges des grandes cités méditerranéennes antiques. N'oublions pas la fascinante et féerique Cappadoce où les volcans ont déversé le contenu du ventre de notre planète pour que l'eau et le vent sculptent une œuvre unique. Tout cela forme le cadre de ce fascinant carrefour des plus grandes civilisations fondatrices de notre culture. C'est en Turquie que se trouvent la fameuse Troie, la grande cité d'Éphèse et le mont Ararat sur lequel se serait échouée l'arche de Noé… Lors de votre séjour, il y aura toujours une occasion de rencontrer les Turcs, d'apprécier leur gentillesse et leur sens de l'hospitalité, voire de tisser des liens qui deviendront des amitiés fidèles et fortes.

Le drapeau turc

Il est rouge avec un croissant blanc vertical et une étoile blanche à cinq branches, située devant l'ouverture du croissant. La couleur rouge est un héritage de la dynastie ottomane, qui règne sur le pays du XIIIe siècle au XXe siècle ; le croissant et l'étoile sont les symboles de l'islam depuis le XVe siècle. Le croissant figure seul sur le drapeau turc lors de sa création en 1793 ; l'étoile y est ajoutée en 1844. La Turquie est le premier pays à faire figurer ces emblèmes religieux sur son drapeau, elle les utilisera même après être devenue un État républicain laïc en 1923. La forme du drapeau actuel a été fixée par la loi du 29 mai 1926.

Mosquée bleue d'istanbul.

Pratique

- **Nom officiel :** Türkiye Cumhuriyeti
- **Devise nationale :** Pays dans le pays, paix dans le monde
- **Hymne national :** Marche de l'indépendance
- **Fête nationale :** 29 octobre
- **Capitale :** Ankara
- **Superficie :** 780 580 km²
- **Population :** 75 millions d'habitants
- **Langues :** Turc (officiel), kurde, arabe, arménien, grec, ladino
- **Religion :** Islam 99 % (sunnites 78 %, alevis 20 %, chiites 2 %), autres 1 % (catholiques, orthodoxes, juifs)
- **Nature de l'État :** République parlementaire
- **Monnaie :** La livre turque (Türk Lirası). Aujourd'hui, 1 € = 2,35 TL
- **Téléphone :** Pour téléphoner de la France vers la Turquie : 00 (pour l'international) + 90 (code pays de la Turquie) + indicatif de la province (sans le 0) + numéro du correspondant (pour les portables : + numéro du correspondant sans le 0)
- **Décalage horaire :** – 1 heure
- **Formalités/visa :** Carte nationale d'identité ou passeport
- **Santé :** Faibles risques de paludisme dans le sud-est du pays. Eau non potable. En cas d'ascension des montagnes turques, se prémunir contre les risques liés à l'altitude (froid, soleil, mal des montagnes, préparation physique)
- **Sécurité :** La frontière avec l'Irak est fermée
- **Risques naturels :** RAS

© Stéphane SAVIGNARD

Vue de Sultanahmet et du palais de Topkapi depuis la tour de Galata.

- **Sport national :** Football, basket-ball, lutte et cirit (sport équestre qui s'apparente au polo)
- **Plat national :** Les mezze (hors-d'œuvre de toutes sortes), le kebab, le boulgour (blé concassé). Parmi les pâtisseries vous pourrez dégustez le baklava (feuilleté au miel et aux pistaches) et les loukoums
- **Boissons nationales :** Le raki (alcool de raisin anisé), le café et le thé
- **Que rapporter ?** Bijoux en argent, tissages, dinanderie, vêtements de cuir et de soie, narguilés, céramiques, kilims (tapis), poteries, objets en onyx, enluminures, pierres semi-précieuses...
- **Événements :** Jour du souvenir de la mort d'Atatürk (10 novembre), festival des derviches tourneurs à Konya (décembre)
- **Période idéale :** De mai à octobre

AMBASSADE DE TURQUIE
16, avenue de Lamballe (16e)
Paris ✆ 01 53 92 71 11
http://paris.emb.mfa.gov.tr

À voir – À faire

Les sites de visite sont nombreux en Turquie. Parmi ces derniers, on ne pourra que trop conseiller : Istanbul, Ankara, Konya, Pamukkale, Izmir, le Nemrut Daği, la région de Cappadoce, Kuşadasi, le mont Ararat, les sites antiques (Troie, Pergame, Éphèse, Kekova, Aphrodisias, Bursa, Konya...) et les plages (Amasra, Antalya, Bodrum, Marmaris, Kuşadasi...).

Langues

La langue officielle est le turc. Mais on entend beaucoup parler également le kurde, l'arabe, l'arménien, le grec et le ladino. Un voyageur peut se sentir facilement perdu avec la langue turque. Il n'est pas aisé de reconnaître un mot lorsque deux Turcs tiennent une conversation, ce qui est assez surprenant si l'on tient compte du fait qu'environ 20 % des mots de la langue turque sont d'origine française. Dans les milieux touristiques , les vendeurs, restaurateurs et hôteliers parlent généralement beaucoup de langues – au moins l'anglais, l'allemand, le russe et parfois le français.

Les offres

Si vous cherchez à vous améliorer en turc, pensez à partir en séjour linguistique dans ce pays. Dans le cas où vous recherchez une destination européenne insolite pour le séjour itinérant de votre enfant, la Turquie sera un choix parfait.

Pologne

Aujourd'hui souvent citée dans les médias, la Pologne, sixième plus grand pays de l'Union européenne, est une destination riche d'un incroyable patrimoine parfaitement réhabilité, d'une jeunesse avide de fête et de modernité, d'un peuple fier de son histoire et tourné vers l'avenir et d'une nature parfaitement accessible. Difficile de croire que dans les années 1980, le même pays était l'incarnation de la grisaille et de la rouille communiste et que Renaud chantait : « Tu rêvais de Byzance, mais c'était la Pologne jusque dans tes silences… » La Pologne a beaucoup plus à offrir que la plupart des Européens de l'Ouest ne le soupçonneraient. Histoire, arts, culture, loisirs, folklore et traditions, paysages, villes, ruralité : le plus grand des anciens pays de l'Est est un nouveau poumon de l'Europe, un incontournable du continent que l'on se pressera de découvrir tant dans le cadre d'un séjour linguistique que d'un séjour itinérant. Ses villes respirent une folle liberté si durement acquise ; elles en profitent pleinement. Les Polonais sont fiers de leur pays qu'ils ont préservé à travers l'adversité. Et ils veulent le faire découvrir !

Avec une augmentation constante du nombre de visiteurs et une explosion des compagnies aériennes à bas prix, la Pologne confirme son potentiel touristique : une destination de choix, sûre et bon marché. Que vous soyez passionné d'histoire et de culture, avide d'une scène artistique fraîche, curieux de rencontres étonnantes, amateur de bière, amoureux de nature ou sportif, vous ne serez pas déçu. En quête de spiritualité ou d'authenticité, à la recherche de monuments impressionnants, de réflexion ou de recueillement dans des lieux chargés d'histoire, vous serez comblé. Des hauts sommets des Carpates aux mille lacs de Mazurie, des grandes plaines aux longues plages de sable fin de la mer Baltique, des villes historiques et modernes aux campagnes endormies et des paysages fluviaux aux dernières forêts vierges d'Europe peuplées de bisons, la Pologne promet de belles découvertes. C'est une contrée à l'incroyable patrimoine humain dont le passé multiculturel, polonais bien sûr mais aussi juif, allemand, russe, ukrainien, biélorusse, lituanien ou tatar se lit à ciel ouvert. Proche et lointaine, la Pologne a de quoi vous en mettre plein la vue.

Pratique

- **Nom officiel :** Rzeczpospolita Polska
- **Devise nationale :** Dieu, l'Honneur et la Patrie
- **Hymne national :** Mazurek Dąbrowskiego
- **Fêtes nationales :** 3 mai et 11 novembre
- **Capitale :** Warszawa (Varsovie)
- **Superficie :** 312 685 km^2
- **Population :** 38 501 millions d'habitants
- **Langues :** Polonais
- **Religion :** Catholiques romains (plus de 90 % de la population, dont 75 % pratiquants)
- **Nature de l'État :** République parlementaire
- **Monnaie :** Bien que la Pologne fasse partie de l'Union européenne, sa monnaie reste le złoty. Aujourd'hui, 1zł = 0,24 € ; 1 € = 4,2 zł.

Le drapeau polonais

- **Couleurs nationales :** emblème national depuis 1919, un an après la proclamation de l'indépendance, le drapeau polonais se compose de deux bandes horizontales blanc et rouge. Les couleurs du blason de l'État remontent au XIIIe siècle : le blanc représente l'aigle blanche, symbole du pays, le rouge, la force et le courage de la nation.
- **Armoiries :** une aigle blanche dotée d'une couronne d'or. Elle apparaît dans cette fonction pour la première fois au début du XIe siècle. L'aigle blanche symbolise la pureté et la majesté de la nation.

Place du marché de la vieille ville de Varsovie.

- **Téléphone :** Pour téléphoner de la France en Pologne : 00 + 48 + indicatif de la ville sans le 0 + numéro de votre correspondant
- **Décalage horaire :** 0 heure
- **Formalités/visa :** Passeport ou carte d'identité
- **Santé :** RAS
- **Sécurité :** RAS
- **Risques naturels :** RAS
- **Sport national :** Football, boxe, cyclisme
- **Plat national :** La choucroute, les choux farcis, les pierogi (chaussons fourrés au fromage, aux champignons et au chou), le barszcz (soupe de betteraves)
- **Boissons nationales :** Vodka, bière
- **Que rapporter ?** Broderies, bijoux d'ambre, vodka, faïences, tissus…
- **Événements :** Fête nationale (3 mai), festival Mozart à Varsovie (juin-juillet), festival d'été de jazz à Cracovie (juillet), festival international de théâtre de rue à Cracovie (juillet), festival du dialogue à Łódź (septembre), rencontres nationales des Pères Noël à Lwówek Śląski (décembre)
- **Période idéale :** De mai à septembre

AMBASSADE DE POLOGNE EN FRANCE
1, rue Talleyrand (7e)
Paris ✆ 01 43 17 34 0
www.ambassade.pologne.net
paris.amb.info@msz.gov.pl

À voir – À faire

On pourrait perdre la tête tant les sites à visiter sont nombreux en Pologne. Pour un premier séjour, privilégiez Varsovie, Cracovie, Auschwitz, Poznań, Malbork, Gdańsk, Wrocław, Zakopane, la forêt de Białowieża, le massif des Tatras, les lacs de Mazurie, la région de Poméranie, les Sudètes, les côtes de la mer Baltique.

Langues

Le polonais est, comme le russe, le tchèque ou le serbo-croate, une langue slave, indo-européenne, mais éloignée du français et surtout très difficile à prononcer, à comprendre et encore davantage à apprendre pour un francophone ! Par ailleurs, au cours de l'histoire mouvementée de la Pologne, notamment lorsque l'État polonais n'existait plus, la langue, avec la religion, représentait l'identité commune. C'est pourquoi les Polonais y sont très attachés et lui portent beaucoup d'estime. Si vous ne parlez ni anglais (utile avec les plus jeunes) ni allemand (utile avec les personnes plus âgées), tentez d'apprendre quelques mots. L'effort sera très apprécié et facilitera les échanges. Dans tous les cas, essayez de dire *dzień dobry*, *do widzenia* et *dziękuję* – bonjour, au revoir et merci : c'est une marque de respect. Si vous apprenez quelques mots de polonais et si vous avez l'oreille musicale, alors vous comprendrez aussi un peu le slovaque, le bulgare, l'ukrainien, le slovène… Les langues slaves sont encore plus proches entre elles que les langues latines et une intercompréhension est la plupart du temps possible. Seul le hongrois devrait dès lors vous poser problème à l'est de l'Europe centrale !

Les offres

La Pologne est depuis toujours une porte d'entrée sur l'Asie, au carrefour de l'Europe. C'est pourquoi il n'est pas anodin d'y voir se développer des séjours linguistiques pour tous, tous les budgets et tous les âges. Apprendre le polonais en Pologne, quoi de plus évident ? Les organisateurs de séjours itinérants proposent également la Pologne dans leurs destinations européennes.

Maroc

Pour les amateurs de séjours linguistiques ou itinérants, plus que n'importe quel pays du pourtour méditerranéen, le Maroc offre l'atout incomparable d'allier proximité géographique et dépaysement. La variété des paysages, des montagnes de l'Atlas aux dunes du Sahara, en passant par l'Atlantique et la richesse architecturale des médinas du nord, offre un nombre étonnant de visites en perspective.
C'est aussi et surtout une destination exceptionnelle en termes d'accueil. En effet, la générosité et le savoir-vivre des Marocains ne sont plus à prouver. Malgré sa popularité grandissante auprès des voyageurs, le Maroc a su préserver son authenticité. Le roi Mohammed VI a fortement encouragé le développement du tourisme ces dernières années à travers de gros projets d'infrastructures (routes, résidences hôtelières). Cependant, contrairement au littoral tunisien ou à l'égyptienne Hurghada, les acteurs du tourisme marocains ont su privilégier le charme des petites structures aux énormes complexes de tourisme de masse.
De somptueux riads et de nombreuses maisons d'hôte se sont multipliés et l'offre d'hébergement permet largement de combler toutes vos attentes. Ensuite, le Maroc reste une destination plutôt sûre.
Malgré le tragique attentat du café Argana à Marrakech du 28 avril 2011 et la menace terroriste qui pèse au Maghreb, les autorités marocaines ont su faire le nécessaire pour sécuriser et encadrer le tourisme dans leur pays.
Les récents mouvements de contestation dans le monde arabe, caractérisés au Maroc à travers le mouvement du 20 février 2011, n'ont pas rassuré les touristes qui se sont fait plus rares. Pourtant la révolution au Maroc est plutôt tranquille et le contexte politique au ton du compromis. Les réformes institutionnelles engagées se poursuivent avec la volonté d'allier monarchie, traditions musulmanes et modernité.
Ainsi les violences restent rares et ne concernent pas les touristes. Le Maroc, l'accueillant, est une terre de contrastes, elle s'en nourrit et n'en est que plus éclatante. Qu'attendez-vous pour faire votre valise ?

Pratique

- **Nom officiel :** المملكة المغربية
- **Devise nationale :** Dieu, la patrie, le roi
- **Hymne national :** Anachid el-watani
- **Fête nationale :** 18 novembre
- **Capitale :** Rabat
- **Superficie :** 659 970 km²
- **Population :** 32,65 millions d'habitants
- **Langues :** Arabe
- **Religion :** Islam
- **Nature de l'État :** Monarchie constitutionnelle
- **Monnaie :** Le dirham (DH). Aujourd'hui, 1 € = environ 11,26 DH. Le dirham oscille généralement entre 10,5 et 11,5 DH pour 1 €

Le drapeau marocain

Le drapeau marocain, aussi appelé chérifien, est rouge avec, au centre, une étoile verte à cinq branches. Le Maroc a conservé un drapeau rouge uni jusqu'en 1905. Le rouge symbolise la dynastie alaouite, au pouvoir depuis le XVIIe siècle. Les dynasties précédentes, les Mérinides et les Saadiens, avaient un drapeau blanc. L'étoile a été ajoutée après 1905, quand le Maroc est devenu un protectorat français, afin de pouvoir distinguer l'étendard du Maroc des autres drapeaux rouges. Elle symbolise à l'origine le sceau de Salomon qui représente la vie, la santé et la sagesse. Le drapeau n'a pas changé après l'indépendance du Maroc mais l'étoile verte évoque désormais les cinq piliers de l'islam.

© JVDWOLF

Les remparts de Marrakech.

- **Téléphone :** Pour téléphoner de la France vers le Maroc, composez le 00 + 212 + les 9 derniers chiffres de votre correspondant
- **Décalage horaire :** – 1 heure en été, – 2 heures en hiver
- **Formalités/visa :** Il faudra vous munir de votre passeport pour entrer sur le territoire marocain. En revanche, les ressortissants français n'ont pas besoin de visa, un tampon avec un numéro d'entrée sera effectué à l'aéroport

© STÉPHANE SAVIGNARD

Paysage du désert.

- **Santé :** Eau non potable. L'intérieur du pays et le Sud connaissent des températures estivales caniculaires dépassant fréquemment les 35 °C et il est donc nécessaire de se prémunir des méfaits du soleil
- **Sécurité :** Il est déconseillé de se rendre dans la région du Rif sans guide fiable
- **Risques naturels :** RAS
- **Sport national :** Football et athlétisme
- **Plat national :** Le couscous, la pastilla et différentes sortes de tajines
- **Boissons nationales :** Thé à la menthe
- **Que rapporter ?** Objets en bois de thuya, de cèdre, babouches, tapis, plats en cuivre, épices, services à thé, poteries, faïences, instruments de musique, objets en cuir, bijoux en argent, en cuivre ou nacre, une poignée de sable du Sahara…
- **Événements :** Fête des amandiers en fleurs à Tafraout (février), symphonies du désert à Ouarzazate (juin), festival des arts populaires à Marrakech (juin), festival des musiques sacrées à Fès (juin), fête du trône

(30 juillet), festival culturel d'Asilah (août), fête de l'indépendance (18 novembre), festival d'Agadir (décembre)

- **Période idéale :** Avril-octobre.

AMBASSADE DU MAROC
5, rue Le Tasse (16e)
Paris
✆ 01 45 20 69 35
www.amb-maroc.fr
info@amb-maroc.fr
Ouvert du lundi au vendredi de 9h à 13h et de 14h à 17h30.

À voir – À faire

Lors d'un premier séjour, nous ne saurions trop vous conseiller de débuter par ces visites incontournables : les villes impériales (Fès, Marrakech, Meknès, Rabat), Ouarzazate et la porte du désert, Tafraout, le mont Toubkal, les chutes d'Ouzoud, les plages d'Essaouira et d'Agadir, le Rif, les gorges du Dadès, les vallées du Draa et de l'Ourika, le Moyen Atlas.

Langues

La langue arabe classique du Coran, appelée aussi « arabe littéraire » ou *fousha*, est utilisée essentiellement dans les milieux intellectuels. Au cours du XXe siècle, on assiste à une véritable révolution de la langue et au développement d'une *koinè* commune à tous les pays arabes : une langue internationale, ouverte sur l'avenir, la langue des médias et des affaires, l' « arabe moderne unifié ». L'arabe marocain, appelé *darija*, est fortement influencé par le berbère. On le parle dans tous les centres urbains. Nous vous conseillons de vous familiariser avec l'arabe marocain, en assimilant quelques formules de politesse afin de prouver à vos hôtes votre intérêt pour la culture du pays, ou afin d'épater les commerçants et ainsi leur prouver que « vous connaissez » le Maroc, et donc que vous connaissez les justes prix.
Ce dialecte, dérivé de la langue classique, n'a théoriquement pas de forme écrite mais, en pratique, il s'écrit de droite à gauche, comme toute langue sémitique. Dans les régions berbères, le français est moins répandu ; de plus, le berbère n'a rien à voir avec l'arabe et il vous sera parfois difficile de communiquer. Dans le Sud, vers le Sahara occidental, particulièrement la région d'Oued ed-Dahab-Lagouira, le dialecte en vigueur est le hassaniya, proche de l'arabe classique.

Les offres

Entre séjours itinérants à la découverte du pays et de sa culture millénaire et séjours linguistiques, le Maroc fait partie de nombreuses plaquettes des différents organismes !

La place Jemaâ el-Fna.

Suisse

Du fait de sa proximité géographique avec la France, la Suisse peut représenter une destination idéale dans le cadre d'un séjour linguistique ou itinérant. Mais pas seulement. Nation multiculturelle, la Suisse a bâti son histoire et se construit encore aujourd'hui sur le caractère multiple de sa population, de son patrimoine culturel et de son paysage naturel. Presque tout en Suisse est ainsi régi par le préfixe « multi ». Multilingue en raison de ses quatre langues officielles : voyager en Suisse se transforme en effet très vite en un vrai séjour linguistique. Il ne faut que quelques instants pour que la langue soit différente. Dans les rues, les restaurants, partout les langues se mélangent les unes aux autres sans aucun problème. Découle naturellement de ce plurilinguisme le caractère multiple de sa gastronomie. Terre d'accueil, la Suisse s'est enrichie de différentes cultures. Elle possède également une situation géographique particulière, au cœur de l'Europe, ce qui lui confère des frontières avec de nombreux pays. En se nourrissant de cette proximité, elle offre une gastronomie riche et diverse. Chaque région permet ainsi de découvrir de nouvelles saveurs, des spécialités au caractère typiquement helvète et en même temps marquées par une influence extérieure. Son offre culturelle présente également un visage à multiples facettes. La Suisse dispose de la plus grande densité de musées au monde, traitant de domaines variés, des plus classiques aux plus originaux. Elle renferme par ailleurs de très belles créations architecturales allant d'édifices historiques parfaitement conservés à des bâtiments contemporains de renom. À cela s'ajoutent de nombreux théâtres, salles de musique, de cinéma, festivals, certains de renommée internationale, qui feront le bonheur des passionnés de culture. Cette diversité se retrouve également dans des paysages naturels fascinants. Montagnes, lacs, rivières, forêts, des panoramas exceptionnels permettent de s'adonner à de nombreuses activités en toute saison. S'évader, se ressourcer, s'instruire, chacun trouvera une réponse à ses attentes. Bon séjour !

Pratique

- **Nom officiel :** Confédération suisse
- **Devise nationale :** Un pour tous, tous pour un
- **Hymne national :** Cantique suisse
- **Fête nationale :** 1er août
- **Capitale :** Berne
- **Superficie :** 41 285 km^2
- **Population :** 7 907 000 habitants
- **Langues :** Allemand (63,7 % de la population), français (20,4 %), italien (6,5 %), romanche (0,5 %) et autres (9 %)
- **Religion :** Catholiques romains (47 %), protestants (44 %), autres (9 %)
- **Nature de l'État :** République fédérale à démocratie directe

Le drapeau suisse

C'est en 1848 que le drapeau suisse a été officiellement adopté sous sa forme actuelle. Ses origines sont toutefois bien plus anciennes, puisqu'elles renvoient directement à l'histoire de la Confédération. La croix blanche, symbole chrétien déjà utilisé sur la monnaie, serait apparue en 1339 comme signe de ralliement national lors de la bataille de Laupen : bien que chaque canton ait conservé son propre blason, la croix blanche distinguait d'abord les Suisses des autres soldats sur le champ de bataille. C'est ensuite en 1814 que la croix blanche fut incrustée pour la première fois sur un fond rouge, avant de devenir officiellement l'étendard de l'unité helvétique en 1848. À noter que, comme celui du Vatican, le drapeau suisse a la particularité d'être carré. Ainsi, lors de l'adhésion de la Suisse à l'ONU en 2002, il a fallu prévoir une exception à l'obligation pour les drapeaux des pays membres d'être de forme rectangulaire : la surface du drapeau suisse ne devait pas dépasser celle des autres !

- **Monnaie :** Le franc suisse (code ISO : CHF). Aujourd'hui, 1 CHF = 0,81 €. 1 € = 1,22 CHF
- **Téléphone :** Pour téléphoner de la France vers la Suisse, composez le 00 + 41 + indicatif régional + numéro local à 7 chiffres
- **Décalage horaire :** 0 heure
- **Formalités/visa :** Carte nationale d'identité ou passeport
- **Santé :** Si vous voyagez en Suisse pendant la période hivernale, les températures en altitude peuvent descendre en dessous de – 10 °C. N'oubliez donc pas d'emporter des vêtements très chauds
- **Sécurité :** RAS
- **Risques naturels :** RAS
- **Sport national :** Ski, hockey sur glace, football
- **Plat national :** La fondue, la raclette, les röstis (galettes de pomme de terre), l'émincé à la zurichoise
- **Boissons nationales :** Vin blanc, bière
- **Que rapporter ?** Couteaux, montres, chocolats, bijoux, fromages…
- **Événements :** World Snow Festival à Grindelwald (janvier), Championnat mondial de ski alpin à Saint-Moritz (février), carnaval de Bâle (mars), festival international de jazz à Berne (avril-mai), Europ'art Fair à Genève (mai), festival des chants tyroliens à Fribourg (juillet), festival de jazz de Montreux (juillet), fête nationale (1er août), festival international du film de Locarno (août), défilé de l'Escalade (11-12 décembre)
- **Période idéale :** De juin à septembre, pour le tourisme d'été. De novembre à mars, pour le tourisme d'hiver

AMBASSADE DE SUISSE
142, rue de Grenelle (7e)
Paris ✆ 01 49 55 67 00
www.eda.admin.ch/paris
Ouvert du lundi au vendredi de 9h à 12h.

À voir – À faire

Lors d'un premier séjour, nous vous conseillons de visiter en priorité les sites suivants : Zurich, Lausanne, Berne, Bâle, Genève, Montreux, Lucerne, Lugano, les lacs Léman, de Constance et des Quatres Cantons, les stations de Saint-Moritz et Gstaadt, l'Oberland bernois, le parc national des Grisons, le Tessin, le Valais, le Jura suisse, les châteaux et les cités médiévales.

Langues

La Suisse reconnaît quatre langues nationales qui, en pratique, ne représentent que 92 % de la population : 64 % des Suisses parlent l'allemand, 19 % le français, 8 % l'italien et 1 % le romanche. Les dialectes couvrent les 8 % restant. Le romanche a émergé de ceux-ci pour accéder au rang de langue nationale par la pression politique de la Ligue romanche, en 1938. Une reconnaissance peut-être un peu exagérée pour une langue en fait divisée en cinq dialectes, ce qui limite l'établissement d'une véritable identité culturelle romanche. Les frontières linguistiques sont floues, chaque langue compte plusieurs variantes selon les régions ; bref, tout ça est loin d'avoir la rigueur d'une montre suisse. On ne peut pas dire que cela facilite la communication entre les différents cantons, parfois plus proches des pays voisins de langue commune que des autres cantons suisses. L'obligation scolaire d'apprendre au moins une des autres langues nationales est insuffisante ; l'anglais est considéré comme plus utile.

Les offres

Du fait du multilinguisme existant en Suisse, voici une excellente destination pour aller se perfectionner en langue, tant en allemand qu'en italien ou en français. Les organismes proposent donc en réponse de très nombreux séjours linguistiques, en immersion ou dans des écoles internationales. On trouve également en Suisse des séjours éducatifs dans ses montagnes enneigées où la pratique des sports d'hiver est mise à l'honneur pour les jeunes.

© SOMATUSCANI

Vue sur Zürich depuis la Limmat.

Norvège

Destination qui peut sembler lointaine pour un séjour linguistique ou itinérant, car située à l'extrême nord du continent européen, la Norvège est une terre habitée, mais encore sauvage, qui a su conserver jalousement ses richesses. Monarchie parlementaire, elle est aussi le royaume d'une nature rude, sauvage mais surtout somptueuse. Montagnes, forêts, lacs, cascades, plages de sable, immenses étendues de glace ou de terres désertiques balayées par le vent glacial, la nature revêt ici mille visages. Nulle part ailleurs les fjords ne sont aussi saisissants. Une excursion sur l'un d'eux vous laissera un souvenir impérissable, accompagné du sentiment étrange de n'être qu'une fourmi face à cette nature brute, hors du commun. Viennent ensuite les plages du sud et les adorables villages de pêcheurs. Rien n'a plus de charme que de passer la nuit dans un des phares de la côte, pour un voyage dans le temps. Puis il faut monter, monter vers le Grand Nord revêtu de son manteau de neige et de ses lumières incomparables. Aurores boréales l'hiver, soleil de minuit l'été… un petit paradis pour les amoureux de la nature et pour les sportifs. Les possibilités sont infinies : sports de glisse en tête, mais aussi escalade, plongée, kayak. Devant une telle domination, l'homme a dû (et su !) s'adapter. Au nord, le peuple sami (lapon, *lapp*, est un terme péjoratif qui signifie « haillons ») vit aujourd'hui de la pêche, de l'élevage de rennes et du tourisme. Les Sami seraient aujourd'hui 40 000 en Norvège. Le centre du pays est peu peuplé, les habitants se concentrant sur les côtes et dans les grandes villes, douces et tranquilles. Oslo, la capitale, mêle habilement les charmes d'une ville provinciale à ceux d'une mégalopole moderne. Ses rues sont d'une quiétude remarquable où chacun semble avoir sa place. Il fait bon s'y promener en toute sécurité. Riche grâce au pétrole, la Norvège reste un pays modeste et humble, comme la mentalité de ses habitants : honnêtes avec un sens du civisme très développé, ils n'en restent pas moins un peuple de bons vivants, conviviaux et chaleureux. Forts d'une histoire millénaire riche et mouvementée, le peuple norvégien et dame Nature ont des choses à nous raconter. Patrie des Vikings et des trolls, de Munch et du père Noël, la Norvège brille de mille feux !

Pratique

- **Nom officiel :** Kongeriket Norge
- **Devise nationale :** Tout pour la Norvège
- **Hymne national :** Ja, vi elsker dette landet

Le drapeau norvégien

Il se compose d'un fond rouge avec une croix bleue soulignée de blanc qui s'étend jusqu'aux bords du drapeau. Son aspect a évolué en fonction des grands événements historiques du pays. La longue inféodation au Danemark (1397-1815) fut symbolisée par le Danebrog (le drapeau danois) jusqu'à la réunion à la Couronne suédoise. Il y eut alors l'apparition provisoire du lion de Norvège avant que le drapeau ne prenne son aspect actuel en 1821, lorsque fut incluse une croix bleue dans la croix blanche du Danebrog. Les couleurs rouge, blanche et bleue sont les couleurs de la liberté. Pour sa part, la croix, que l'on appelle croix scandinave, est la même que portent les drapeaux du Danemark, d'Islande, de Finlande et de Suède. La légende de la croix scandinave remonte au XIIIe siècle lorsqu'à la veille de la bataille de Lyndanisse, le roi danois Valdemar II (1170-1241) vit apparaître dans le ciel sombre une croix blanche. Selon la légende, le monarque interpréta cette vision comme un signe du Christ lui ordonnant de massacrer les malheureux Estoniens, ce qu'il fit proprement le lendemain. De cette légende est née la croix scandinave. À l'origine, la croix était de forme carrée, mais au fil des siècles un de ses bras a été allongé.

Le célèbre opéra d'Oslo se jettant dans le fjord.

- **Fête nationale :** 17 mai
- **Capitale :** Oslo
- **Superficie :** 385 186 km² (61 881 km² d'îles)
- **Population :** 5 109 056 habitants
- **Langues :** Norvégien (comprend deux standards différents à l'écrit : le bokmål et le nynorsk)
- **Religion :** Luthériens (87,8 %) ; autres protestants et catholiques (3 %) ; musulmans (1,5 %)
- **Nature de l'État :** Monarchie constitutionnelle
- **Possessions, territoires et États associés :** Îles arctiques de l'archipel de Svalbard et l'île Jan Mayen. L'île Bouvet dans l'Atlantique Sud, l'île Pierre-Ier et la Terre de la Reine-Maud en Antarctique sont des dépendances externes mais ne font pas partie du royaume de Norvège.
- **Monnaie :** La devise norvégienne est la couronne norvégienne (kroner, abréviation « Kr » ou NOK). Aujourd'hui, 1 € = 8,37 NOK – 1 NOK = 0,11 €
- **Téléphone :** Pour téléphoner de la France vers la Norvège, composer le + 47 et le numéro de votre correspondant. Il n'existe pas de préfixe de ville ou de région en Norvège. Les numéros de téléphone norvégiens sont à 8 chiffres
- **Décalage horaire :** 0 heure
- **Formalités/visa :** Carte nationale d'identité ou passeport en cours de validité pour un séjour de moins de 3 mois. Au-delà un visa est nécessaire.
- **Santé :** L'hiver norvégien étant très rude (surtout dans le nord), emportez des vêtements très chauds
- **Sécurité :** RAS
- **Risques naturels :** RAS
- **Sport national :** Ski, sports de neige et football
- **Plat national :** Poissons, ragoût de mouton, boulettes de viande, gibiers (élan, cerf, renne)
- **Boissons nationales :** Bière, aquavit (alcool de pomme de terre)
- **Que rapporter ?** Pulls en laine, trolls, maquettes de drakkar, vêtements et accessoires en peau d'élan, céramique, verrerie, porcelaine, bijoux en argent et pierres semi-précieuses…
- **Événements :** Carnaval (mars), championnat du monde de pêche au cabillaud arctique dans les îles Lofoten (avril), fête nationale (17 mai), Saint-Jean (23 juin), marathon du soleil de minuit (juin), jeux de Saint-Olav à Stiklestad (juillet), festival international des bateaux de bois de Risør (début août), Bergen Art Festival (octobre-novembre), Sainte-Lucie (13 décembre)
- **Période idéale :** De juin à août pour le tourisme d'été. Décembre-avril pour les amateurs de sports de neige.

AMBASSADE ROYALE DE NORVÈGE
28, rue Bayard (8e) – Paris
✆ 01 53 67 04 00 / 01 53 67 04 40
www.norvege.no
La section consulaire de l'ambassade est assurée à l'ambassade.
Ouvert du lundi au vendredi de 9h à 17h (jusqu'à 16h en juillet et août).

Vue d'ensemble sur le Parc Vigeland, Oslo.

À voir – À faire

Pour une première visite de la Norvège, on ne saurait trop vous conseiller de visiter en priorité les sites suivants : Oslo, Bergen, Trondheim, région des fjords, îles Spitzberg et Lofoten, Laponie, île de Lyngor, région du Saimaa, cap Nord, parc national de Jotunheim.

Le Trolltunga, signifiant la langue du troll, se situe au sud-est de Bergen.

Langues

La langue nationale est le norvégien, issu du norrois, employé notamment par les Vikings et que l'on retrouve dans les premiers écrits scandinaves. Si à Oslo tout ou presque est écrit en norvégien, il est rarissime de tomber sur quelqu'un qui ne parle pas anglais. Culturellement, l'anglais est très présent dans le quotidien des Norvégiens et, s'ils l'apprennent à l'école dès 11 ans, c'est surtout sa place à la télévision ou au cinéma qui permet une telle hégémonie de la langue. Tous les films sont en version originale sous-titrée en norvégien. Les langues de la région scandinave (Norvège, Danemark, Islande, Suède) étant issues du même language, certaines de ces communautés peuvent se comprendre et les mots possèdent généralement la même étymologie et les mêmes racines en partageant la syntaxe.

Les offres

La Norvège sera bien sûr la destination pour apprendre le norvégien, en immersion chez l'habitant ou en école de langue. Les séjours au pair y sont possibles également. En outre, le pays est bien présent dans l'offre des séjours itinérants en Europe.

Suède

Le poète Tomas Tranströmer a écrit : « La Suède est un bateau qu'on a tiré à terre, dégréé. » Dans ce pays qui aurait donc déposé les rames pour s'amarrer à la pointe de l'Europe, on s'attend à trouver le froid, la neige, des meubles en kit, des hot-dogs et une population blonde comme les blés. Mais ce tableau est-il vraiment le miroir des réalités suédoises ? Dans ce pays à la réputation floue et glacée, on est parfois bien surpris par ce que l'on découvre, que l'on s'y rende dans le cadre d'un séjour linguistique ou d'un séjour itinérant ! Par les belles plages ensoleillées de Scanie, par les plaines paisibles de Dalécarlie où le cheval de bois règne entre les cabanes rouges, par les soirs d'été dans les chaudes artères de Malmö ou dans les ruelles médiévales de Kalmar... Vous en voulez encore ? La Baltique argentée est bien différente de la Méditerranée mais elle n'a pas pas grand-chose à lui envier. Épaulée par les lacs dispersés sur tout le territoire, elle offre aux vacanciers un plongeon dans une nature sauvage de toute beauté. En Suède, le dépaysement est total.

Le soleil monte la garde tout au long de l'été puis s'en va dormir en hiver. Bien que souvent craint, l'hiver est d'ailleurs, et pourtant, une merveilleuse saison pour découvrir ce pays enchanteur. Les populations Sames la considèrent comme la meilleure ! On peut glisser sur des patinoires en plein air avant de boire du glögg bien chaud et de croquer dans des biscuits goûteux.

La chasse aux aurores polaires bat son plein tandis qu'une immense aire de jeux s'ouvrent aux chiens de traîneau, impatients de partir en promenade.

En plus d'un respect de la nature exemplaire, d'une propreté impeccable dans ses métropoles et d'un ordre typiquement scandinave, la Suède ne manque pas de féerie avec ses histoires de rois et de reines, de vikings valeureux et de ses ancêtres lapons... Enfin, à savoir si on peut manger la neige, c'est oui !

Pratique

- **Nom officiel :** Konungariket Sverige
- **Devise nationale :** Toujours pour la Suède
- **Hymne national :** Du gamla, du fria
- **Fête nationale :** le 6 juin
- **Capitale :** Stockholm
- **Superficie :** 449 964 km^2
- **Population :** 9 458 568 habitants
- **Langues :** Suédois
- **Religion :** Église luthérienne (83 %), musulmans (3,4 %), catholiques (1,7 %)

Le drapeau suédois

Croix d'or sur fond azur. Les couleurs ont pour origine les armes traditionnelles du pays : trois couronnes dorées sur un fond bleu. La croix dissymétrique désigne le lien avec les autres pays scandinaves (dont les drapeaux sont ornés du même motif), mais surtout l'héritage chrétien de la Suède. Le drapeau prit sa forme définitive sous le règne de Charles XI, en 1663, bien qu'il ne fut officialisé qu'en 1906. La journée du drapeau suédois est fêtée le 6 juin depuis 1916. Mais ce n'est que récemment, en 1983, que cette date est devenue celle de la fête nationale suédoise. Cette journée commémore l'accession au trône, le 6 juin 1523, du roi Gustave Vasa, célèbre pour avoir organisé la révolte contre les Danois et ainsi permis l'indépendance du pays. À cette même date, mais en 1809, la Suède s'est également dotée d'une nouvelle Constitution établissant les droits, devoirs et libertés du citoyen.

- **Nature de l'État** : Monarchie constitutionnelle
- **Monnaie :** La couronne suédoise, krona en suédois, s'écrit Sek ou kr. Aujourd'hui, 1 couronne suédoise = 0,12 € et 1 euro = 8,57 Sek
- **Téléphone :** Pour téléphoner de la France vers la Suède, composez le 00 + 46, suivi de l'indicatif local (en omettant le zéro initial) et du numéro du correspondant
- **Décalage horaire :** 0 heure
- **Formalités/visa :** Carte nationale d'identité ou passeport en cours de validité
- **Santé :** Pour affronter l'hiver suédois (jusqu'à – 20 °C dans le Nord), n'oubliez pas d'emporter des vêtements très chauds
- **Sécurité :** RAS
- **Risques naturels :** RAS
- **Sport national :** Hockey sur glace, toutes formes de ski, bandy, football...
- **Plat national :** Hareng mariné, la « tentation de Jansson » (gratin de pommes de terre aux anchois), boulettes de viande...
- **Boissons nationales :** Aquavit (eau-de-vie) et bière
- **Que rapporter ?** Un dalahäste (cheval en bois sculpté à la main), sabots traditionnels, bijoux, céramiques, artisanat lapon, étain, verrerie...
- **Événements :** Nuit de Walpurgis (nuit du 30 avril au 1er mai), fête nationale (6 juin), Midsommar (fin juin), remise du prix Nobel à Stockholm (décembre), fête de la Sainte-Lucie (13 décembre)
- **Période idéale :** De juin à août, pour le tourisme d'été. Décembre-avril pour les amateurs de sports d'hiver

AMBASSADE DE SUÈDE
17, rue Barbet-de-Jouy (7e)
Paris ✆ 01 44 18 88 00 / 01 44 18 88 40
www.swedenabroad.com

- **A Paris,** les fonctions consulaires sont assurées par l'ambassade.
- **En province,** ou trouve des consulats de Suède à Marseille, Nantes, Nice, La Rochelle, Lille, Montpellier, Rouen, Toulouse, Perpignan, Strasbourg, Lyon, Brest, Dijon, Dunkerque, Bordeaux, Porto-Vecchio, Fort-de-France, Papeete et Gustavia.

À voir – À faire

Lors d'un premier séjour, on privilégiera la visite des sites suivants : Stockholm, Göteborg, Malmö, Uppsala, la région des lacs Vänern et Vättern, la Laponie, les plages et châteaux de la Scanie, les îles d'Öland et de Gotland, les parcs nationaux d'Abisko et de Sarek.

Langues

Le suédois est parlé sur l'ensemble du territoire, avec de grandes différences d'accent du nord au sud, mais on ne trouve pas de dialectes différents à proprement parler. En Laponie, les Sames parlent leur propre langue, que vous n'entendrez que rarement (ils ne sont que 17 000 en Suède et voyagent une bonne partie de l'année avec leurs troupeaux de rennes). L'anglais est très largement parlé, par tout le monde et souvent très bien. On peut même passer des années en Suède sans avoir besoin de connaître la langue, uniquement en utilisant l'anglais. L'allemand (surtout), le français (un peu) et l'espagnol (rarement) sont aussi parlés.

Les offres

Les enfants suédois parlent tous couramment anglais dès leur plus jeune âge, de quoi prendre exemple pour les petits Français ! En séjour linguistique pour apprendre le suédois ou en séjour itinérant pour succomber aux paysages enneigés de la Laponie, la Suède a beaucoup à offrir.

Göteborg est la seconde ville de Suède.

- Engagement qualité
- Sérieux et professionnalisme
- Large choix de programmes
- Conseils et informations
- Label UNOSEL

CONFIANCE QUALITE RESULTATS
unosel

PENSE FUTÉ

Les organismes labellisés UNOSEL

Les engagements du label UNOSEL sont très clairs et précis. Pour être affiliés et labellisés, les organismes doivent ainsi :

- **Répondre aux obligations légales :** numéro d'immatriculation, assurance de responsabilité civile professionnelle, garantie financière, régularité fiscale, déclaration auprès des autorités référentes, etc.
- **Se soumettre à une double réglementation :** celle du ministère de la Jeunesse et des Sports qui encadre les séjours des mineurs et celle du Code du tourisme.
- **Respecter la norme européenne NF EN 14804 :** organisateurs de séjours ou stages linguistiques, éditée en octobre 2005.
- **Se conformer à des critères d'adhésion stricts et accepter des contrôles de programmes et séjours réguliers,** ces inspections ayant pour objectif de vérifier *in situ* le respect des Actes d'engagements de l'UNOSEL, du projet éducatif et du programme proposé dans l'offre du séjour.
- **Avoir recours à un auditeur spécialisé pour la relecture des brochures et sites Internet** afin de contrôler la conformité avec les Codes de la consommation, du tourisme et avec les recommandations de la DGCCRF.
- **Se soumettre à l'expertise du conseil d'administration de l'UNOSEL.**
- **Adhérer à la Médiation du tourisme et du voyage,** dispositif indépendant, confidentiel et impartial pour le traitement des litiges. Créé en 2012, il est soutenu par la Commission nationale à la médiation.

Pour un voyage réussi, optez pour une qualité certifée et reconnue !

L'ensemble des organismes cités ci-dessous sont labellisés UNOSEL et répondent à tous ces engagements.

ACTION SÉJOURS
13, rue Rosenwald (15e)
75015 Paris
✆ 01 45 30 91 91
www.action-sejours.com
info@action-sejours.com
Action Séjours organise des séjours linguistiques et sportifs, des colonies de vacances sportives, des séjours académiques ainsi que des séjours découverte pour les 6-20 ans. Le tout centré autour d'un *leitmotiv* : « Du sport et des langues. » Soit la formule idéale ! En effet, en incluant les sports aux cours de langue, Action Séjours permet aux jeunes d'allier les études aux loisirs. Un emploi du temps motivant, des enfants heureux, donc réceptifs !
Toutes les écoles de langue sont internationales et agréées : que ce soit au cœur de collèges ou en famille d'accueil, l'immersion est totale.
Action Séjours est l'un des seuls organismes à être certifié NF service organisateurs de séjours linguistiques. Une garantie supplémentaire de leur professionnalisme : les blogs des séjours où vous trouverez des photos et des articles relatifs au séjour de votre enfant.

- **Destinations couvertes :** Allemagne, États-Unis, Espagne, France, Grande-Bretagne, Irlande et Malte.

AMERICAN VILLAGE

9, rue des Deux Avenues, 75013 Paris.
✆ 01 43 20 45 45
www.americanvillage.fr
sejours@nacel.fr
American Village, ce sont des séjours (*summer camps*) en France où l'on vit « comme à l'étranger » pour apprendre l'anglais en s'amusant. Dès l'origine, le concept est non pas de faire partir de jeunes enfants aux États-Unis, mais de faire venir les États-Unis en France. Ainsi, dans un séjour American Village, les enfants entendent et parlent anglais toute la journée en classe, lors des tâches de la vie quotidienne et lors des activités. C'est un subtil mélange de notions ludiques et pédagogiques qui permet aux enfants de surmonter leurs appréhensions. L'immersion est au cœur de leurs préoccupations : c'est pourquoi les équipes sont constituées d'un animateur (anglophone natif) pour cinq enfants et d'un enseignant pour quinze élèves en moyenne.

Tous les séjours ont lieu en France.

Autre adresse : BP 83329 – 12033 Rodez Cedex 9

ATL

131, rue de Picpus (12e)
75012 Paris
✆ 01 43 07 07 90
www.linguistique.atl1.fr
paris@atl1.fr
ATL organise des séjours linguistiques inoubliables associant apprentissage d'une langue et découverte d'un pays. Forte de son expérience de plus de 40 ans et disposant d'une gamme très étendue, l'équipe ATL vous conseillera sur le séjour le mieux adapté à votre enfant. Proche de ses clients et aidée d'une équipe d'enseignants et accompagnateurs chevronnés, ATL offre des prestations de qualité optimale avec un souci d'innovation dans la conception de ses programmes. Qualité, sécurité et suivi personnalisé des séjours sont les mots d'ordre d'ATL.

Destinations couvertes : Allemagne, Canada, Espagne, Etats-Unis, France, Grande-Bretagne, Irlande et Malte.

ASL FORMATIONS LINGUISTIQUES

3, rue Fénelon
33000 Bordeaux
✆ 05 56 08 33 23
www.asl-linguistique.com
contact@asl-linguistique.com
Depuis sa fondation en 1978, ASL Formations linguistiques a permis à près de 50 000 jeunes et adultes de toute la France, de Suisse et de Belgique de se perfectionner dans la maîtrise d'une langue étrangère aux quatre coins du monde.
On choisira ASL Formations linguistiques si l'on a en tête l'un de ces trois objectifs majeurs : vivre une vraie immersion totale sans être entouré de francophones, étudier dans une école assurant une vraie qualité et payer ces prestations au plus juste prix. En d'autres termes : immersion totale optimisée, sélection très exigeante des meilleures écoles de langue du monde entier et transparence totale des prix, voici les maîtres mots de la stratégie d'ASL qui n'a pas varié depuis 1978, tant elle répond de mieux en mieux aux attentes de ses clients.

Destinations couvertes : Australie, Allemagne, Canada, Chine, Espagne, États-Unis, Grande-Bretagne, Irlande, Malte et Nouvelle-Zélande.

CAP MONDE

11, quai Conti
78430 Louveciennes
✆ 08 20 48 24 82
www.capmonde.fr
infosejours@capmonde.fr
Créé en 1976, Cap Monde se consacre exclusivement, avec un souci permanent de qualité, de créativité et de sécurité, à l'organisation de séjours destinés aux enfants, aux adolescents et aux jeunes adultes avec pour ambition de donner un sens, une direction, un objectif en faveur des jeunes au travers de la création de séjours ouverts sur le monde. Cap Monde a été le premier organisme certifié NF service « Organisateurs de séjours ou stages linguistiques », une distinction incontestable d'exigence de qualité. Tout au long de l'année, Cap Monde propose, à travers une large gamme, des classes de découvertes destinées aux écoles maternelles et primaires, des voyages scolaires pour les collèges et les lycées et, pendant les vacances scolaires, des séjours ou stages linguistiques, des séjours neige, des séjours découvertes et des séjours itinérants en France, en Europe et dans le monde.

Destinations couvertes : Allemagne, Australie, Brésil, Cambodge, Canada, Chili, Chine, Costa Rica, Croatie, Cuba, Espagne, États-Unis, Finlande, Grèce, Irlande, Malte, Maurice, Mexique, Norvège, Pérou, Portugal, Royaume-Uni, Vietnam.

CLC – CLUB LANGUES ET CIVILISATIONS

Rue de la Comtesse Cécile – CS 33333
12000 Rodez ✆ 05 67 77 50 00 / 01 43 35 23 05 – www.clc.fr
sejours@clc.fr

En plus de 40 ans d'existence, CLC a fait voyager plus de 2 millions de personnes et s'est imposé comme leader incontestable du séjour linguistique, assurant des prestations de qualité aux prix les plus bas du marché. Collégiens, lycéens, étudiants, adultes, CLC s'adresse à tous et propose des programmes adaptés aux besoins spécifiques de chacun, vers de nombreuses destinations, des plus classiques aux plus inattendues. Ainsi, améliorez votre *British accent* lors d'un séjour linguistique en Angleterre. Rendez-vous à Malte ou en Espagne pour un stage de langue ensoleillé. Adoptez l'*American way of life* durant un séjour en immersion aux États-Unis. Avec CLC, profitez d'un séjour à l'étranger pour apprendre une langue, découvrir un pays, partager une nouvelle culture et vivre une expérience unique. Certifié NF Services par Afnor Certification.

Destinations couvertes : Afrique du Sud, Allemagne, Australie, Canada, Espagne, États-Unis, Grande-Bretagne, Irlande, Italie et Malte.

Autre adresse : 33, avenue d'Italie, 75013 Paris.

DJURINGA JUNIORS

46 bis, rue Louis Aulagne
69600 Oullins ✆ 04 78 23 23 46
www.djuringa-juniors.fr
contact@djuringa-juniors.fr

Pour s'amuser, il faut des gens sérieux ! Djuringa Juniors propose un large choix de séjours de qualité pour enfants et adolescents. Des séjours très variés allant du surf à Hossegor, de l'anglais à Malte, du ski en Autriche ou jusqu'au Raid Aventure dans les gorges du Verdon. Des vacances ludiques, qui mettent l'accent sur la qualité du programme d'activités, où s'allient l'utile et l'agréable, avec un souci constant de préservation de l'environnement. L'équipe de Djuringa se donne les moyens pour que l'enfant puisse exprimer sa personnalité et ses talents. L'épanouissement personnel de l'enfant est tout aussi important que le bien-être collectif. Quel que soit le séjour, la vie en collectivité devient l'occasion d'une vie sociale, bâtie sur les principes de la mixité, elle privilégie les relations entre les enfants de tous les horizons et l'apprentissage des relations avec les adultes. Ici les vacances constituent un contexte éducatif permanent pour l'épanouissement de l'enfant, en quête de repères et d'expériences sociales inédites.

Destinations couvertes : Allemagne, Angleterre, Autriche, Belgique, Canada, Chypre, Crète, Croatie, Danemark, Écosse, Espagne, États-Unis, Finlande, France, Pays de Galles, Grèce, Guadeloupe, Irlande, Islande, Italie, Laponie, Lettonie, Lituanie, Madagascar, Malte, Maroc, Mexique, Norvège, Pays-Bas, Pérou, Portugal, Russie, Sardaigne, Sénégal, Sicile, Suède, Suisse, République tchèque, Thaïlande, Tunisie.

EFFECTIVE LINGUISTIQUE

3, rue Fénelon
33200 Bordeaux ✆ 05 57 77 44 88
www.effective-linguistique.com
contact@effective-linguistique.com
Ouvert du lundi au vendredi de 9h30 à 17h.

Aux enfants, collégiens, lycéens, Effective linguistique ouvre les portes des collèges et campus les plus prestigieux. Aux étudiants et aux adultes, Effective linguistique propose une sélection draconienne des meilleures écoles de langues, au cœur des plus belles villes du monde, où tous les moyens sont mis en œuvre pour assurer une progression performante. Mais la force réelle d'Effective linguistique réside dans l'expertise de son équipe : chacun de ses collaborateurs dispose en effet d'une parfaite connaissance des lieux de séjour, des programmes, de la pédagogie mise en place, des hébergements proposés. Preuve indéniable de sa confiance dans la qualité de son offre, Effective linguistique pratique une transparence totale sur ses performances qualitatives. Ainsi, chaque année depuis 2006, une enquête qualité est réalisée auprès de tous les clients d'Effective, sous le contrôle impartial d'un huissier de justice. Avec un taux de clients satisfaits dépassant chaque année 97 % (98,1 % en 2014), le choix de la qualité et du haut de gamme prend toute leur signification et montre qu'un séjour linguistique parfaitement réussi, et réellement efficace, c'est possible.

Destinations couvertes : Australie, Canada, Espagne, États-Unis, Irlande, Malte, Nouvelle-Zélande, Royaume-Uni et Suisse.

ENGLISH FOR SUCCESS

11, rue de la République
14600 Honfleur ✆ 02 31 89 04 99
www.englishforsuccess.fr
info@englishforsuccess.fr

EFS est le leader des séjours immersion de l'anglais en France. Plus la peine de partir dans un pays anglophone pour apprendre l'anglais :

EFS vous propose un séjour linguistique près de chez vous et dans un environnement totalement sécurisé et 100 % anglophone. Ces séjours en immersion de l'anglais se déroulent chez des familles britanniques (avec professeurs) en France. Les séjours jeunes d'EFS combinent cours et activités, tandis que les séjours pour adultes et professionnels sont sur mesure, parfaitement adaptés aux objectifs et niveaux de langue des participants. Les familles sont entièrement investies pour les séjours et s'engagent à être avec les stagiaires toute la journée, pour qu'ils n'entendent et ne parlent qu'anglais. Depuis quelques années, le catalogue de formules s'est épaissi afin de proposer également des séjours en immersion en Grande-Bretagne. Autrement dit : entendre et parler l'anglais toute la journée, pour une immersion totale ! C'est assurément le meilleur moyen pour apprendre une langue.

▸ **Destinations couvertes :** France, Grande-Bretagne.

EXECUTIVE LANGUAGE SERVICES

50 rue Saint-Lazare (9e) – 75009 Paris
✆ 01 44 54 58 87
www.els-paris.com – info@els-paris.com

Executive Language Services organise des formations en langues à Paris et à l'étranger depuis plus de 30 ans. Fort de son ingénierie pédagogique, cet organisme conçoit des stages à l'étranger sur mesure pour s'adapter aux besoins des professionnels et des adultes (en langue générale, professionnelle ou spécialisée). Sa force : respecter ses clients et ses partenaires pour garantir une qualité de service, un suivi et une attention permanents.

▸ **Destinations couvertes :** Allemagne, Australie, Canada, Etats-Unis, Grande-Bretagne, Irlande, Malte, Nouvelle-Zélande.

FM SPORTS ET LANGUES

61, avenue du Château – 78480 Verneuil-sur-Seine ✆ 01 39 71 12 12
www.fmsport.com – fm@fmsport.com

Le principe de FM Sports et Langues est de proposer de vrais stages sportifs avec de véritables enseignants, des installations de qualité et des cours de langues structurés, ludiques et efficaces. Bref, de lier l'utile à l'agréable car le sport est toujours une bonne façon de voyager et de rencontrer des personnes de tous pays et donc de pouvoir communiquer dans différentes langues ! FM Sports et Langues organise ainsi pendant les vacances scolaires notamment, ainsi que tout au long de l'année, des séjours linguistiques dans une quinzaine de pays en « collège » international, en famille d'accueil soigneusement sélectionnée, en club sportif (centre équestre, club de tennis…), en résidence ou encore en one to one chez un professeur. En plus de ces séjours alliant cours de langues et pratique du sport (plus ou moins intensive), FM Sports et Langues proposent des stages en entreprise, des *summer camps*, des séjours en France, des séjours en immersion totale ainsi que des scolarités à l'étranger destinées aux collégiens et lycéens tout comme aux étudiants.

▸ **Destinations couvertes :** Allemagne, Australie, Canada, Chine, Espagne, États-Unis, France, Irlande, Malte et Royaume-Uni.

FORMALANGUES

87, rue La Boétie (8e)
75008 Paris ✆ 01 53 93 67 87
www.formalangues.com
infosejours@formalangues.com

Depuis 1973, Formalangues allie professionnalisme, personnalisation et suivi pour proposer des séjours linguistiques sur mesure et de qualité dans le monde entier. Toujours à la recherche permanente du meilleur niveau de prestations pour ses clients, il offre ainsi pas moins de cent destinations sur les cinq continents. Spécialisé dans les séjours à la carte, pour les adultes et les professionnels, Formalangues a pour objectif de vous proposer une formation durable. C'est d'ailleurs dans cette optique qu'a été développée une gamme de séjours linguistiques prestiges dédiée aux cadres dirigeants et aux directeurs.

▸ **Destinations couvertes :** Afrique du Sud, Allemagne, Argentine, Australie, Autriche, Brésil, Canada, Chine, Costa Rica, Cuba, Égypte, Équateur, Espagne, États-Unis, France, Grande-Bretagne, Inde, Irlande, Italie, Japon, Malte, Maroc, Mexique, Nouvelle-Zélande, Portugal et Russie.

GLOB'EXPLORER

CS 33333 – Rue de la Comtesse Cécile
12000 RODEZ ✆ 05 65 77 50 00
✆ 01 43 35 23 05 – globexplorer@clc.fr

Glob'Explorer conçoit et organise des voyages qui permettent une découverte intelligente et conviviale du monde. Centré autour des jeunes de 15 à 22 ans, il propose de nombreuses formules de séjours et circuits aux quatre coins du globe pour assouvir leurs désirs de voyage et de découverte. Ces séjours sont organisés en groupes restreints, toujours encadrés au départ de la France et se déroulent dans une ambiance conviviale.

▸ **Destinations couvertes :** Chine, États-Unis, Europe, Inde et Sri Lanka.

HLI – HOME LANGUAGE INTERNATIONAL

Le Coronado – 20 avenue de Fontvieille, 98000 Monaco ✆ +377 97 70 74 72
www.hli.co.uk – hli@monaco.mc

Home Language International est une entreprise familiale offrant des cours en immersion totale en vingt langues dans plus de trente pays dans le monde. Ce sont les créateurs du concept « Habitez et étudiez chez votre professeur particulier » et les pionniers dans ce service particulier. Vous ne pourrez que mesurer les avantages de cette formule : – pas de transport pour vous rendre à l'école tous les jours ; – isolation complète de votre propre langue ; – accueil personnalisé ; – cours sur mesure (langue + sport, langue + visites culturelles, langue + loisirs, etc.).

Destinations couvertes : Afrique du Sud, Autriche, Belgique, Brésil, Canada, Chili, Chine, Costa Rica, Cuba, Danemark, Égypte, Émirats arabes unis, Espagne, États-Unis, Finlande, France, Grande-Bretagne, Hongrie, Irlande, Italie, Japon, Monaco, Norvège, Suisse, Pays-Bas, Pologne, Portugal, République tchèque, Russie, Suède et Turquie.

LANGUE ET NATURE

Château de la Mazure
53260 Forcé ✆ 02 43 53 55 63
www.langueetnature.com
contact@langueetnature.com

Langue et Nature est le spécialiste dans l'apprentissage de l'anglais-outil (en opposition à l'anglais-culture) qui permet de construire un vrai niveau dans cette langue et de bien se préparer à sa vie professionnelle grâce à plusieurs points clés : – en France, dans un environnement préservé et serein au cœur de la Mayenne, les participants profitent d'un hébergement de qualité dans le château qui devient une bulle pédagogique propice à la concentration et à l'efficacité ; – un encadrement très motivé et compétent ; – une immersion totale, sans échappatoire, avec 12 heures d'anglais par jour pour favoriser l'intensité de l'apprentissage et pour fixer l'intégralité des structures grammaticales ; – une ambiance ludique, bien adaptée aux adolescents avec de nombreuses activités en anglais (sports, chansons, sketchs), une atmosphère détendue, conviviale pour apprendre à oser et redécouvrir, sans stress, le plaisir de parler anglais.

Tous les séjours ont lieu sur la propriété du château.

LCPA PASSION AVENTURE JUNIOR

Les Espaces de Balma n° 2
16, avenue Charles-de-Gaulle – BP 73121
31130 Balma ✆ 05 62 71 57 25
www.passion-aventure-junior.com
contact@passion-aventure-junior.com

LCPA Passion Aventure Junior, créée par un groupe d'enseignants et de directeurs de centres de vacances au début des années 1970, développe depuis plusieurs années son action auprès des familles, des collectivités locales et des comités d'entreprise et organise des séjours ludiques, thématiques, sportifs, itinérants et solidaires aux quatre coins du monde, à la campagne, à la mer, à la montagne et même dans les airs avec des stages vol, moteur et parapente. Rencontres, échanges, partage, respect, responsabilité, citoyenneté, sécurité sont les maîtres mots rythmant ces séjours.

Destinations couvertes : Afrique du Sud, Allemagne, Andorre, Australie, Cambodge, Chine, Costa Rica, Cuba, Espagne, États-Unis, France (nombreuses régions), Grèce, Hawaï, Inde, Laos, Madagascar (humanitaire), Oman, Pérou, Québec, Royaume-Uni, Sicile, Sri Lanka, Thaïlande, Vietnam.

LEC

89, avenue de Villiers (17e)
75017 Paris ✆ 01 42 67 75 75
www.lec.info

Organisme bénéficiant du label UNOSEL et de la certification Afnor, LEC propose des séjours linguistiques de qualité adaptés au niveau, aux besoins et aux souhaits des enfants, des adolescents, mais aussi des jeunes adultes. Fondé il y a plus de quarante ans, LEC organise des voyages linguistiques dans huit pays. LEC propose de nombreuses formules ainsi que divers séjours thématiques permettant d'associer l'apprentissage d'une langue à la pratique de l'équitation, du tennis, du football, de la danse, de la musique et/ou du chant, etc.

Destinations couvertes : Allemagne, Angleterre, Canada, Espagne, États-Unis, Irlande, Malte et Royaume-Uni.

LSI – LANGUAGE STUDIES INTERNATIONAL

350, rue Saint-Honoré (1er)
75001 Paris ✆ 01 42 60 53 70
www.lsi.edu – par@lsi.edu

Depuis plus de quarante ans, les quinze écoles LSI, spécialisées dans l'enseignement des langues, n'ont qu'une devise : vous faire « apprendre et vivre une langue » dans le pays où elle est pratiquée. Quel que soit votre projet professionnel ou académique (séjours courts ou longs, initiation ou perfectionnement) ou votre parcours universitaire (BTS, DUT, DEUG, licence, maîtrise, écoles…), LSI vous garantit un vaste choix de cours et de formules adapté à vos besoins, à vos compétences linguistiques et à votre budget. En outre, les écoles LSI favorisent le multiculturalisme et accueillent des participants de toutes nationalités.

Destinations couvertes : Australie, Canada, Costa Rica, Espagne, États-Unis, France, Grande-Bretagne, Italie, Malte, Mexique, Nouvelle-Zélande, Russie et Suisse.

MAINLY LINGUISTIQUE

173 rue de la Bénauge
33100 Bordeaux ✆ 05 56 38 41 13
www.mainly-linguistique.com
contact@mainly-linguistique.com

Expert du programme sur mesure, Mainly Linguistique, organisme de formation, propose de choisir un accompagnement personnalisé pour valoriser vos compétences linguistiques et vivre une expérience interculturelle dans le cadre de la formation tout au long de la vie. Mainly Linguistique propose aux étudiants et aux professionnels une sélection de programmes efficaces et ajustés, pour se perfectionner en anglais, en espagnol et en allemand. De nombreux programmes sont disponibles : cours intensifs en écoles de langues internationales, préparation aux examens de langues, immersion en entreprise, semestre ou année d'étude de la langue, cours particuliers chez le professeur ou encore formations dédiées aux professionnels.

Destinations couvertes : Allemagne, Angleterre, Australie, Canada, Espagne, États-Unis, Irlande et Malte.

NACEL

9, rue des Deux Avenues (13e)
75013 Paris ✆ 01 43 20 45 45
www.nacel.fr – sejours@nacel.fr

Depuis sa création en 1957, Nacel accompagne les jeunes dans leur formation linguistique. Chaque année, ils sont plus de 10 000 à faire le choix de l'expertise et de la qualité Nacel pour perfectionner une langue et vivre une expérience inoubliable à l'étranger. Des partenariats étroits avec des écoles de langue réputées, la contribution à sa recherche pédagogique de professionnels de l'éducation, et des programmes à la fois ludiques et enrichissants font de Nacel un organisme qualifié et particulièrement reconnu. Enfants, jeunes, étudiants, professionnels de tous niveaux, tous trouveront de quoi associer culture linguistique et détente dans des pays plus ou moins lointains. Certifié NF Services par Afnor certification.

Destinations couvertes : Afrique du Sud, Allemagne, Australie, Canada, Chine, Chypre, Costa Rica, Cuba, Espagne, États-Unis, France, Grande-Bretagne, Irlande, Italie, Malte, Mexique, Nouvelle-Zélande, et Tasmanie.

NOUVELLES VAGUES

Bâtiment Hélios 4 – 116, route d'Espagne
31100 Toulouse ✆ 05 62 88 97 60
www.nouvelles-vagues.com
contact@nouvelles-vagues.travel

Nouvelles Vagues est un organisme spécialiste des séjours de jeunes. Créé en 1986, Nouvelles Vagues accueille tous les ans 4 000 jeunes encadrés par des animateurs et directeurs diplômés et sélectionnés avec rigueur. Nouvelles Vagues proposent des séjours qui se veulent innovants afin que les jeunes s'épanouissent dans une vie collective bien pensée, où toutes les activités sont coordonnées dans le meilleur équilibre : sport, découverte, jeu, création, connaissances socioculturelles des milieux et régions visitées. La sécurité et la qualité des séjours restent la priorité absolue de l'équipe dirigeante.

Destinations couvertes : Andorre, Cambodge, Canada, Croatie, Cuba, Espagne, États-Unis, France, Grande-Bretagne, Grèce, Guadeloupe, Irlande, Italie, Mexique, Portugal, Suisse et Thaïlande.

OBK FORMATIONS LINGUISTIQUES

2, avenue de la Libération
36150 Vatan ✆ 02 54 49 62 08
www.obk-formations.fr
infos@obk-formations.fr

OBK Formations linguistiques a été fondé autour d'un seul principe : « Oublier sa langue maternelle et s'immerger totalement dans la culture du pays est la meilleure façon d'apprendre, de réapprendre ou de se perfectionner dans une langue. » Ainsi, depuis trente ans déjà, des professeurs et familles d'accueil participent à ce programme reconnu pour ses résultats et accueillent chez eux des professionnels et des particuliers (adultes, étudiants, jeunes…) pour des séjours linguistiques en immersion totale. L'immersion totale est la méthode la plus efficace et la plus agréable pour apprendre une langue étrangère : vous oubliez que vous êtes là « pour apprendre », dans le seul but de vous améliorer.

Sans vous en rendre compte, vous allez assimiler, comprendre et parler naturellement dans la langue de votre pays d'accueil, d'autant plus que l'immersion totale vous « oblige » à laisser de côté votre langue maternelle pendant un temps donné. De plus, vous ne parlerez que la langue que vous apprenez, pendant les cours mais également durant le reste de la journée. OBK Formations linguistiques offre aussi la possibilité d'associer à votre formation la pratique d'un hobby, d'une activité sportive ou culturelle. À la demande, ce concept peut-être décliné.

Destinations couvertes : Afrique du Sud, Allemagne, Angleterre, Australie, Chine, Écosse, Espagne, États-Unis (Hawaï), France, Irlande, Italie, Japon, Malte, Nouvelle-Zélande et Portugal.

OISE ÉTUDES LINGUISTIQUES

276, boulevard Saint-Germain (7e)
75007 Paris ✆ 01 53 59 44 44
www.oise.com – oiseparis@oise.com
OISE organise des stages d'anglais, d'espagnol, d'allemand et de français depuis 1973, avec au cœur de sa pédagogie l'ambition du stagiaire. Les espaces de formation sont spécifiquement situés dans de hauts lieux d'excellence académique, dans les pays où la langue officielle est celle enseignée. Cela permet de multiplier les occasions d'être en contact avec la langue du pays, mais aussi de créer une émulation permanente au sein de petits groupes d'apprenants très motivés. Éloquence, charisme et confiance en soi sont les piliers de chaque parcours linguistique pour permettre aux apprenants de se dépasser et ce, dès le plus jeune âge.

Destinations couvertes : Allemagne, Angleterre, Australie, Canada, Espagne et États-Unis.

OPTIMUM LANGUES

27, rue de Lisbonne (8e)
75008 Paris ✆ 01 42 56 35 00
www.optimumlangues.com
paris@optimumlangues.com
Optimum Langues vous propose des séjours linguistiques efficaces et irréprochables au service de la réussite et de l'épanouissement de votre enfant. Fort de plus de trente années d'expérience, Optimum Langues s'est spécialisé dans l'organisation de séjours linguistiques en immersion internationale dont l'efficacité est unanimement reconnue, ainsi que de programmes en résidences et collèges internationaux réputés.

Six formules sont proposées afin de répondre à vos attentes pour votre enfant dont des séjours sportifs, des séjours en famille ou chez le professeur, des écoles de langue, des séjours spécialisés langues et équitation, mais également tennis, golf, football… Une palette de programmes variés pour les jeunes de 8 à 22 ans. Optimum Langues n'oublie pas que séjour linguistique et divertissement ne sont pas incompatibles !

Destinations couvertes : Allemagne, Angleterre, Canada, Espagne, États-Unis, France et Irlande.

PRÉPA-LANGUES

131, rue de Picpus (12e)
75012 Paris
✆ 01 43 07 07 90
www.prepalangues.atl1.fr
prepalangues@atl1.fr
L'équipe de Prépa-Langues (Eurostages, Association loi 1901 créée en 1990) regroupe des professeurs d'anglais de l'enseignement supérieur hautement qualifiés exerçant dans les meilleurs établissements des secteurs publics et privés. Tous agrégés, intervenant en classes Prépa, ils se mobilisent pour donner aux étudiants les outils nécessaires afin de les aider à parfaire leurs connaissances en anglais et ce, dans un but bien précis : la réussite aux concours d'entrée des Grandes Ecoles.

Destination couvertes : France, Grande-Bretagne.

SANS FRONTIÈRES

4 bis, rue de la Mairie
73460 Frontenex
✆ 04 79 31 27 06
www.sans-frontieres.fr
contact@sans-frontieres.fr
Sans Frontières est un organisme spécialisé dans le voyages pour les jeunes à partir de 12 ans et jusqu'à 25 ans. Depuis trente ans, le projet éducatif est 100 % tourné vers le voyage comme moyen éducatif. Autrement dit : apprendre à voyager et apprendre en voyageant ! L'objectif central de ce projet est de se servir de la destination visitée pour « faire grandir » les jeunes. Ainsi, un voyage apprend la géographie, l'histoire, la géopolitique du monde qui nous entoure et dans lequel nous sommes de plus en plus connectés. L'apprentissage de la vie de groupe, du respect, de la rencontre des autres jeunes et des autochtones font aussi partie du programme. C'est donc bien plus que la destination en elle-même, mais la façon de l'aborder qui paraît essentielle.

Destinations couvertes : Afrique du Sud, Allemagne, Angleterre, Argentine, Australie, Autriche, Bahamas, Belgique, Belize, Birmanie, Bolivie, Brésil, Bulgarie, Cambodge, Canada, Cap-Vert, Chine, Corée du Sud, Costa Rica, Croatie, Cuba, Danemark, République Dominicaine, Écosse, Égypte, Équateur, Espagne, Estonie, États-Unis, Finlande, Pays de Galles, Ghana, Grèce, Grenade, Guatemala, Hongkong, Hongrie, Inde, Indonésie, Irlande, Islande, Italie, Jamaïque, Japon, Jordanie, Kenya, Laos, Lesotho, Lettonie, Lituanie, Luxembourg, Madagascar, Malaisie, Mali, Malte, Maroc, Maurice, Mauritanie, Mexique, Mongolie, Monténégro, Namibie, Népal, Norvège, Pays-Bas, Pérou, Pologne, Portugal, Roumanie, Russie, Sénégal, Singapour, Slovaquie, Sri Lanka, Suède, Suisse, Swaziland, Tanzanie, République tchèque, Thaïlande, Tunisie, Turquie, Venezuela et Vietnam.

SEJ – SPORTS ÉLITE JEUNES

33, avenue d'Italie (13e)
75013 Paris
✆ 0 800 625 009 / 01 45 48 70 70
www.sportselitejeunes.fr
sej@mailsej.fr

La vocation de Sports Élite Jeunes est de proposer, en France et à l'étranger, des vacances sportives et éducatives adaptées à l'âge et au niveau de chacun depuis 1977. Directement inspirés des renommés *Sports Training Camps* américains, Sports Elite Jeunes propose des vacances différentes : des vacances « à la carte » qui concilient une pratique plus ou moins intensive avec des activités complémentaires comme le perfectionnement linguistique, des révisions ou des cours de cuisine. En un mot, des vacances inoubliables qui favorisent l'épanouissement des jeunes de 7 à 17 ans. En cultivant des valeurs sportives, mais aussi éducatives, transmises à la fois par des équipes d'encadrement diplômées et expérimentées et par des champions emblématiques dans leurs disciplines, le développement et l'enrichissement personnel sont une priorité. Une vingtaine de sports et autres activités de pleine nature proposées sur autant de campus regroupant en général installations sportives et hébergement sur un seul site, des activités récréatives, une pédagogie active et ludique assurée par une équipe d'encadrement forte de quelque 450 éducateurs formés au brevet d'État, de professeurs d'EPS (un pour six jeunes en moyenne), du matériel récent et performant mis quotidiennement à disposition.

Destinations couvertes : Angleterre, Espagne, États-Unis et France.

STS SÉJOURS LINGUISTIQUES

2, avenue du Maréchal Leclerc
BP 50087 – 59831 Lambersart Cedex
✆ 03 28 36 27 27
www.sts.fr
sejours.linguistiques@sts.fr

Fondée en Suède en 1958 et présente dans plus de vingt pays sur tous les continents, Student Travel School (STS) est une organisation internationale qui œuvre pour le développement des échanges culturels et linguistiques entre les différents pays. STS est l'un des leaders internationaux dans le domaine des séjours linguistiques et éducatifs. En France, STS Séjours linguistiques est spécialisé dans les séjours de longue durée en immersion totale avec études (secondaires et supérieures) ou activité rémunérée.

STS propose différents programmes : – STS High School & Select : pour les jeunes de 14 à 18 ans, scolarité à l'étranger en établissement secondaire, immersion en famille d'accueil dans 18 pays au choix ; – STS Famille d'accueil : permet aux familles françaises désireuses de s'ouvrir à d'autres cultures d'accueillir chez elles un lycéen étranger scolarisé dans leur secteur pour une durée de 2 à 12 mois ; – STS Au pair : pour les jeunes de 18 à 30 ans à destination des États-Unis et de la Nouvelle-Zélande, immersion en famille d'accueil, activité rémunérée, durée de séjour de 6 à 12 mois ; – IBS International Business School : pour les étudiants à partir de 18 ans, désireux d'étudier sur un campus américain.

Destinations couvertes : Allemagne, Argentine, Australie, Autriche, Brésil, Canada, Danemark, Espagne, États-Unis, Finlande, Irlande, Italie, Japon, Norvège, Nouvelle-Zélande, Pays-Bas, Royaume-Uni et Suède.

UNISCO

37, rue Cardinet
75017 Paris
✆ 01 46 22 16 13
www.unisco.fr
unosel@unisco.fr

UNIsCo... So UNIC depuis 1956. S'ouvrir aux autres par l'apprentissage des langues étrangères et la découverte de nouvelles cultures est le domaine d'expertise d'UNIsCo.

En partant du postulat de départ que les séjours linguistiques en immersion sont indispensables pour une formation efficace en langue et que maîtriser une langue vivante demande une aisance à l'oral, une confiance en soi ainsi qu'une connaissance des cultures étrangères, UNIsCo a sélectionné des programmes destinés à favoriser une immersion totale dans la langue du pays visité.

Destinations couvertes : Allemagne, Australie, Canada, Chine, Corée du Sud, Espagne, États-Unis, Grande-Bretagne, Irlande et Malte.

VERDIÉ SÉJOURS LINGUISTIQUES & VACANCES DÉCOUVERTE

ZA Bel Air – 326, rue de la Ferronerie
12000 Rodez
✆ 05 65 77 10 47
www.verdie-linguistique.com
slc@verdie.com

VERDIÉ est un leader en France dans la production et l'organisation de séjours jeunes, à dominante linguistique ou de découverte. Preuve de leur engagement pour la satisfaction des clients, les séjours VERDIÉ linguistiques sont certifiés NF Service suite aux audits menés par AFNOR Certification, validant la conformité des programmes avec la norme européenne NF EN 14804 pour les séjours ou stages linguistiques. En choisissant un séjour linguistique VERDIE, vous faites donc confiance à un organisme fiable, sérieux et dont la qualité des séjours est conforme à une norme européenne objective. Du Royaume-Uni à l'île de Malte, de l'Allemagne à l'Espagne, des Etats-Unis à la Côte d'Azur, chacun saura, en fonction de son âge et de ses motivations, trouver LE séjour qui LUI conviendra. Avec ou sans cours de langue, avec ou sans activités sportives, en famille ou en auberge, en France ou à l'étranger, l'organisateur maîtrise toutes les spécificités des séjours jeunes. Formules principales : langue et découverte, one to one, immersion totale, école de langue, vacances découverte.

Destinations couvertes : Allemagne, Angleterre, Canada, Écosse, Espagne, États-Unis, France, Irlande, Italie, Malte et Pays de Galles.

VIVALANGUES

12, rue de Condé
59110 La Madeleine
✆ 03 20 63 11 00
www.vivalangues.fr
viva@vivalangues.fr

Vivalangues, pour vivre les langues, est une association loi 1901 créée en 1972 par des enseignants désireux de faire découvrir la langue anglaise à des élèves du collège et du lycée. Au fil des années, des professionnels du tourisme ont rejoint le staff et d'autres destinations en Europe et aux États-Unis sont venues compléter la gamme. L'équipe Vivalangues, pour vivre les langues, dispose d'un réseau d'organisateurs et de correspondants locaux fiables et dévoués soucieux d'assurer un service de qualité. Du projet à l'étude du devis et jusqu'à la réalisation, tout est mis en œuvre pour que le séjour linguistique de votre enfant ou le voyage scolaire éducatif de votre classe soit un moment privilégié.

Destinations couvertes : Allemagne, Autriche, Espagne, États-Unis, France, Grande-Bretagne, Irlande, Irlande du Nord, Malte.

YOU'RE WELCOME

180, rue du Genevois
73000 Chambéry
✆ 04 79 33 22 12
www.yourewelcome.com
info@yourewelcome.com

Agence indépendante, spécialiste de l'apprentissage linguistique, You're Welcome a fait le choix de la qualité et de l'immersion véritable. Depuis quatorze ans, elle sélectionne les meilleurs écoles de langues de la planète et des programmes originaux permettant de vivre vraiment une langue, de l'assimiler naturellement et durablement. You're Welcome, cette expression anglaise bien connue est tout un symbole : plus qu'un nom, c'est un engagement ! C'est le signe d'une volonté de proposer des programmes linguistiques aussi efficaces qu'épanouissants pour tous les âges et tous les profils.

Destinations couvertes : Afrique du Sud, Allemagne, Angleterre, Australie, Canada, Chine, Espagne, Irlande, Italie, Japon, Malte, Nouvelle-Zélande, Russie, USA.

Index

Les cabines téléphoniques de Londres fonctionnent encore !

J

L

M

N

© SANS FRONTIERES

O

P

Q

R

S

T

V

W